딱 한 줄로!
파이썬 제대로 코딩하기

딱 한 줄로! PYTHON ONE-LINERS

파이썬 제대로 코딩하기

리스트 컴프리헨션부터 정규표현식,
데이터분석, 머신러닝까지 50가지 실전 예제

크리스찬 마이어 지음
장현희 옮김

책만

추천의 글

파이썬은 이제 최신 엔지니어링과 인공지능, 데이터 과학 분야의 필수 도구가 됐다. 마치 운전면허를 따는 것처럼, 파이썬을 배우는 것은 더 이상 선택이 아닌 필수가 되어가고 있다. 하지만 단순히 '할 줄 아는 것'과 '잘하는 것' 사이에는 큰 차이가 있다.

『딱 한 줄로! 파이썬 제대로 코딩하기』는 파이썬 프로그래밍을 간단히 '할 줄 아는 초보자'를 '잘하는 전문가'로 이끄는 훌륭한 안내서다. 저자가 강조하듯, '한 줄 코드'에 집중하는 것은 단순히 기술적 트릭을 익히는 것이 아니라 파이썬의 핵심 철학인 간결함과 표현력을 깊이 이해하고 체화하는 과정이기 때문이다.

이 책에서는 기본기부터 데이터 과학, 머신러닝, 정규표현식, 알고리즘에 이르기까지, 현대 소프트웨어 개발에 필수적인 영역을 집약해 다룬다. 50가지 한 줄 코드 예제는 파이썬의 강력한 기능과 우아한 문법으로 복잡한 작업을 효율적으로 처리하는 방법을 보여준다.

이 책의 진정한 가치는 코드의 간결함을 통해 얻는 통찰력이다. 딱 한 줄의 코드로 문제를 해결하려 노력하는 과정을 통해 여러분은 문제의 본질을 더욱 명확히 이해하게 될 것이다. 또한 파이썬의 고유한 특징인 리스트 컴프리헨션, 제너레이터, 람다 함수 등도 자연스럽게 익히며, 더욱 '파이썬다운' 코드를 작성할 수 있게 될 것이다.

결국 이 책의 목표는 단순히 짧은 코드를 작성하는 것이 아니다. 그보다는 오히려 명확하고 효율적인 사고방식을 기르는 것에 있다. 이는 단순한 재미를 넘어 현업의 대규모 프로젝트에서도 복잡한 코드베이스를 이해하고 최적화하는 데 큰 도움이 될 것이다.

마지막으로, 이 책은 학습의 즐거움을 선사한다. 각 장의 예제를 통해 복잡한 문제를 우아하게 해결하는 과정은 마치 퍼즐을 푸는 듯한 희열을 줄 것이다. 단순한 기술 습득을 넘어, 프로그래밍을 즐기고 사랑하게 만드는 원동력이 될 것이다.

파이썬을 배우는 모든 이들, 그리고 이미 파이썬을 사용하고 있지만 자신의 실력을 한 단계 더 끌어올리고 싶은 모든 개발자에게 이 책을 강력히 추천한다. 『딱 한 줄로! 파이썬 제대로 코딩하기』와 함께라면, 여러분은 단순한 파이썬 사용자를 넘어 진정한 파이썬 장인으로 거듭날 수 있을 것이다.

- 박상길 / 디노티시아 LLM 연구개발, 전 현대자동차 인공지능 기술 리더, 『파이썬 알고리즘 인터뷰』 저자

지은이 소개

크리스찬 마이어Christian Mayer

컴퓨터 공학 박사이며, 유명한 파이썬 사이트인 핀스터Finxter(https://blog.finxter.com)를 설립해 운영하면서 2만 명 이상의 구독자를 가진 이메일 뉴스레터 서비스도 제공하고 있다. 핀스터 사이트는 크리스찬이 만든 이후 급격히 성장해 현재 수만 명의 학생들이 코딩 스킬을 연마하고 온라인 비즈니스를 수행하는 데 큰 도움을 주고 있다. 자비 출판한 『커피 브레이크 파이썬Coffee Break Python』 시리즈와 『클린 코드의 기술』(영진닷컴, 2023)도 저술했다.

기술 감수자 소개

다니엘 진가로Daniel Zingaro 박사

토론토 대학의 컴퓨터 공학 교육 전담 조교수이자 수상 경력이 있는 교육자다. 다니엘은 주로 컴퓨터 공학 교육으로 학생들이 어떻게 컴퓨터 공학을 배우는지(그리고 때로는 배우지 못하는지)를 연구하며, 『알고리듬으로 생각하기』(에이콘출판, 2024)를 저술했다.

지은이 감사의 글

오늘날 세상에는 더 많은 책보다 더 좋은 책이 필요하다. 모든 업무에 이런 철학을 고려해 준 노스타치 출판사의 관계자 여러분에게 정말 감사를 드린다. 이 책은 관계자들의 귀중한 조언, 건설적인 피드백, 그리고 수백 시간에 걸친 작업의 결과물이다. 즐거운 마음으로 이 책을 집필하게 해 준 노스타치 팀에게 큰 감사를 전한다.

특히 이 책을 집필하도록 이끌어 주고 출판 업계에 대한 영감과 깊은 통찰을 제시해 준 노스타치 출판사의 빌 폴록Bill Pollock 사장께 감사 인사를 전한다.

형편없는 수준의 초고를 뛰어난 기술과 인내심, 유창함으로 사람이 읽을 수 있는 수준으로 탈바꿈해 준 끝내주는 편집자 리즈 채드윅Liz Chadwick에게도 감사를 전한다. 집필을 시작했을 때는 상상할 수도 없었을 만큼 술술 잘 읽히는 책이 된 것은 모두 리즈의 헌신적인 지원 덕분이다.

문장의 품질을 개선하는 데 열중해 준 알렉스 프리드Alex Freed에게도 감사를 전한다. 이처럼 재능 있는 편집자와 함께 일하게 된 것은 영광이 아닐 수 없다.

모든 부분을 꼼꼼히 살펴봐 준 최종 편집자 자넬 루도와이즈Janelle Ludowise에게도 고마움을 전한다. 자넬은 긍정적이면서도 열정적으로 이 책의 마지막 버전을 만드는 데 모든 기술을 쏟아부었다.

고마워요 자넬. 그리고 열정적으로 이 책의 집필 과정을 이끌어 준 캐시 앤드레아디스Kassie Andreadis도 고마워요.

다니엘 진가로 교수에게도 특히 고마움을 표한다. 교수님은 많은 시간과 노력을 아끼지 않았으며 훌륭한 컴퓨터 과학 기술을 토대로 이 책의 오류를 정정해 줬다. 또한 이 책의 가독성을 높일 수 있는 여러 조언도 마다하지 않았다. 교수님의 노력이 없었다면 이 책은 버그도 많고 읽기도 어려운 책이 됐을 것이다. 물론 이 책에 오류가 있다면 그것은 전적으로 나의 탓이다.

내가 박사 학위를 취득할 때 지도해 주신 로더멜Rothermel 교수님도 상당한 시간과 기술, 노력을 들여 내게 컴퓨터 과학을 지도해 주신 만큼 간접적으로 이 책에 기여하셨다고 볼 수 있다.

항상 경청하고 응원해 주며 내가 무슨 생각을 해도 지지해 주는 아름다운 나의 아내 애나 알티미라Anna Altimira에게 정말 끝없는 감사를 전한다. 호기심으로 넘쳐나며 셀 수 없이 나를 웃게 만들어 행복을 가져다 주는 두 자녀 아말리에Amalie와 가브리엘Gabriel에게도 고맙다는 인사를 하고 싶다.

마지막으로 이 책을 집필하게 된 가장 큰 원동력은 핀스터Finxter 커뮤니티의 적극적인 구성원들이다. 최우선적으로 나는 이 책을 독자 여러분처럼 코딩에 목말라 하며 코딩 실력을 발전시켜 현실 세계의 실질적인 문제를 해결하려는 독자들을 위해 집필했다. 꽤 오랜 시간 작업한 후에도 핀스터 회원들의 감사 이메일에 힘입어 더 많은 내용을 쓸 수 있었다.

- 크리스찬 마이어

옮긴이 소개

장현희 (aspnetmvp@gmail.com)

지난 10여 년간 호주와 캐나다에서 시니어 엔지니어 및 스태프 엔지니어로 경험을 쌓았으며 현재는 프린시펄 소프트웨어 엔지니어principal software engineer로서 소프트웨어 개발은 물론 성공적인 엔지니어링 팀과 문화의 구축에 힘을 쏟고 있다. 지금까지 총 30권의 개발 관련서를 집필/번역하면서 책이라는 매개체로 멀리서나마 국내 개발자들과 꾸준히 소통하고 있으며 대표적인 번역서로는 『필독! 개발자 온보딩 가이드』(책만, 2023), 『안녕하세요, 오늘부터 매니저입니다』(길벗, 2023), 『스태프 엔지니어』(길벗, 2022), 『SRE를 위한 시스템 설계와 구축』(한빛미디어, 2022), 『구글 빅쿼리 완벽 가이드』(책만, 2020), 『엔터프라이즈 데이터 플랫폼 구축』(책만, 2020), 『사이트 신뢰성 엔지니어링』(제이펍, 2018), 『클라우드 네이티브 자바』(책만, 2018) 등이 있다.

옮긴이의 글

파이썬은 언어 자체의 간결함과 높은 가독성 및 유연성으로 원래 인기가 높은 프로그래밍 언어였지만, 특히 데이터 과학과 머신러닝/인공지능 분야에 더욱 널리 사용되고 있습니다. 넘파이NumPy나 텐서플로TensorFlow, 파이토치PyTorch 등 고품질의 우수한 라이브러리의 등장은 파이썬의 인기에 큰 영향을 미쳤습니다.

이 책은 파이썬 초급자는 물론 고급 사용자에게도 많은 도움이 될 수 있는 다양한 기법을 소개합니다. 50여 개의 실용적인 문제를 단 한 줄의 파이썬 코드로 해결해 보면서 파이썬이 얼마나 간결하고 우수한 문법을 제공하는지, 얼마나 다양한 라이브러리를 얼마나 효과적으로 활용할 수 있는지를 여실히 보여주는 것은 물론, 그 동작 원리를 매우 상세히 설명해 줍니다. 특히 각각의 챕터를 할애해 파이썬의 활용도가 높은 데이터 과학과 머신러닝 분야를 집중해 다루는 것도 이 책의 매력 포인트라 할 수 있습니다.

저자도 이 책의 말미에서 설파하듯이 어떤 문제를 해결하는 코드를 한 줄로 작성하는 것을 무조건적으로 좋다고 말할 수는 없겠지만, 분명히 도움이 되는 부분도 있습니다. 한 줄 코드는 작은 문제를 효율적으로 해결하며 가독성과 코드의 효율을 높이고 특히 명령줄 인터페이스에서 빠르게 데이터를 처리하거나 파일을 직접 조작하는 등의 작업을 효과적으로 수행하는 데 큰 도움이 됩니다. 모쪼록 이 책 독자 여러분의 파이썬 코딩 스킬을 한 단계 더 발전시키는 데 도움이 되길 바랍니다.

언제나 그렇듯 좋은 책을 번역할 수 있는 기회를 제공해 주신 책만의 김희정 대표님, 원서의 정오표까지 살펴가며 꼼꼼하게 원고를 교정해 주신 박기성 편집자님께 지면을 빌려 감사의 인사를 올립니다. 늘 곁을 지켜주는 사랑하는 가족들에게도 사랑을 담아 고마움을 전합니다.

- 장현희

차례

들어가며

나는 이 책을 통해 여러분이 파이썬 전문가로 성장하도록 돕길 원한다. 그러기 위해 이 책은 한 줄의 파이썬 코드로 간결하면서도 유용한 프로그램을 작성하는 방법에 집중한다.

한 줄 코드에 집중하다 보면 코드를 빠르고 간결하게 읽고 쓸 수 있으며 여러분이 언어를 이해하는 데 좀 더 도움이 될 것이다.

파이썬 한 줄 코드를 배우는 것이 실력 향상에 도움이 되고 연구할 가치가 있는 이유는 다섯 가지가 더 있다.

첫째, 파이썬 실력이 좋아지면 방해가 되는 여러 가지 작은 프로그래밍적 약점을 극복할 수 있다. 기본적인 것들을 깊이 이해하지 않고는 더 나은 실력을 갖추기 어렵다. 한 줄 코드는 모든 프로그램에서 가장 기본 구성 요소다. 이런 기본 구성 요소를 이해하면 더 복잡한 문제를 부담 없이 마스터할 수 있다.

둘째, 데이터 과학과 머신러닝같이 널리 사용되는 파이썬 라이브러리를 활용하는 방법을 배우게 될 것이다. 이 책은 5개 장으로 구성되어 있으며 각 장은 정규표현식부터 머신러닝까지 다양한 파이썬 영역을 다룬다. 이런 접근법으로 여러분이 파이썬으로 어떤 애플리케이션을 개발할 수 있는지 알아보는 것은 물론, 이런 강력한 라이브러리를 사용하는 방법까지 살펴볼 것이다.

셋째, 좀 더 파이썬다운 코드를 작성하는 방법을 배우게 될 것이다. 파이썬 초보자, 특히 다른 프로그래밍 언어에서 파이썬으로 전향한 개발자는 파이썬의 방식과는 다른 형태로 코드를 쓰는 경우가 많다. 리스트 컴프리헨션list comprehension, 다중 할당, 슬라이싱slicing 같은 파이썬 고유의 개념을 설명할 것이다. 이런 개념들은 읽기 쉽고 다른 프로그래머들과 쉽게 공유할 수 있는 코드를 쓰는 데 도움을 줄 것이다.

넷째, 파이썬 한 줄 코드는 명확하고 간결한 사고를 하는 데 도움을 준다. 코드의 모든 기호가 중요하도록 만들면, 산만하고 초점 없는 코딩이 허용될 여지가 없기 때문이다.

마지막으로, 한 줄 코드를 쓰는 기술을 갖추면 매우 복잡한 파이썬 코드베이스를 간파할 수 있음은 물론 친구들과 면접 담당자에게도 좋은 인상을 줄 수 있다. 또한 한 줄의 코드로 어려운 프로그래밍 문제를 해결하면서 재미와 만족감을 느낄 수 있다. 게다가 다양한 실용적인 문제를(또한 그다지 실용적이지 않은 문제까지) 가장 간결하고 파이썬다운 방법으로 해결하며 경쟁하는 파이썬 전문가 커뮤니티도 많다.

파이썬 한 줄 코드 예시

이 책의 핵심 논제는 '파이썬 한 줄 코드 학습'이 더 어려운 코드베이스를 이해하기 위한 기초가 될 뿐만 아니라 실력 향상에 좋은 도구라는 것이다. 수천 줄로 구성된 코드베이스에서 무슨 일이 일어나고 있는지 이해하려면, 먼저 한 줄 코드가 무엇을 의미하는지부터 이해해야 한다.

파이썬 한 줄 코드를 간단히 살펴보자. 지금 당장 이해가 안 가더라도 걱정하지 말자. 이 한 줄 코드는 6장에서 다시 설명할 것이다.

```
q = lambda l: q( ❶[x for x in l[1:] if x <= l[0]]) + [l[0]] + q([x for x in l if x >
l[0]]) if l else []
```

이 한 줄 코드는 유명한 퀵정렬Quicksort 알고리즘을 아름답고도 간결한 방법으로 압축한 코드지만, 파이썬 초보자와 중급자의 상당수는 이 코드의 의미를 이해하는 데 어려움을 겪을 수 있다.

파이썬 한 줄 코드는 또 다른 한 줄 코드를 이용해 작성하는 경우가 많으므로 한 줄 코드를 사용하는 이 책의 복잡성은 계속 증가할 것이다. 이 책은 나중에 등장할 더 복잡한 한 줄 코드의 기본이 되는 간단한 한 줄 코드부터 시작한다. 예를 들어 앞서 살펴본 퀵정렬 한 줄 코드는 어렵고 길지만 리스트 컴프리헨션❶이라는 쉬운 개념을 이용해 작성한 것이다. 제곱수의 리스트를 구하는 더 간단한 리스트 컴프리헨션 코드는 다음과 같다.

```
lst = [x**2 for x in range(10)]
```

변수 할당, 산술 연산자, 자료구조, for 루프, 멤버십 연산자, range() 함수 등 파이썬의 중요한 기초를 학습하기 위해 이 한 줄 코드를 더 간단한 한 줄 코드로 나눌 수도 있다. 하지만 이 예시에서는 이런 모든 기초 개념들이 한 줄로 표현되어 있다.

다만 **기초**라는 것이 **하찮다**는 뜻은 아니다. 앞으로 살펴볼 한 줄 코드는 모두 유용하며 각 장에서는 컴퓨터 과학의 개별 영역이나 분야를 다루면서 파이썬이 얼마나 광범위하게 활용되는지를 알아보겠다.

가독성에 대한 의견

파이썬의 철학 Zen of Python은 파이썬 프로그래밍 언어의 19가지 지도 원리로 구성되어 있다. 이 원리는 파이썬 셸에 import this 구문을 입력하면 볼 수 있다.

```
>>> import this
The Zen of Python, by Tim Peters

Beautiful is better than ugly.          # 아름다움이 추함보다 낫다
Explicit is better than implicit.       # 명시적인 것이 암시적인 것보다 낫다
Simple is better than complex.          # 단순함이 복잡함보다 낫다
Complex is better than complicated.     # 복잡함이 꼬인 것보다 낫다
Flat is better than nested.             # 수평이 계층보다 낫다
Sparse is better than dense.            # 여유로운 것이 밀집된 것보다 낫다
Readability counts.                     # 가독성이 중요하다
-- 생략 --
```

파이썬의 철학에 따르면 '가독성이 중요하다'. 한 줄 코드는 문제를 해결하는 가장 작은 크기의 프로그램이다. 대부분 어떤 코드를 파이썬 한 줄 코드로 다시 쓰면 가독성이 좋아지고 더 파이썬다운 코드가 된다. **리스트 컴프리헨션**을 사용하는 예제는 리스트를 생성하는 코드를 한 줄의 코드로 줄여준다. 다음 예제를 살펴보자.

```
# 원래 코드
squares = []

for i in range(10):
```

```
    squares.append(i**2)

print(squares)
# [0, 1, 4, 9, 16, 25, 36, 49, 64, 81]
```

이 코드를 보면 처음 10개의 제곱수를 리스트로 만들어 셸에 출력하는 데 5줄의 코드를 써야 한다. 하지만 그보다는 가독성이 더 좋고 간결한 방식으로 한 줄 코드를 쓰는 편이 훨씬 낫다.

```
# 한 줄 코드
print([i**2 for i in range(10)])
# [0, 1, 4, 9, 16, 25, 36, 49, 64, 81]
```

결과는 같지만 한 줄 코드는 리스트 컴프리헨션이라는 파이썬다운 개념을 더 잘 활용하고 있다. 읽기 쉬울 뿐만 아니라 간결하기까지 하다.

하지만 파이썬 한 줄 코드는 오히려 이해가 어려울 수도 있다. 코드의 가독성이 떨어지는 경우도 있기 때문이다. 하지만 체스 마스터가 어떤 말을 옮길지 선택하기 전에 가능한 모든 경로를 반드시 파악해야 하는 것처럼 여러분의 생각을 코드로 옮길 수 있는 방법을 모두 알아야 어떤 방법이 최선인지 선택할 수 있다. 가장 아름다운 방법을 택하는 것은 중요하다. 파이썬 생태계의 핵심이기 때문이다. **파이썬의 철학**이 알려주듯이 '아름다움은 추함보다 낫다'.

이 책의 대상 독자

파이썬 초보이거나 중급자라면 여러분의 동료 대부분이 그렇듯 코딩 과정에서 막히는 경우가 있을 것이다. 이 책은 여러분을 돕기 위한 책이다. 여러분은 온라인에서 엄청난 양의 프로그래밍 튜토리얼을 읽었을 것이다. 스스로 소스 코드를 쓰고 작은 프로젝트를 성공적으로 출시한 경험도 있을 것이다. 기본적인 프로그래밍 코스도 완료하고 프로그래밍 책도 한두 권 읽었을 것이다. 심지어 대학에서 컴퓨터 과학과 프로그래밍의 기본을 배우는 기술 프로그램을 이수했을 수도 있다.

어쩌면 여러분은 다른 개발자가 자신보다 소스 코드를 훨씬 빨리 이해한다거나 자신이 상위 10% 프로그래머에 들지 못한다는 생각에 스스로를 가둘지도 모른다. 더 고급 코딩 기술을 갖추고 최고의 코딩 전문가가 되려면 그에 해당하는 새로운 스킬을 배울 필요가 있다.

나 역시 10년 전 컴퓨터 공학을 배우기 시작할 때 코딩을 전혀 모른다는 생각에 사로잡혀 있었다. 동시에 동기들은 모두 경험이 있고 능숙한 것처럼 보였다.

나는 이 책을 통해 여러분이 스스로를 얽매는 생각을 극복하고 파이썬 마스터로 한걸음 더 가까이 갈 수 있도록 돕고자 한다.

이 책에서 다루는 내용

여러분은 이 책을 통해 다음과 같은 내용을 학습하게 된다.

1장, 빠르게 훑는 파이썬 기본기에서는 파이썬에 대한 지식을 재점검하기 위해 파이썬의 가장 기초적인 부분을 설명한다.

2장, 파이썬 200% 활용 비법에서는 리스트 컴프리헨션, 파일 입력, `lambda`, `map()`, `zip()` 같은 함수, `all()` 함수, 슬라이싱, 기본적인 리스트 산술 연산 등의 기초 개념을 학습하기 위한 10가지 한 줄 코드를 살펴본다. 또한 자료구조를 사용하고 조작해서 일상의 다양한 문제를 해결하는 방법을 알아본다.

3장, 데이터 과학에서는 넘파이Numpy 라이브러리를 토대로 데이터 과학과 관련된 10가지 한 줄 코드를 살펴본다. 넘파이는 파이썬의 강력한 머신러닝 및 데이터 과학 라이브러리다. 배열, 셰이프shape, 축axis, 타입, 브로드캐스팅, 고급 인덱싱, 슬라이싱, 정렬, 검색, 집계, 통계 등 넘파이 라이브러리의 기초를 배우게 될 것이다.

4장, 머신러닝에서는 파이썬의 싸이킷런scikit-learn 라이브러리를 바탕으로 머신러닝에 활용할 수 있는 10가지 한 줄 코드를 살펴보면서 값을 예측하는 회귀 알고리즘에 대해 학습해본다. 예를 들면 선형 회귀linear regression, K-최근접 이웃K-Nearest Neighbors, 신경망 등의 알고리즘을 살펴본다. 또한 로지스틱 회귀logistic regression, 의사결정 트리decision-tree 학습, 서포트 벡터 머신support-vector machines, 랜덤 포레스트 등의 분류 알고리즘도 배우게 된다. 게다가 다차원 데이터 배열의 기본 통계를 계산하는 방법과 비지도학습을 위한 K-평균K-Means 알고리즘도 학습한다. 이런 알고리즘과 기법은 머신러닝 분야에서 가장 중요한 알고리즘에 속한다.

5장, 정규표현식에서는 정규표현식으로 처리할 수 있는 10가지 한 줄 코드를 살펴본다. 이 장에서는 더 복잡한 정규표현식을 만들기 위해 조합(그리고 재조합)할 수 있는 기본적인 정규표현식에 대해 학습한다. 이를 위해 그룹과 명명된 그룹, 부정형 전방탐색negative lookahead, 이스케이프 문자, 공백, 문자 집합(및 부정 문자 집합), 그리디greedy/넌그리디non-greedy 연산자 등을 활용한다.

6장, 알고리즘에서는 애너그램anagram[1], 팰린드롬palindromes[2], 순열, 팩토리얼, 소수, 피보나치 수열, 난독화obfuscation, 검색, 알고리즘적 정렬 등 광범위한 컴퓨터 공학 주제를 다루는 알고리즘을 구현하는 10가지 한 줄 코드를 살펴본다. 이 장에서 다루는 내용들은 가장 어려운 알고리즘의 근간을 이루며 철저한 알고리즘 교육에 꼭 필요한 개념들이다.

마치며에서는 이 책을 마무리하고 개선된 파이썬 코딩 스킬을 갖춘 여러분을 현실 세계로 돌려 보내줄 것이다.

온라인 보충 자료 활용

이 책에서 학습하는 내용을 보강하기 위해 https://pythononeliners.com이나 http://www.nostarch.com/pythononeliners/에 몇 가지 참고자료를 추가해 뒀다. 이 웹 페이지에서 몇 가지 대화형 리소스를 찾아볼 수 있다.

- **파이썬 요약자료**: 원한다면 PDF 버전의 파이썬 요약자료를 다운로드 후 출력해 벽에 붙여둬도 된다. 요약자료에는 기본적인 파이썬 언어 기능이 설명돼 있으며, 꼼꼼히 공부한다면 자신의 파이썬 실력을 재점검하고 부족한 지식을 채웠는지 확인할 수 있다.

1 원래 단어의 철자 순서를 바꾼 단어 – 옮긴이

2 앞으로 읽으나 뒤로 읽으나 철자가 같은 단어 – 옮긴이

- **한 줄 코드 비디오 강의**: 파이썬 이메일 코스와 더불어 여러분이 무료로 활용할 수 있도록 내가 직접 이 책의 몇몇 내용을 강의로 만들어 업로드해뒀다. 이 비디오 강의는 여러분의 학습에 도움을 주며 멀티미디어 학습 경험을 제공해 줄 것이다.
- **파이썬 퍼즐**: 파이썬 퍼즐을 풀고 Finxter.com 앱을 통해 무료로 여러분의 파이썬 스킬을 테스트하고 학습할 수 있으며 이 책의 학습 진도를 측정할 수 있는 자료다.
- **코드 파일과 주피터 노트북**: 파이썬을 마스터하려면 일단 팔을 걷어 붙이고 코드를 쓰기 시작해야 한다. 시간을 들여서 다양한 매개변수 값과 입력 데이터를 확인해야 한다. 하지만 여러분의 편의를 돕기 위해, 이 책에 실린 모든 파이썬 한 줄 코드는 실행 가능한 코드 파일로 만들어 뒀다.

독자 문의

이 책을 선택하고 읽어주신 독자 여러분께 감사의 인사를 전합니다. 최선을 다해 오류가 없도록 책 내용을 작성하고 검증했지만 미처 찾아내지 못한 오류가 있을지도 모르겠습니다. 이 책의 오류나 오탈자, 누락된 내용 등이 있다면 출판사 편집팀(support@onlybook.co.kr)으로 메일을 보내 알려주시면 감사하겠습니다. 책 내용과 직접 관련된 질문에 대해서는 최대한 빠른 시일 안에 회신 드리겠습니다. 이 책의 도서 정보와 정오표는 책만 출판사 홈페이지(https://www.onlybook.co.kr/entry/python-oneliner)에서 보실 수 있습니다.

1장

빠르게 훑는 파이썬 기본기

이번 장의 목적은 파이썬의 자료구조, 키워드, 제어 흐름 연산자 등 기본 사항을 다시 한번 훑어보는 것이다. 이 책의 대상 독자는 프로그래밍 실력을 한 단계 높이고 싶은 중급 파이썬 프로그래머일 것이다. 전문가 수준에 도달하려면 무엇보다도 기본기를 철저히 다져야 한다.

기본을 이해하면 한걸음 물러나 큰 그림을 볼 수 있게 되는데, 이는 구글의 기술 리드나 컴퓨터 과학 교수 또는 그저 더 나은 프로그래머가 되는 데 중요한 기술이다. 예를 들어 컴퓨터 과학 교수는 컴퓨터 과학의 기본에 대한 깊은 지식을 가지고 있으므로 최신 기술에 현혹되지 않으며, 기본 원리를 파악해 논리적인 주장을 펼치며 연구의 공백을 파악할 수 있다. 1장에서는 파이썬에서 가장 중요한 기본을 살펴보고, 이 책에서 다룰 고급 주제들을 이해할 수 있는 기반을 다져본다.

자료구조란 무엇인가

자료구조를 완벽히 이해하는 것은 프로그래머로서 여러분이 갖춰야 할 가장 기본적인 스킬 중 하나다. 이 스킬은 머신러닝 프로젝트, 대규모 코드베이스, 웹 사이트의 셋업과 관리 또는 알고리즘의 구현 등 어떤 일을 하든 도움이 될 것이다.

✤ 산술 자료형과 구조

산술 자료형에서 가장 중요한 두 가지는 정수와 실수다. **정수**integer는 부동 소수점이 없는 양수 혹은 음수(예를 들면 3)을 말한다. 반면 **실수**float는 부동 소수점을 가진 양수 또는 음수(예를 들면 3.14159265359)이다. 파이썬은 다양한 산술 연산자를 제공할 뿐만 아니라 산술 자료형을 변환하는 기능도 제공한다. 예제 1-1을 잘 읽어보면서 중요한 산술 연산을 완전히 익혀보자.

예제 1-1 산술 자료형

```
## 산술 연산
x, y = 3, 2
print(x + y) # = 5
print(x - y) # = 1
print(x * y) # = 6
print(x / y) # = 1.5
print(x // y) # = 1
print(x % y) # = 1
print(-x) # = -3
print(abs(-x)) # = 3
print(int(3.9)) # = 3
print(float(x)) # = 3.0
print(x ** y) # = 9
```

대부분의 연산자는 쉽게 이해할 수 있다. // 연산자는 정수 나눗셈을 수행한다는 점을 기억하자. 결과는 내림 처리된 정수값이다(예를 들어 `3 // 2 == 1`).

✤ 불리언

불리언Boolean은 `False`나 `True` 중 하나의 값만 갖는다.

파이썬의 경우 불리언과 정수 자료형은 밀접한 관련이 있다. 불리언 자료형은 내부적으로 정수값을 사용한다(기본적으로 불리언 값 `False`는 정수 0으로 표현하며 `True`는 정수 1로 표현한다). 예제 1-2에서 불리언 키워드의 사용법을 볼 수 있다.

예제 1-2 False와 True 불리언 값

```
x = 1 > 2
print(x)
# False

y = 2 > 1
print(y)
# True
```

주어진 표현식을 평가한 후, 변수 x는 불리언 값 False를 가리키고 변수 y는 불리언 값 True를 가리킨다.

파이썬에서는 불리언 타입과 세 개의 중요한 키워드를 이용해 더욱 복잡한 표현식을 만들어낼 수 있다.

키워드: and, or, not

불리언 표현식은 기본적인 논리 연산을 표현한다. 불리언 표현식을 다음의 세 키워드와 조합하면 여러 가지 복잡한 표현식을 만들어 낼 수 있다.

- **and**: x and y라는 표현식은 x와 y가 모두 True일 때만 True로 평가된다. 둘 중 하나라도 False값을 갖는다면 전체 표현식은 False가 된다.
- **or**: x or y라는 표현식은 x가 True이거나 y가 True이면(또는 둘 다 True이면) True가 된다. 즉, 둘 중 하나만 True이면 True로 평가한다.
- **not**: not x라는 표현식은 x가 False이면 True가 된다. 반대의 경우라면 False가 된다.

예제 1-3의 파이썬 코드를 살펴보자.

예제 1-3 and, or, not 키워드

```
x, y = True, False

print((x or y) == True)
# True

print((x and y) == False)
# True
```

```
print((not y) == True)
# True
```

이 세 가지 키워드를 사용하면 필요한 모든 논리 표현식을 만들어낼 수 있다.

불리언 연산자 우선순위

불리언 연산자가 적용되는 순서는 불리언 로직을 이해하는 데 있어 매우 중요하다. 예를 들어 `it rains and it's cold or windy`라는 자연어 문장을 생각해보자. 이 문장은 다음의 두 가지로 해석할 수 있다.

- **`(it rains and it's cold) or windy`**

  이 경우는 비가 오지 않더라도 바람이 불면 `True` 값이 된다.

- **`it rains and (it's cold or windy)`**

  하지만 이 경우는 날씨가 춥든 바람이 불든 비가 오지 않으면 `True`가 될 수 없다.

그래서 불리언 연산의 순서가 중요하다. 첫 번째의 해석이 이 문장에 대한 올바른 해석이다. 왜냐하면 `and` 연산자가 `or` 연산자보다 더 높은 우선순위를 갖기 때문이다. 예제 1-4의 코드를 살펴보자.

예제 1-4 불리언 자료형

```
## 1. 불리언 연산자
x, y = True, False

print(x and not y)
# True

print(not x and y or x)
# True
## 2. 다음 if 문은 False다
if None or 0 or 0.0 or '' or [] or {} or set():
    print("실행되지 않음") # 이 문장은 실행되지 않는다
```

이 코드는 두 가지 중요한 점을 보여준다. 첫째로 불리언 연산자가 우선순위에 따라 적용된다는 점이다. `not` 연산자가 가장 높은 우선순위를 가지며 그 다음은 `and` 연산자이고 `or` 연

산자는 그다음이다. 둘째로 None 키워드, 정수값 0, 실수값 0.0, 빈 문자열 또는 빈 컨테이너 타입이 자동으로 False로 평가된다는 점이다.

문자열

파이썬의 **문자열**string은 문자의 시퀀스다. 문자열은 불변immutable이므로 한 번 만들면 변경할 수 없다. 문자열을 만드는 방법은 여러 가지지만 보통은 다음의 다섯 가지 방법 중 하나를 사용한다.

- 작은따옴표 'Yes'
- 큰따옴표 "Yes"
- 여러 줄 문자열을 위한 세 따옴표 '''Yes''' 또는 """Yes"""
- 문자열 메서드 str(5) == '5'는 True가 된다.
- 문자열 결합 'Py' + 'thon'은 'Python'이라는 문자열이 된다.

문자열에서 **공백 문자**whitespace characters를 명시적으로 사용하고자 하는 경우가 있을 것이다. 가장 자주 사용하는 공백 문자는 줄바꿈 문자 \n과 공백 문자인 \s 그리고 탭 문자인 \t다.

예제 1-5는 중요한 문자열 메서드를 보여준다.

예제 1-5 문자열 자료형

```
## 가장 중요한 문자열 메서드
y = " This is lazy\t\n  "

print(y.strip())
# 공백이 사라진다: 'This is lazy'

print("DrDre".lower())
# 소문자로 출력한다: 'drdre'

print("attention".upper())
# 대문자로 출력한다: 'ATTENTION'

print("smartphone".startswith("smart"))
# 문자열이 지정한 문자열로 시작하는지 판단한다: True

print("smartphone".endswith("phone"))
```

```
# 문자열이 지정한 문자열로 끝나는지 판단한다: True

print("another".find("other"))
# 문자열이 일치하는 부분의 인덱스를 리턴한다: 2

print("cheat".replace("ch", "m"))
# 첫 번째 매개변수로 지정한 문자열을 두 번째 매개변수로 지정한 문자열로 바꾼다: meat

print(','.join(["F", "B", "I"]))
# 리스트의 모든 요소를 구분자 문자열을 이용해 결합한다: F,B,I

print(len("Rumpelstiltskin"))
# 문자열의 길이를 리턴한다: 15

print("ear" in "earth")
# 문자열 "earth"에 문자열 "ear"가 포함되어 있는지 판단한다: True
```

예제 1-5에 나열된 대표적인 문자열 메서드 리스트는 문자열 자료형이 매우 강력하며 내장된 파이썬 함수로 일반적인 문자열 문제를 다수 해결할 수 있다는 점을 보여준다. 문자열과 관련된 문제를 어떻게 해결해야 할지 모르겠다면 전체 내장 문자열 메서드를 설명하는 온라인 참고 목록(https://docs.python.org/3/library/string.html#module-string)을 살펴보자.

불리언, 정수, 실수, 문자열은 모두 파이썬에서 가장 중요한 기본 자료형이다. 하지만 단순하게 이런 타입을 사용하는 것보다 데이터 항목을 **구조화**structure해야 하는 경우가 왕왕 있을 것이다. 이런 경우에는 컨테이너container 타입이 답이다. 하지만 컨테이너 자료구조를 알아보기에 앞서 중요하면서도 특별한 자료형인 None에 대해 빠르게 짚고 넘어가보자.

None 키워드

None 키워드는 **값이 존재하지 않음**을 의미하는 파이썬의 상수다. 자바 등의 프로그래밍 언어에서는 None 대신 null이라는 값을 사용한다. 하지만 null은 이 값이 정수값 0과 같을 거라고 생각하는 초보자에게는 꽤 혼란스러운 용어다. 그래서 예제 1-6에서 보듯이 파이썬은 None이라는 키워드를 사용해서, 이 값이 0을 의미하는 숫자나 빈 리스트 또는 빈 문자열과는 다르다는 것을 나타낸다. 흥미로운 점은 None이라는 값은 NoneType이라는 자료형을 갖는 유일한 값이라는 점이다.

예제 1-6 None 키워드의 사용법

```
def f():
    x = 2

# 'is' 키워드는 나중에 설명한다
print(f() is None)
# True

print("" == None)
# False

print(0 == None)
# False
```

이 코드는 None 값의 몇 가지 사용 사례를 보여준다. 함수에서 리턴값을 정의하지 않으면 기본 리턴값은 None이 된다.

컨테이너 자료구조

파이썬은 쉽게 사용할 수 있으면서도 복잡한 연산을 처리할 수 있는 컨테이너 자료형을 제공한다.

리스트

리스트list는 일련의 값을 저장하는 컨테이너 자료형이다. 문자열과 달리 리스트는 **가변**mutable이어서 런타임에 변경이 가능하다. 몇 가지 예제를 통해 리스트 자료형을 살펴보자.

```
l = [1, 2, 2]
print(len(l))
# 3
```

이 예제는 대괄호를 사용해서 리스트를 생성하고 3개의 정수값으로 채우는 방법을 보여준다. 또한 리스트에 같은 값이 2개 저장되어 있는 것도 볼 수 있다. len() 함수는 리스트에 저장된 요소의 갯수를 리턴한다.

is 키워드

is 키워드는 두 변수가 메모리 상의 같은 객체를 참조하는지 검사한다. 파이썬 초보자에게는 조금 헷갈릴 수 있는 부분이다. 예제 1-7은 두 정수와 두 리스트가 메모리상의 같은 객체를 참조하는지 확인하는 코드다.

예제 1-7 is 키워드의 사용법

```
y = x = 3

print(x is y)
# True

print([3] is [3])
# False
```

두 개의 리스트를 생성하면 (설령 두 리스트에 같은 값을 저장하더라도) 이 두 리스트는 메모리상에서 서로 다른 객체다. 그래서 한 리스트 객체를 변경해도 다른 리스트 객체는 영향을 받지 않는다. 앞서 리스트를 **가변**mutable이라고 했던 이유는 리스트를 생성한 후에 변경할 수 있기 때문이다. 그래서 한 리스트가 메모리상의 같은 객체를 참조하는지 검사해보면 그 결과는 False가 될 것이다. 하지만 정수값은 **불변**immutable이므로 한 변수를 변경한다고 해서 다른 모든 변수가 같이 변경되는 위험은 발생하지 않는다. 그 이유는 3이라는 값을 가진 정수 객체를 변경할 수 없기 때문이다. 다른 값을 대입하면 새로운 정수 객체가 새로 생성되며 기존 객체는 변경되지 않은 채로 남게 된다.

리스트에 값 추가

파이썬에서 리스트에 값을 추가하는 방법은 append 함수, insert 함수, **리스트 결합**concatenation 등 세 가지 방법이 있다.

```
# 1. 리스트에 값을 추가
l = [1, 2, 2]
l.append(4)
print(l)
# [1, 2, 2, 4]
```

```
# 2. 리스트에 값을 삽입
l = [1, 2, 4]
l.insert(2, 2)
print(l)
# [1, 2, 2, 4]

# 3. 리스트 결합
print([1, 2, 2] + [4])
# [1, 2, 2, 4]
```

이 세 가지 방법은 모두 [1, 2, 2, 4]라는 리스트를 생성하지만 append 연산이 가장 빠르다. (insert처럼) 새 값을 삽입할 위치를 찾을 필요도 없고 (**리스트 결합**처럼) 두 개의 리스트로 새로운 리스트를 생성할 필요도 없기 때문이다. 간단히 말하면 insert 메서드는 리스트의 끝이 아니라 특정 위치에 값을 저장하고 싶을 때만 사용해야 한다. 그리고 리스트 결합은 길이를 알 수 없는 두 리스트를 결합해야 할 때만 사용한다. 리스트는 효율적인 방법으로 리스트에 여러 값을 덧붙이는 extend() 메서드도 지원한다.

리스트에서 값 제거

리스트에서 remove(x) 메서드를 이용하면 리스트에서 x 값을 쉽게 제거할 수 있다.

```
l = [1, 2, 2, 4]
l.remove(1)
print(l)
# [2, 2, 4]
```

remove 메서드는 새로운 리스트를 생성하는 것이 아니라 현재의 리스트 객체를 변경한다. 앞서 예제는 l이라는 이름의 리스트 객체를 생성하고 그 객체에서 값을 제거함으로써 메모리상의 바로 그 객체를 변경한다. 이렇게 하면 같은 리스트 데이터를 불필요하게 복사할 때 발생하는 메모리 오버헤드를 줄일 수 있다.

리스트 뒤집기

list.reverse() 메서드를 이용하면 다음과 같이 리스트에 저장된 값의 순서를 반대로 뒤집을 수 있다.

```
l = [1, 2, 2, 4]
l.reverse()
print(l)
# [4, 2, 2, 1]
```

리스트를 뒤집는 것 역시 원래 리스트 객체를 변경하는 것이므로 새로운 리스트 객체를 생성하지 않는다.

리스트 정렬

list.sort() 메서드를 이용하면 다음과 같이 리스트의 값을 정렬할 수 있다.

```
l = [2, 1, 4, 2]
l.sort()
print(l)
# [1, 2, 2, 4]
```

리스트의 정렬 역시 원래의 리스트 객체를 변경한다. 메서드가 리턴하는 리스트에는 값이 오름차순으로 정렬되어 저장된다. 문자열을 저장한 리스트 객체는 알파벳을 기준으로 오름차순으로 정렬된다('a'에서 'z' 순서로). 보통 정렬 함수는 두 객체가 서로 비교 가능할 것이라고 간주한다. 다시 말하면 a와 b의 자료형이 무엇이든 a > b를 판단할 수 있다면 리스트 [a, b]를 정렬할 수 있다.

리스트에 저장된 값의 인덱스

list.index(x) 메서드를 이용하면 리스트에서 값 x의 인덱스를 찾을 수 있다.

```
print([2, 2, 4].index(2))
# 0
```

```
print([2, 2, 4].index(2, 1))
# 1
```

list.index(x) 메서드는 리스트에서 값 x가 처음 발견되는 위치의 인덱스를 리턴한다. 선택적 매개변수인 'start'와 'stop'을 이용하면 인덱스의 검색 범위를 리스트의 일부로 제한할 수도 있다. 다른 주요 프로그래밍 언어와 마찬가지로 파이썬 역시 첫 번째 값의 인덱스를 0으로 취급하므로 i 번째 값의 인덱스는 i - 1값을 리턴한다.

스택

스택stack 자료구조는 직관적으로 후입선출last-in first-out(LIFO) 구조로 작동한다. 스택은 문서를 쌓아두는 것이라고 생각하면 된다. 즉 새 문서가 생기면 기존에 가지고 있던 문서 위에 새 문서를 올려놓고 스택을 처리할 때는 가장 위의 문서를 꺼내 오는 방식이다. 스택은 여전히 컴퓨터 공학에서 중요한 자료구조이며 운영체제 관리, 알고리즘, 문법 파싱, 역추적 등에 활용되고 있다.

파이썬의 리스트도 스택처럼 사용될 수 있다. append() 메서드로 스택에 새 값을 추가하고 pop() 메서드로 가장 최근에 추가했던 값을 꺼내 올 수 있다.

```
stack = [3]
stack.append(42) # [3, 42]
stack.pop() # 42 (stack: [3])
stack.pop() # 3 (stack: [])
```

리스트는 매우 효율적으로 구현되어 있어서 외부 스택 라이브러리를 임포트할 필요가 없다.

셋

셋set 자료구조는 파이썬의 기본적인 컬렉션collection 자료형이며 다른 많은 프로그래밍 언어도 같은 자료구조를 제공한다. 분산 컴퓨팅 분야에서 대중적으로 사용되는 언어(예를 들면 맵리듀스MapReduce나 아파치 스파크Apache Spark)도 기본적인 프로그래밍에 셋을 사용한다. 그렇다면 정확히 셋이란 무엇일까? 셋은 고유한 값이 순서 없이 저장된 컬렉션을 의미한다. 이 정의를 잘 구분해 생각해보자.

셋은 컬렉션이다

셋은 리스트나 튜플처럼 어떤 값의 컬렉션이다. 컬렉션은 기본자료형primitive(정수, 실수, 문자열 등)이나 복합자료형complex(객체, 튜플 등)으로 구성할 수 있다. 하지만 셋의 모든 자료형은 **해시 가능**hashable해야 한다. 즉 관련된 해시 값을 가져야 한다는 뜻이다. 객체의 해시값은 절대 바뀌지 않으며 객체를 다른 객체와 비교할 때 사용한다. 예제 1-8은 세 문자열의 해시값을 확인한 후 이 세 문자열을 이용해 하나의 셋을 생성한다. 그런데 리스트로 셋을 생성하려고 하면 리스트는 해시 가능하지 않으므로 실패하게 된다.

예제 1-8 셋 자료형은 해시 가능한 값으로만 생성할 수 있다

```
hero = "Harry"
guide = "Dumbledore"
enemy = "Lord V."

print(hash(hero))
# 6175908009919104006

print(hash(guide))
# -5197671124693729851

## 문자열로 셋을 생성
characters = {hero, guide, enemy}
print(characters)
# {'Lord V.', 'Dumbledore', 'Harry'}

## 리스트로 셋을 생성
team_1 = [hero, guide]
team_2 = [enemy]
teams = {team_1, team_2}
# TypeError: unhashable type: 'list'
```

문자열은 **해시 가능**하므로 문자열의 셋을 만들 수 있다. 하지만 리스트는 **해시가능하지 않으므로** 리스트의 셋을 만들 수는 없다. 해시값은 아이템이 가진 값에 따라 달라지는데 리스트는 **가변**mutable이기 때문이다. 그래서 리스트의 자료형을 바꾸면 해시값도 바뀌게 된다. 가변 자료형은 해시 가능하지 않으므로 셋을 생성할 수 없다.

셋에는 순서가 없다

리스트와 달리 셋은 고정된 순서를 보장하지 않는다. 셋에 어떤 순서로 값을 저장하든 그 순서대로 값이 저장된다는 보장이 없다는 뜻이다. 다음 예제를 살펴보자.

```
characters = {hero, guide, enemy}
print(characters)
# {'Lord V.', 'Dumbledore', 'Harry'}
```

분명히 문자열 hero를 처음에 지정했지만 출력 결과를 보면 문자열 enemy의 값이 먼저 출력된다(파이썬 인터프리터는 분명히 어둠의 편이다). 어떤 파이썬 인터프리터를 사용하느냐에 따라 이와는 다른 순서로 값이 출력될 수도 있음을 알아두자.

셋의 값은 유일하다

셋에 저장하는 모든 값은 유일해야 한다. 즉 셋에 저장한 값 x와 y가 서로 다르다면 둘의 해시값 hash(x)와 hash(y)도 서로 다른 값이다. 셋에 저장하는 값 x와 y는 서로 다른 값이어야 하므로 Harry라는 문자열을 셋에 여러 번 추가할 수 없다.

```
clone_army = {hero, hero, hero, hero, hero, enemy}
print(clone_army)
# {'Lord V.', 'Harry'}
```

같은 셋에 같은 값을 몇 개 추가하든 셋에는 하나의 값만 저장된다. 그 이유는 hero 변수의 값이 모두 같은 해시값을 가지며 셋은 특정 해시값을 하나만 가질 수 있기 때문이다. 보통의 셋 자료구조를 확장해서 같은 값을 여러 개 저장할 수 있도록 한 것을 **다중셋 자료구조** multiset data structure라고 한다. 하지만 실제로는 거의 사용하지 않는다. 반면 웬만한 코드 프로젝트라면 거의 셋을 사용할 것이다. 예를 들어 셋을 사용해서 전체 고객과 상점을 방문한 사람과의 교집합을 구하면 상점에 방문했던 고객만 저장한 새로운 셋을 얻을 수 있다.

딕셔너리

딕셔너리dictionary는 (키, 값) 쌍을 저장하는 유용한 자료구조다.

```
calories = {'apple': 52, 'banana': 89, 'choco': 546}
```

대괄호 안에 키를 지정하면 그 값을 읽거나 쓸 수 있다.

```
print(calories['apple'] < calories['choco'])
# True

calories['cappu'] = 74

print(calories['banana'] < calories['cappu'])
# False
```

keys()와 values() 함수는 딕셔너리의 모든 키와 값을 각각 리턴한다.

```
print('apple' in calories.keys())
# True

print(52 in calories.values())
# True
```

items() 메서드는 딕셔너리에 저장된 키와 값의 쌍을 리턴한다.

```
for k, v in calories.items():
    print(k) if v > 500 else None
# 'choco'
```

이렇게 하면 딕셔너리 내의 모든 키와 값을 개별적으로 접근하지 않고도 읽어낼 수 있다.

멤버십

셋이나 리스트, 딕셔너리에 어떤 값이 저장되어 있는지 확인하려면 in 키워드를 사용하면 된다(예제 1-9 참고).

예제 1-9 in 키워드의 사용법

```
❶ print(42 in [2, 39, 42])
  # True

❷ print("21" in {"2", "39", "42"})
  # False

  print("list" in {"list": [1, 2, 3], "set": {1,2,3}})
  # True
```

예제와 같이 `in` 키워드를 이용하면 정수값 42 ❶가 정수값의 리스트에 저장되어 있는지 또는 문자열 값 "21" 문자열의 셋 ❷에 저장되어 있는지 확인할 수 있다. 이 경우 값 x가 컬렉션 y에 저장되어 있다면 **x를 y의 멤버**라고 한다.

셋의 멤버십을 확인하는 것은 리스트의 멤버십을 확인하는 것보다 빠르다. 값 x가 리스트 y에 저장되어 있는지 확인하려면 값 x를 찾을 때까지 리스트에 저장된 모든 값을 훑어봐야 하기 때문이다. 하지만 셋은 딕셔너리와 비슷하게 구현되어 있다. 파이썬은 값 x가 셋 y에 저장되어 있는지 확인하기 위해 내부적으로 `y[hash(x)]`를 실행하고 리턴값이 `None`이 아닌지 확인한다.

리스트와 셋 컴프리헨션

리스트 컴프리헨션list comprehension은 파이썬에서 인기 있는 기능으로 리스트를 빠르게 생성하고 변경하는 기법을 말한다. 이 식은 간단히 **[표현식 + 컨텍스트]**로 표현할 수 있다.

- **표현식**은 파이썬이 리스트에 저장된 각 값에 어떤 작업을 수행할지 알려준다.
- **컨텍스트**는 파이썬이 리스트에서 어떤 값을 선택해야 하는지 알려준다. 컨텍스트는 여러 개의 `for`와 `if` 구문으로 구성할 수 있다.

예를 들어 `[x for x in range(3)]`이라는 컴프리헨션 구문을 보면 처음 x 부분은 (식별자) 표현식이며 두 번째 `for x in range(3)` 부분이 바로 컨텍스트다. 이 구문은 `[0, 1, 2]`라는 값을 가진 리스트를 생성한다. `range()` 함수는 예제처럼 매개변수를 1개만 지정하면 연속된 정수값 0, 1, 2를 리턴한다. 리스트 컴프리헨션에 대한 또 다른 예시를 살펴보자.

```
# (이름, 소득(달러))
customers = [("John", 24000),
             ("Alice", 120000),
             ("Ann", 1100000),
             ("Zach", 44000)]

# 소득 100만 달러 이상의 고가치 고객
whales = [x for x,y in customers if y > 1000000]
print(whales)
# ['Ann']
```

셋 컴프리헨션도 이와 유사하지만 리스트 대신 셋을 사용한다는 점이 다르다.

흐름 제어

흐름 제어control flow 기능은 코드상에서 의사 결정을 내리는 데 사용한다. 알고리즘은 일련의 명령어로 구성된 요리 레시피라고 생각할 수 있다. 예를 들어 냄비에 물을 채우고 소금과 쌀을 넣은 후, 물기가 없어질 때까지 끓여서 밥을 대접하는 식이다. 실행에 어떤 조건이 없다면 이 일련의 명령이 몇 초 만에 실행되어 제대로 밥이 지어지지 않을 것이다. 예를 들어 물과 소금, 쌀을 넣은 후 물이 끓어 쌀이 부드러워질 때까지 기다리지 않고 곧바로 물을 따라 버릴 것이다.

여러분은 상황에 따라 다르게 대응할 필요가 있다. 물이 뜨겁게 끓여질 때만 쌀을 냄비에 넣어야 하고, 쌀이 부드럽게 익어야만 수분이 제거될 수 있다. 현실에서 결정적으로deterministically 일어나는 일을 고려해서 프로그램을 작성하는 것은 거의 불가능하다. 그 대신 우리는 다른 조건을 마주하면 다르게 대응하는 형태로 프로그램을 작성한다.

if, else, elif

`if`, `else`, `elif`(예제 1-10 참고) 키워드를 이용하면 조건에 따라 다른 코드를 실행할 수 있다.

예제 1-10 if, else, elif 키워드의 사용법

```
❶ x = int(input("your value: "))
❷ if x > 3:
     print("Big")
❸ elif x == 3:
     print("Medium")
❹ else:
     print("Small")
```

이 예제는 먼저 사용자가 입력한 값을 읽어 그 값을 정수로 변환한 후 변수 x에 대입한다❶. 그런 후 변수의 값이 3보다 큰지❷, 같은지❸, 작은지❹를 비교한다. 다시 말하면 이 코드는 **예측할 수 없는**unpredictable 입력값에 대해 다른 방식으로 대응하고 있다.

루프

파이썬은 for 루프와 while 루프의 두 가지 루프를 이용해 코드의 반복 실행을 지원한다. 루프를 이용하면 단 두 줄의 코드를 무한히 반복하는 프로그램을 쉽게 작성할 수 있다. 루프가 없다면 반복 동작을 구현하기 어려울 것이다(재귀recursion라는 대안은 있다).

예제 1-11은 두 가지 루프의 동작 방식을 설명한다.

예제 1-11 for와 while 키워드의 사용법

````
# for 루프
for i in [0, 1, 2]:
    print(i)

```
0
1
2
```

# while 루프 - 같은 동작
j = 0
while j < 3:
    print(j)
````

```
    j = j + 1
```

```
0
1
2
```

두 루프는 모두 0, 1, 2라는 정수값을 출력하지만 구현 방식은 서로 다르다.

for 루프는 리스트 [0, 1, 2]의 모든 값을 반복적으로 읽는 루프 변수 i를 선언한다. 그리고 리스트의 모든 값을 읽을 때까지 실행한다.

while 루프는 특정 조건을 만족할 때까지 루프 본문을 실행하며 예제의 조건은 변수 j의 값이 3보다 작다는 조건이다.

루프를 종료하는 기본적인 방법은 두 가지가 있다. 마지막에 False 값으로 평가되는 루프 조건을 정의하거나 루프 본문 안에서 어떤 조건이 만족하면 break 키워드를 사용하는 것이다. 예제 1-12에서 후자의 사용법을 볼 수 있다.

예제 1-12 break 키워드의 사용법

```
while True:
    break # 무한 반복하지 않는다
print("hello world")
# hello world
```

이 예시에서는 항상 True 값을 갖는 루프 조건을 이용해 while 루프를 실행한다. 그래서 처음에는 무한히 반복 실행될 것처럼 보일 것이다. 무한히 실행하는 while 루프는 새 웹 요청을 기다렸다가 응답을 리턴하는 작업을 반복하는 웹서버를 개발하는 등 실제로 많이 사용되는 기법이다. 하지만 경우에 따라 루프를 미리 종료하고 싶을 수도 있다. 웹 서버의 경우 서버가 공격 중이라는 점을 감지하면 파일 응답을 중지하고 싶을 수 있다. 이런 경우에는 break 키워드를 이용해 루프를 중단하고 그 다음의 코드를 실행할 수 있다. 예제 1-12의 경우는 루프를 미리 종료한 후 print("hello world") 구문을 실행한다.

파이썬 인터프리터가 루프를 미리 중단하지 않고도 루프의 특정 부분을 건너뛰게 할 수도 있다. 예를 들어 서버가 완전히 멈추지 않도록 악의적인 웹 요청은 건너뛰고 싶을 것이다. 그러려면 루프의 현재 실행을 중단하고 다음 루프 조건을 실행하는 continue 키워드를 사용하면 된다(예제 1-13 참고).

예제 1-13 continue 키워드의 사용법

```
while True:
    continue
    print("43") # 이 코드는 절대 실행되지 않는다
```

이 코드는 print 구문을 한 번도 실행하지 않고 무한히 반복된다. 그 이유는 continue 구문이 현재의 루프 실행을 중단하고 다음 루프를 실행해서 print 구문에 한 번도 도달하지 않기 때문이다. 이렇게 절대 실행되지 않는 코드를 **죽은 코드**dead code라고 한다. 그런 이유로 continue 구문(break 구문도 마찬가지다)은 if-else를 이용한 특정 조건 내에서만 실행하는 것이 일반적이다.

함수

함수function를 이용하면 필요에 따라 코드를 재사용할 수 있다. 즉 코드를 한 번만 작성해서 필요할 때 가져다 쓸 수 있는 것이다. 함수를 정의할 때는 def 키워드 다음에 함수의 이름을 지정한 후 함수의 실행에 필요한 매개변수를 나열하면 된다. 함수에 다른 매개변수를 지정해 호출하면 함수의 결과가 완전히 달라질 수 있다. 예를 들어 입력값 x의 제곱수를 리턴하는 square(x) 함수를 작성했다고 가정하자. 이 함수를 square(10)과 같이 호출하면 결과는 10 x 10 = 100이 되겠지만 square(100)처럼 호출하면 100 x 100 = 10,000이 될 것이다.

return 키워드는 함수의 실행을 종료하고 함수의 호출자에게 실행 흐름을 넘겨준다. return 키워드 다음에는 (예제 1-14처럼) 함수가 리턴할 값을 지정할 수도 있다.

예제 1-14 return 키워드의 사용법

```
def appreciate(x, percentage):
    return x + x * percentage / 100

print(appreciate(10000, 5))
# 10500.0
```

이 예제에서는 지정한 퍼센트만큼의 투자 수익을 리턴하는 appreciate() 함수를 작성했다. 코드를 보면 이자율이 5퍼센트일 때 10,000달러의 투자금이 1년 후에 얼마로 평가되는지 계산하고 있다. 결과는 10,500달러다. 이 때 return 키워드를 이용해 리턴하는 함수의 결과는 원래의 투자금에 이자를 더한 값이어야 한다. 그리고 appreciate() 함수의 리턴 타입은 실수float다.

람다

파이썬은 lambda 키워드를 이용해 람다 함수를 선언한다. **람다 함수**lambda function는 네임스페이스에 선언되지 않은 이름이 없는 함수를 말한다. 간단히 말해 람다는 이름이 없고 한 번만 사용하려는 의도로 정의하는 함수다. 문법은 다음과 같다.

```
lambda <매개변수>: <리턴 표현식>
```

람다 함수는 하나 혹은 그 이상의 매개변수를 콤마로 구분해 지정할 수 있다. 콜론(:) 다음에는 매개변수를 사용해 어떤 동작을 수행하는 리턴 표현식을 작성한다. 리턴 표현식은 파이썬 표현식 또는 다른 함수여도 된다.

람다 함수는 파이썬에서 중요한 역할을 한다. 실제 프로젝트에서 다양한 활용 사례를 볼 수 있을 것이다. 예를 들면 코드를 짧고 더 간결하게 만들거나 다양한 파이썬 함수의 (map()이나 reduce() 같은) 매개변수로 사용하기도 한다. 예제 1-15를 살펴보자.

예제 1-15 lambda 키워드의 사용법

```
print((lambda x: x + 3)(3))
# 6
```

이 예제는 먼저 값 x를 받아 x + 3의 결과를 리턴하는 람다 함수를 정의한다. 이 표현식의 결과는 다른 함수처럼 호출할 수 있는 함수 객체다. 함수의 동작으로 미루어 이 함수는 **증분 함수**incrementor function라고 할 수 있다. 이 증분 함수에 3이라는 매개변수를 전달해 호출하려면 예제 1-15와 같이 `print` 함수 내에서 (3)과 같이 덧붙이면 된다. 그러면 결과로 정수값 6이 리턴된다. 이 책은 람다 함수를 매우 많이 사용하므로 람다 함수를 잘 이해해야 한다(물론 앞으로 람다 함수에 대한 기본적인 이해를 향상시킬 수 있는 기회가 있을 것이다).

정리

이번 장은 파이썬에 대한 기본적인 이해를 재확인할 수 있는 내용으로 구성됐다. 예제를 통해 파이썬에서 가장 중요한 자료구조와 사용법을 살펴봤다. `if-elif-else` 구문과 `while`과 `for` 루프를 이용해 프로그램의 실행 흐름을 제어하는 방법도 알아봤다. 불리언, 정수, 실수, 문자열 등 파이썬의 기본 자료형을 알아보고 보편적으로 사용되는 내장 연산자와 함수에 대해서도 알아봤다. 실제로 사용하는 대부분의 코드와 복잡한 알고리즘은 리스트, 스택, 셋, 딕셔너리같이 더 강력한 컨테이너 타입을 이용해 구현한다. 값을 추가하고 삭제하고 삽입하며 재정렬하는 방법은 예제를 통해 확인해 볼 수 있었다. 이외에도 멤버십 연산자와 파이썬에서 프로그래밍적으로 리스트를 생성하는 강력하면서도 효율적인 내장 메서드인 리스트 컴프리헨션에 대해서 알아봤다. 마지막으로 함수의 의미와 (익명 람다 함수를 포함해) 함수를 정의하는 방법까지 살펴봤다. 이제부터 처음 등장하는 10가지 기본적인 파이썬 한 줄 코드를 살펴볼 준비가 됐다.

2장

파이썬 200% 활용 비법

우리의 목적을 생각해볼 때, 이번 2장의 제목에 있는 **비법**trick이란 어떤 작업을 놀랄 정도로 빠르거나 쉽게 해결하는 방법을 의미한다. 여러분은 이 책을 통해 코드를 더 간결하게 작성하면서도 구현의 속도를 높일 수 있는 다양한 비법과 기법을 배우게 될 것이다. 이 책에서 기술적인 내용을 다루는 장들은 모두 파이썬의 다양한 비법을 소개하지만, 특히 이번 2장에서는 빠르고 쉽게 적응할 수 있으면서도 코딩 생산성에 큰 영향을 주는 쉬운 비법들을 다룬다.

또한 이번 장에서 학습할 내용은 앞으로 다룰 더 고급 주제들을 위한 초석이 될 것이다. 즉 앞으로 살펴볼 내용을 이해하기 위해서는 2장에서 소개하는 한 줄 코드를 잘 이해해야 한다. 특히 리스트 컴프리헨션, 파일 접근, `map()` 함수, `lambda` 함수, `reduce()` 함수, 슬라이싱 slicing, 슬라이스 대입, 제너레이터generator 함수, `zip()` 함수 등 효과적인 코드를 작성하는 데 도움이 되는 파이썬의 기본 기능을 다룬다.

이미 실력이 충분한 파이썬 고수라면 이번 2장은 대략 훑어보면서 자신이 잘 알고 있는 부분과 그렇지 못한 부분을 스스로 파악할 수 있을 것이다.

01 리스트 컴프리헨션을 이용해 고액연봉자 찾기

이번 절에서는 파이썬에서 리스트를 생성하는 아름답고, 강력하며, 매우 효율적인 기능인 리스트 컴프리헨션을 알아본다. 리스트 컴프리헨션은 지금부터 살펴볼 한 줄 코드 대부분에서 활용한다.

코딩 미션

여러분이 대기업의 인사팀에 근무하고 있으며 연봉이 10만 달러 이상인 임직원을 모두 찾아야 한다고 가정해보자. 원하는 결과는 직원의 이름과 연봉 두 값을 가진 튜플의 리스트다. 여러분이 개발한 코드는 다음과 같다.

```
employees = {'Alice': 100000,
             'Bob': 99817,
             'Carol': 122908,
             'Frank': 88123,
             'Eve': 93121}

top_earners = []
for key, val in employees.items():
    if val >= 100000:
        top_earners.append((key, val))

print(top_earners)
# [('Alice', 100000), ('Carol', 122908)]
```

이 코드에 문제는 없지만 이보다 더 쉽고 훨씬 간단한, 그래서 더 읽기 쉬운 방법이 있다. 결과는 완전히 같지만 **코드 줄 수가 적어서** 코드를 읽는 사람이 훨씬 그 의미를 빨리 파악할 수 있다.

파이썬은 새 리스트를 생성하는 강력한 방법, 즉 **리스트 컴프리헨션**을 제공한다. 리스트 컴프리헨션의 형식은 다음과 같다.

```
[표현식 + 컨텍스트]
```

여기서의 괄호는 구문의 실행 결과가 새로운 리스트라는 것을 의미한다. **컨텍스트**는 리스트에서 어떤 값을 선택할 것인지를 정의한다. **표현식**은 각 값을 결과 리스트에 추가하기 전에 어떻게 변경할 것인지 정의한다. 다음 예제를 살펴보자.

```
[x * 2 for x in range(3)]
```

이 식에서 굵게 표시한 **for x in range(3)**은 컨텍스트이며 나머지 x * 2 부분이 표현식이다. 간단히 말하면 표현식은 컨텍스트가 생성한 값 0, 1, 2에 각각 2를 곱한 값을 출력한다. 따라서 리스트 컴프리헨션의 결과는 다음의 리스트와 같다.

```
[0, 2, 4]
```

표현식과 컨텍스트는 경우에 따라 좀 더 복잡할 수도 있다. 표현식은 컨텍스트에서 정의된 변수를 전달받는 함수일 수 있으며 어떤 계산이든 수행할 수 있다. 표현식은 외부의 함수까지 호출할 수 있다. 표현식의 목표는 값을 새 리스트에 추가하기 전에 원하는 대로 변경하는 것이다.

컨텍스트는 하나 혹은 여러 개의 중첩된 for 루프를 이용해 정의된 여러 변수로 구성할 수도 있다. 게다가 if 구문을 이용해서 컨텍스트에 제한을 둘 수도 있다. 이런 경우라면 조건에 맞는 값만 새로운 리스트에 추가된다.

리스트 컴프리헨션을 이해하는 가장 좋은 방법은 예제를 작성해 보는 것이다. 다음 예제를 주의 깊게 살펴보면 리스트 컴프리헨션을 잘 이해할 수 있을 것이다.

```
print([❶x ❷for x in range(5)])
# [0, 1, 2, 3, 4]
```

- **표현식❶**: 항등 함수identity function(컨텍스트의 변수 x의 값을 변경하지 않는다)
- **컨텍스트❷**: 컨텍스트 변수 x는 range 함수가 리턴하는 값 0, 1, 2, 3, 4를 그대로 전달받는다.

```
print([❶(x, y) ❷for x in range(3) for y in range(3)])
# [(0, 0), (0, 1), (0, 2), (1, 0), (1, 1), (1, 2), (2, 0), (2, 1), (2, 2)]
```

- **표현식❶**: 컨텍스트 변수 x와 y를 이용해 새로운 튜플을 생성한다.
- **컨텍스트❷**: 컨텍스트 변수 x는 range 함수가 리턴하는 값 (0, 1, 2)를 전달받고 컨텍스트 변수 y는 range 함수가 리턴하는 값 (0, 1, 2)를 그대로 전달받는다. 여기에 두 개의 for 루프가 중첩되어 있으므로 이 경우 컨텍스트 변수 y는 컨텍스트 변수 x의 각 값에 대해 동일 절차를 3회 반복한다. 그래서 컨텍스트 변수의 조합은 3 x 3 = 9가 된다.

```
print([❶x ** 2 ❷for x in range(10) if x % 2 > 0])
# [1, 9, 25, 49, 81]
```

- **표현식❶**: 컨텍스트 변수 x의 제곱을 구하는 함수
- **컨텍스트❷**: 컨텍스트 변수 x는 range 함수가 리턴하는 모든 값(0, 1, 2, 3, 4, 5, 6, 7, 8, 9) 중에서 x % 2 > 0 구문에 의해 홀수만 전달받게 된다.

```
print([❶x.lower() ❷for x in ['I', 'AM', 'NOT', 'SHOUTING']])
# ['i', 'am', 'not', 'shouting']
```

- **표현식❶**: 컨텍스트 변수 x를 소문자로 만드는 문자열 함수
- **컨텍스트❷**: 컨텍스트 변수 x는 리스트가 가진 문자열 'I', 'AM', 'NOT', 'SHOUTING' 값을 차례로 전달받는다.

지금까지의 예제를 잘 이해했다면 다음에 살펴볼 코드도 이해할 수 있을 것이다.

한 줄 코드 브리핑

앞서 제시했던 직원의 연봉 문제를 다시 생각해보자. 키는 문자열이고 값은 정수인 딕셔너리로부터 키의 값이 100,000 이상인 키와 값을 찾아 (키key, 밸류value) 튜플을 가진 새로운 리스트를 만들어야 한다. 예제 2-1은 이 문제를 해결하는 코드다.

예제 2-1 리스트 컴프리헨션을 이용한 한 줄 코드

```
## 데이터
employees = {'Alice': 100000,
             'Bob': 99817,
             'Carol': 122908,
             'Frank': 88123,
             'Eve': 93121}

## 한 줄 코드
top_earners = [(k, v) for k, v in employees.items() if v >= 100000]

## 결과
print(top_earners)
```

이 코드의 실행 결과는 어떻게 될까?

한 줄 코드 구현

이제 한 줄 코드를 찬찬히 살펴보자.

```
top_earners = [❶(k, v) ❷for k, v in employees.items() if v >= 100000]
```

- **표현식❶**: 컨텍스트 변수 k와 v로 간단한 (키, 밸류) 튜플을 만든다.
- **컨텍스트❷**: 딕셔너리 메서드 dict.items()를 이용하면 컨텍스트 변수 k는 딕셔너리의 모든 키를 전달받으며 컨텍스트 변수 v는 컨텍스트 변수 k의 모든 값을 전달받게 된다. 하지만 컨텍스트 변수 v가 100,000보다 크거나 같아야 한다는 사실은 if 조건으로 표현하고 있다.

이 한 줄 코드의 결과는 다음과 같다.

```
print(top_earners)
# [('Alice', 100000), ('Carol', 122908)]
```

이 간단한 한 줄 코드 프로그램은 **리스트 컴프리헨션**이라는 중요한 개념을 보여준다. 이 책의 다양한 예제에서 리스트 컴프리헨션을 사용하므로 이번 절의 예제를 잘 이해하고 넘어가기 바란다.

Q 02 리스트 컴프리헨션을 활용해 정보 가치가 높은 단어 찾기

이번 한 줄 코드는 리스트 컴프리헨션의 더 강력한 기능을 소개하기 위한 것이다.

코딩 미션

검색 엔진은 사용자 검색어와의 연관도에 따라 텍스트 정보에 대한 순위를 매겨야 한다. 그러려면 검색 엔진은 검색할 텍스트의 내용을 분석해야 한다. 모든 텍스트는 단어로 구성되어 있다. 어떤 단어는 텍스트의 내용에 대한 충분한 정보를 제공하는 반면 그렇지 않은 단어도 있다. 충분한 정보를 제공하는 단어는 white, whale, Captain, Ahab(어떤 텍스트인지 감이 오는가?) 등이다. 반면, 별다른 정보가 없는 단어로는 거의 모든 텍스트에 포함되는 is, to, as, the, a 또는 how 등이 있다. 보통 검색 엔진은 별다른 의미가 없는 단어를 걸러낸다. 간단한 방법은 보통 3문자 이하의 단어는 걸러내는 것이다.

한 줄 코드 브리핑

여러 줄의 문자열 중 각 줄에서 3글자를 초과하는 단어만 저장한 리스트의 리스트를 생성하는 것이 우리가 해결해야 할 문제다. 예제 2-2에서 데이터와 해결방식을 살펴보자.

예제 2-2 정보 가치가 높은 단어를 찾아내는 한 줄 코드

```
## 데이터
text = '''
Call me Ishmael. Some years ago - never mind how long precisely - having little
or no money in my purse, and nothing particular to interest me on shore, I
thought I would sail about a little and see the watery part of the world. It is
a way I have of driving off the spleen, and regulating the circulation. - Moby
Dick'''
```

```
## 한 줄 코드
w = [[x for x in line.split() if len(x)>3] for line in text.split('\n')]

## 결과
print(w)
```


이 코드의 실행 결과는 어떻게 될까?

한 줄 코드 구현

이 한 줄 코드는 두 개의 중첩된 리스트 컴프리헨션 표현식을 이용해 다음과 같이 리스트의 리스트를 만들어낸다.

- 안쪽의 리스트 컴프리헨션 표현식 `[x for x in line.split() if len(x)>3]`은 문자열의 `split()` 함수를 이용해 각 줄을 개별 단어로 분리해 낸다. 그리고 변수 `x`에 차례로 전달되는 단어를 살펴보면서 그 단어가 세 글자보다 길면 리스트에 추가한다.
- 바깥쪽의 리스트 컴프리헨션은 앞서 살펴본 구문에서 사용된 `line` 문자열을 만들어낸다. `split()` 함수를 이용해서 새줄 문자 `'\n'`를 기준으로 `text` 변수의 여러 줄 문자열을 한 줄씩 분리해낸다.

물론 리스트 컴프리헨션 관점으로 생각하는 것에 익숙해져야 해서, 그 의미가 자연스럽게 다가오지 않을 수 있다. 하지만 이 책을 읽고 나면 리스트 컴프리헨션을 잘 활용하게 될 것이며, 이런 식으로 작성된 파이썬 코드를 빠르게 읽고 쓰게 될 것이다.

Q03 파일 읽기

이번 절에서는 파일을 읽어 그 내용을 (한 줄당 한 문자열로) 문자열의 리스트에 저장할 것이다. 또한 각 줄의 앞뒤에 있는 공백도 제거할 것이다.

코딩 미션

파이썬에서 파일을 읽는 것은 간단하지만 보통은 몇 줄의 코드가 필요하다(그리고 구글 검색도 한두 번 해야 한다). 파이썬에서 파일을 읽는 표준 방법 중 한 가지는 다음과 같다.

```
filename = "readFileDefault.py" # 지금 이 코드를 저장한 파일명이다

f = open(filename)
lines = []
for line in f:
    lines.append(line.strip())
print(lines)
"""
['filename = "readFileDefault.py" # this code',
'',
'f = open(filename)',
'lines = []',
'for line in f:',
'lines.append(line.strip())',
'',
'print(lines)']
"""
```

이 코드는 여러분이 이 코드를 readFileDefault.py라는 파일에 저장했다고 가정하고 있다. 그런 다음 파일을 열고 빈 리스트를 생성한 후 for 루프와 append() 메서드를 이용해 파일의 내용을 한 줄씩 읽어 그 문자열을 리스트에 추가한다. 또한 strip() 문자열 메서드를 이용해서 문자열 앞뒤의 공백을 제거해준다(그러지 않으면 새줄 문자 '\n'이 문자열에 보이게 될 것이다).

컴퓨터에 저장된 파일에 접근하려면 파일을 열고 닫는 법을 알아야 한다. 파일의 데이터는 파일을 열어야만 읽을 수 있다. 파일을 닫은 후에는 데이터가 파일에 기록되었는지 확인할 수 있다. 파이썬은 버퍼를 만들고 버퍼의 내용을 파일에 모두 기록할 때까지 기다리는 경우도 있다(그림 2-1). 그 이유는 간단하다. 파일 접근이 느리기 때문이다. 그래서 파이썬은 효율성을 위해 모든 비트를 독립적으로 기록하지 않는다. 대신 버퍼에 어느 정도 크기의 바이트 데이터가 채워질 때까지 기다렸다가 버퍼 전체를 한 번에 파일에 기록한다.

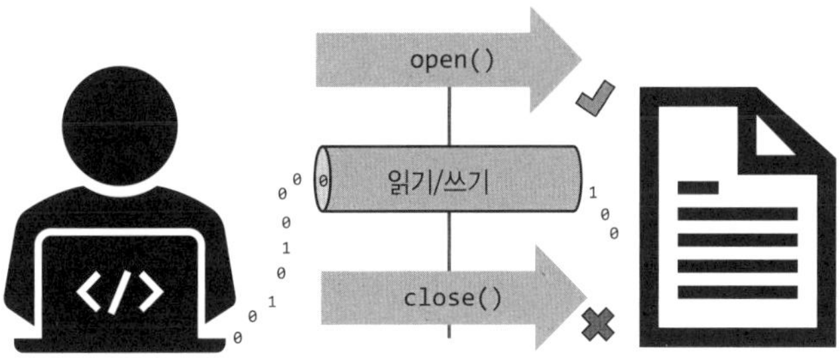

그림 2-1 파이썬에서 파일 열기와 닫기

그래서 파일을 읽은 다음에는 모든 데이터가 파일에 기록될 수 있도록 `f.close()` 메서드를 호출해서 파일을 닫아주는 습관을 들이는 편이 좋다. 하지만 파이썬이 자동으로 파일을 닫는 예외적인 경우도 있다. 그중 한 경우는 곧 살펴볼 코드처럼 참조 카운트가 0이 되는 경우다.

한 줄 코드 브리핑

우리의 목표는 파일을 열고 모든 줄을 읽어 앞뒤의 공백 문자를 제거한 후 그 결과를 리스트에 저장하는 것이다. 예제 2-3은 이 과정을 한 줄로 작성한 코드다.

예제 2-3 파일을 한 줄 단위로 읽는 한 줄 코드

```
print([line.strip() for line in open("readFile.py")])
```

다음 절을 계속 읽기에 앞서 이 코드의 실행 결과가 어떻게 될지 각자 예상해보기 바란다.

한 줄 코드 구현

이 코드는 `print()` 구문을 이용해서 결과 리스트를 셸에 출력한다. 출력할 리스트는 리스트 컴프리헨션(46페이지 '리스트 컴프리헨션을 이용해 고액연봉자 찾기'절 참고)을 이용해 생성한다. 이 리스트 컴프리헨션에서 **표현식** 부분은 문자열의 `strip()` 메서드를 호출하는 부분이다.

반면, **컨텍스트** 부분은 파일에 저장된 데이터를 한 줄씩 읽는다.

이 한 줄 코드를 실행하면 (readFile.py 파일에서 파이썬 소스 코드를 읽었기 때문에) 한 줄 코드 자체가 문자열로 감싸진 리스트 형태로 출력될 뿐이다.

```
print([line.strip() for line in open("readFile.py")])
# ['print([line.strip() for line in open("readFile.py")])']
```

이번 절에서는 효율성을 유지하면서도 더 짧고 간결하며 읽기 쉬운 코드를 만드는 방법을 살펴봤다.

Q 04 람다와 맵 함수

이번 절에서는 람다 함수와 map() 함수라는 파이썬의 두 가지 중요한 기능에 대해 알아본다. 두 함수는 파이썬에서 매우 중요한 도구다. 이 두 함수를 이용해 문자열 리스트에서 원하는 문자열이 몇 개 포함돼 있는지 검색할 수 있다.

코딩 미션

1장에서는 def x 다음에 함수 본문을 작성해서 새로운 함수를 선언하는 방법을 알아봤다. 하지만 파이썬에서는 다른 방법으로 함수를 선언할 수 있다. **람다**lambda 함수를 이용하면 **리턴값**을 갖는 간단한 함수를 선언할 수 있다(그리고 람다 함수는 튜플, 리스트, 셋 등 어떤 객체라도 리턴할 수 있다). 즉 모든 람다 함수는 호출자에게 객체 값을 리턴한다는 뜻이다. 하지만 다른 함수와 달리 호출자에게 객체 값을 리턴하지 않고 코드를 실행할 수 없는 제약이 있다는 점도 알아두자.

> **노트** 1장에서 람다 함수를 살펴보기는 했지만 람다 함수는 이 책 전반에 걸쳐 사용되는 중요한 개념이므로 이번 절에서 좀 더 자세히 살펴보겠다.

lambda 키워드를 이용하면 단 한 줄의 코드로 새로운 함수를 선언할 수 있다. 한 번만 사용하고 사용 직후에 곧바로 가비지 컬렉션에 의해 정리되는 함수를 빠르게 선언하고자 할 때 매우 유용한 기능이다. 먼저 람다 함수를 선언하는 정확한 문법을 살펴보자.

```
lambda 매개변수 : 리턴 표현식
```


먼저 lambda 키워드로 함수를 선언하고 그다음에 함수의 매개변수를 나열한다. 따라서 호출자가 함수를 호출할 때는 반드시 매개변수를 제공해야 한다. 매개변수 다음에는 콜론(:)과 함께 리턴 표현식을 작성하면 된다. 리턴 표현식은 람다 함수의 매개변수를 기반으로 리턴할 값을 계산하는 식이다. 따라서 함수의 출력 결과를 계산하는 표현식이며 파이썬 표현식이라면 어떤 것도 쓸 수 있다. 다음 예시를 살펴보자.

```
lambda x, y: x + y
```

이 람다 함수는 x와 y 두 개의 매개변수를 사용한다. 리턴값은 x + y 표현식으로 두 값을 더한 값이다.

람다 함수는 단 한 번 실행하는 함수를 선언할 때 사용하며 한 줄 코드로 손쉽게 선언할 수 있다. 람다 함수를 사용하는 보편적인 경우 중 하나는 함수 객체 f와 시퀀스 s를 입력 매개변수로 받아들이는 map() 함수와 함께 사용하는 경우다. 그러면 map() 함수는 함수 f를 시퀀스 s에 들어있는 모든 값에 대해 한 번씩 호출한다. 물론 함수 매개변수 f를 정의하기 위해 이름이 있는 완전한 함수를 선언해도 된다. 하지만 그렇게 하는 것은 불편할 뿐만 아니라 가독성도 떨어진다. 특히 함수가 간단하고 단 한 번 사용하는 경우라면 더욱 그렇다. 이런 경우라면 람다 함수를 사용하는 것이 최선이다.

한 줄 코드를 살펴보기에 앞서 여러분이 쉽게 활용할 수 있는 한 가지 파이썬 비법을 소개하고자 한다. 바로 y in x 표현식을 이용해 문자열 x에 다른 문자열 y가 포함되어 있는지 확인하는 방법이다. 이 구문은 문자열 x에 문자열 y가 한 번이라도 포함돼 있으면 True를 리턴한다. 예를 들어 '42' in 'The answer is 42'라는 구문은 True를 리턴하는 반면 '21' in 'The answer is 42'는 False를 리턴한다.

이제 한 줄 코드를 살펴보자.

한 줄 코드 브리핑

다음의 한 줄 코드(예제 2-4)는 주어진 문자열 리스트로부터 불리언 값과 원래의 문자열로 구성된 튜플의 리스트를 만들어낸다. 불리언 값은 'anonymous'라는 문자열이 원래 문자열에 포함되어 있는지의 여부를 가리키는 값이다. 불리언 값이 원래 문자열에 'anonymous'라는 값이 있는지 여부를 **표시**mark하고 있으므로 결과 리스트를 mark라는 이름의 변수에 저장하자.

예제 2-4 'anonymous' 문자열의 여부를 표시하는 한 줄 코드

```
## 데이터
txt = ['lambda functions are anonymous functions.',
       'anonymous functions dont have a name.',
       'functions are objects in Python.']

## 한 줄 코드
mark = map(lambda s: (True, s) if 'anonymous' in s else (False, s), txt)

## 결과
print(list(mark))
```

이 코드의 실행 결과는 어떻게 될까?

한 줄 코드 구현

map() 함수는 원래 txt 리스트의 각 문자열 요소에 불리언 값을 추가한다. 이 불리언 값은 문자열에 anonymous라는 문자열이 추가돼 있으면 True 값을 갖는다. map() 함수의 첫 번째 매개변수는 람다 함수며 두 번째 매개변수는 원하는 문자열이 포함되어 있는지 확인할 문자열의 리스트다.

람다 함수의 리턴 표현식은 문자열 s에 'anonymous'라는 문자열이 포함돼 있으면 (True, s)를 리턴하고 그렇지 않으면 (False, s)를 리턴한다. 변수 s에는 람다 함수의 입력 매개변수인 문자열이 저장되어 있다. 이 문자열에 'anonymous'라는 문자열이 포함되어 있으면 표현식은 (True, s) 튜플을 리턴하고 그렇지 않으면 (False, s) 튜플을 리턴한다.

그래서 이 한 줄 코드의 실행 결과는 다음과 같다.

```
## Result
print(list(mark))
# [(True, 'lambda functions are anonymous functions.'),
# (True, 'anonymous functions dont have a name.'),
# (False, 'functions are objects in Python.')]
```

불리언 값을 통해 처음 두 문자열에만 'anonymous'라는 문자열이 포함돼 있는 것을 알 수 있다.

앞으로 살펴볼 한 줄 코드에서 람다 함수가 어마어마하게 유용하다는 점을 알게 될 것이다. 여러분은 실무에서 마주하게 될 파이썬 코드를 한 줄 한 줄 모두 이해하려는 우리의 목적에도 한걸음 더 다가간 것이다.

연습문제 2-1

map() 함수 대신 리스트 컴프리헨션을 이용해 같은 코드를 작성해 보자.

해답은 부록에

Q05 슬라이싱을 이용해 일치하는 문자열 추출하기

이번 절에서는 간단한 텍스트 쿼리를 위해 원래의 문자열에서 일부를 찾아내는 과정인 **슬라이싱**slicing이라는 중요한 기본 개념을 소개한다. 어떤 텍스트 중에서 특정 문자열을 찾은 다음, 관련된 문맥의 파악을 돕기 위해 발견된 문자열과 더불어 그 주변 문자 일부를 함께 추출하는 예제를 살펴보고자 한다.

코딩 미션

슬라이싱은 파이썬의 내장 자료구조인 리스트나 튜플, 문자열 같은 다양한 파이썬 기능에 있어 핵심적인 역할을 수행한다. 또한 넘파이NumPy, 판다스Pandas, 텐서플로TensorFlow, 사이킷런scikit-learn 같은 고급 파이썬 라이브러리에서도 활용하고 있다. 슬라이싱을 제대로 공부해둔다면 파이썬 개발자로서 경력에 큰 도움이 될 것이다.

슬라이싱은 문자열의 일부 등과 같은 시퀀스sequence에서 부분 시퀀스subsequence를 분리해 낸다. 문법은 그다지 어렵지 않다. 문자열이나 리스트 또는 튜플을 참조하는 변수 x가 있다고 하면 다음 표기법을 이용해 그중 일부를 추출할 수 있다.

```
x[start:stop:step]
```

이 표현식이 리턴하는 결과는 start에 지정한 인덱스(이 값을 포함한다)부터 시작해서 stop에 지정한 인덱스(이 값은 포함되지 않는다)에서 끝난다. 세 번째 매개변수인 step은 어떤 값을 추출할지 결정하기 위한 선택적 매개변수로서, 이 값을 지정하면 매 step번째 값만 결과에 포함시킬 수 있다. 예를 들어 x[1:4:1]이라는 표현식에 변수 x의 값을 'hello world'라고 지정하면 결과는 'ell'이 된다. 반면 같은 변수에 x[1:4:2] 표현식을 적용하면 인덱스 1과 인덱스 3의 값만 추출되어 그 결과는 'el'이 된다. 1장에서 설명했듯이 파이썬에서 문자열이나 리스트 같은 시퀀스 타입에 저장된 첫 번째 값의 인덱스는 0이라는 점을 기억하자.

파이썬은 step 매개변수를 지정하지 않으면 기본값으로 1을 지정한다. 예를 들어 x[1:4]의 결과는 'ell'이 된다. 만일 시작 인덱스나 끝 인덱스를 지정하지 않으면 처음부터 시작하거나 끝까지 진행하는 것으로 가정한다. 예를 들어 x[:4]는 'hell'을 리턴하며 x[4:]는 'o world'를 리턴한다.

다음 예제를 학습하면서 좀 더 이해도를 높여 보자.

```
s = 'Eat more fruits!'

print(s[0:3])
# Eat

❶ print(s[3:0])
# (empty string '')

print(s[:5])
# Eat m
```

```
  print(s[5:])
  # ore fruits!

❷ print(s[:100])
  # Eat more fruits!

  print(s[4:8:2])
  # mr

❸ print(s[::3])
  # E rfi!

❹ print(s[::-1])
  # !stiurf erom taE

  print(s[6:1:-1])
  # rom t
```


이 예제는 파이썬 슬라이싱의 기본적인 [start:stop:step] 패턴의 다양한 사용법과 흥미로운 부분을 잘 보여준다.

- start 값이 stop 값보다 크거나 같고 step 값의 크기가 양수라면 슬라이스는 빈 값을 리턴한다❶.
- stop 값이 시퀀스의 길이보다 크다면 파이썬은 시퀀스의 맨 끝 값까지 포함시킨다❷.
- step 값이 양수라면, 기본 start값은 시퀀스의 맨 처음 값이고 기본 stop 값은 시퀀스의 가장 마지막 값이다❸.
- step 값이 음수(step 〈 0)이면 시퀀스를 역방향으로 조회한다. start와 stop값을 지정하지 않으면 맨 끝의 값부터 맨 앞의 값을 모두 포함해서 리턴한다❹. stop 값을 지정하면 그 인덱스의 값은 포함되지 않는다는 점을 알아두자.

다음에는 string.find(value) 메서드와 슬라이스를 이용해 주어진 문자열에서 문자열 매개변수 value의 인덱스를 찾는 방법을 알아볼 것이다.

한 줄 코드 브리핑

우리의 목표는 여러 줄의 문자열 안에서 특정한 텍스트를 조회하는 것이다. 먼저 텍스트 안에서 조회할 문자열을 찾은 후 그 주변으로 최대 18개의 문자를 리턴하고자 한다. 찾는 문자열과 주변 문자를 함께 추출하면 발견한 문자열의 문맥을 파악하는 데 도움이 된다. 구글이 검색한 키워드 주변의 텍스트를 보여주는 것과 같은 이치다. 예제 2-5를 보면 아마존의 연례 주주 서한[1] 중에서 'SQL'이라는 문자열과 그 주변의 최대 18개 글자를 추출해낸다.

예제 2-5 지정한 텍스트 및 주변 문자를 찾아내는 한 줄 코드

```
## 데이터
letters_amazon = '''
We spent several years building our own database engine,
Amazon Aurora, a fully-managed MySQL and PostgreSQL-compatible
service with the same or better durability and availability as
the commercial engines, but at one-tenth of the cost. We were
not surprised when this worked.
'''

## 한 줄 코드
find = lambda x, q: x[x.find(q)-18:x.find(q)+18] if q in x else -1

## 결과
print(find(letters_amazon, 'SQL'))
```

이 코드의 실행 결과를 예상해보자.

한 줄 코드 구현

먼저 문자열 값 x와 검색할 q의 두 가지 매개변수를 갖는 람다 함수를 선언한다. 그리고 이 람다 함수를 find라는 변수에 대입한다. find(x, q) 함수는 문자열 텍스트 x에서 문자열 q를 검색한다.

1 아마존 CEO 제프 베조스는 매년 회사의 주주들에게 공개적으로 서한을 보낸다. – 옮긴이

문자열 x에 검색어 q가 없으면 그대로 -1을 리턴한다. 검색어 q를 발견했다면 슬라이싱을 이용해 검색어가 처음 발견된 위치로부터 18문자 이전 위치와 18문자 이후 위치까지 추출해낸다. 문자열 x에서 검색어 q가 처음 발견된 위치의 인덱스는 x.find(q) 문자열 함수를 이용해 알아낼 수 있다. 이 함수는 슬라이스스의 시작 인덱스와 마지막 인덱스를 찾기 위해 두 번 호출했지만 문자열 x와 검색어 q가 바뀌지 않았으므로 함수를 두 번 호출 해도 같은 값이 리턴된다. 이 코드는 잘 동작하지만 불필요한 함수 호출이 불필요한 연산을 수행한다. 이 단점은 첫 번째 함수 호출의 결과를 임시 저장할 변수를 하나 추가하면 쉽게 수정할 수 있다. 그런 후에 이 임시 변수 값을 이용해서 첫 번째 함수 호출의 결과를 재사용할 수 있다.

여기에는 중요한 트레이드오프가 있다. 코드를 한 줄로만 작성하다 보면 쿼리가 처음 발견된 인덱스가 저장되는 임시 변수를 정의하고 재사용하기 어려워진다. 따라서 그 대신 시작 인덱스(및 이전 18문자의 인덱스)와 마지막 인덱스(및 이후 18문자의 인덱스)를 계산하기 위해 같은 함수를 호출해야 한다. 5장에서는 이 문제를 해결하기 위해 (정규표현식을 이용해) 문자열에서 패턴을 더 효과적으로 검색하는 방법을 살펴본다.

아마존의 주주 서한에서 'SQL'이라는 검색어를 검색하면 텍스트에서 다음과 같이 검색어가 발견되는 부분을 찾을 수 있다.

```
## 결과
print(find(letters_amazon, 'SQL'))
# a fully-managed MySQL and PostgreSQL
```

실행 결과를 보면 검색어와 함께 주변의 일부 단어들이 함께 리턴되는 것을 볼 수 있다. 슬라이싱은 파이썬의 기초를 학습하는 데 중요한 요소다. 슬라이싱을 더 잘 이해하기 위해 다른 한 줄 코드를 하나 더 살펴보자.

Q 06 리스트 컴프리헨션과 슬라이싱을 조합하기

이번 절에서는 리스트 컴프리헨션과 슬라이싱을 조합해서 2차원 데이터셋을 샘플링해 보자. 목표는 어마무시하게 큰 샘플링 데이터로부터 작지만 충분히 의미 있는 샘플 데이터를 추출하는 것이다.

코딩 미션

여러분이 대형 은행의 금융 분석가로 일하고 있고 주식 가격을 예측하기 위해 새로운 머신러닝 모델을 학습시키는 중이라고 가정해 보자. 학습할 데이터셋은 실제 주식 시장에서 가져온 데이터다. 하지만 이 데이터는 너무 거대해서 여러분의 컴퓨터에서 모델을 학습하면 과연 학습이 완료될지조차 의문이다. 예를 들어 머신러닝 분야에서는 여러 모델 매개변수 셋으로 모델의 예측 정확도를 테스트하는 경우가 일반적이다. 우리의 예시에서는 훈련 프로그램이 종료될 때까지 몇 시간을 기다려야 한다고 가정해 보자(실제로 대규모의 복잡한 모델을 훈련하려면 몇 시간이 걸린다). 시간을 절약하기 위해 우리는 데이터셋의 주식 가격 데이터를 하나씩 건너뛰어서 반으로 줄이고자 한다. 그렇게 해도 모델의 정확도가 심하게 저하되지는 않을 것이다.

이번 절에서는 앞서 살펴봤던 파이썬의 기능 두 가지, 리스트 컴프리헨션과 슬라이싱을 활용한다. 리스트 컴프리헨션을 이용하면 리스트의 각 요소를 순차적으로 변경할 수 있다. 슬라이싱을 이용하면 리스트에서 하나 걸러 하나씩 요소를 빠르게 선택할 수 있어, 간단한 필터링 작업에 자연스럽게 활용될 수 있다. 이 두 기능을 어떻게 조합해서 사용할 수 있는지 자세히 살펴보자.

한 줄 코드 브리핑

우리의 목표는 데이터인 각각 6개의 실수형 값을 가진 리스트의 리스트에서 개별 리스트의 홀수 번째 실수값만 뽑아서 새로운 학습 데이터 샘플을 만들어 내는 것이다. 예제 2-6을 살펴보자.

예제 2-6 샘플 데이터를 추출하는 한 줄 코드

```
## 데이터 (일간 주식 가격 ($))
price = [[9.9, 9.8, 9.8, 9.4, 9.5, 9.7],
         [9.5, 9.4, 9.4, 9.3, 9.2, 9.1],
         [8.4, 7.9, 7.9, 8.1, 8.0, 8.0],
         [7.1, 5.9, 4.8, 4.8, 4.7, 3.9]]

## 한 줄 코드
sample = [line[::2] for line in price]

## 결과
print(sample)
```

이 코드의 실행 결과를 각자 예상해보자.

한 줄 코드 구현

이 코드는 두 단계를 거친다. 첫 번째 단계는 리스트 컴프리헨션을 이용해 price라는 리스트의 모든 요소값을 확인하는 것이다. 두 번째 단계는 각 줄을 슬라이싱해서 새로운 실수값의 리스트를 만들어 낸다. 이를 위해 line[start:stop:step] 구문을 사용하면서 start와 stop 변수는 기본값을 사용했고 step 변수에는 2라는 값을 대입했다. 새로 만들어진 실수의 리스트는 (6개가 아닌) 3개의 값을 가지며 그 결과는 다음의 배열과 같다.

```
## 결과
print(sample)
# [[9.9, 9.8, 9.5], [9.5, 9.4, 9.2], [8.4, 7.9, 8.0], [7.1, 4.8, 4.7]]
```

이 한 줄 코드는 파이썬의 내장 기능만 사용하므로 복잡하지 않다. 하지만 3장에서는 데이터 과학 연산용 넘파이 라이브러리를 이용해 더 짧은 코드로 같은 결과를 구현하는 방법을 알아볼 것이다.

연습문제 2-2

3장을 공부한 후 이 한 줄 코드를 다시 살펴보고, 넘파이 라이브러리를 사용해 더 간결한 한 줄 코드를 작성하라. 힌트: 넘파이의 더 강력한 슬라이싱 기능을 사용해보자.

해답은 부록에

07 슬라이스 대입을 이용해 손상된 리스트 수정하기

이번 절에서는 파이썬의 강력한 슬라이싱 기능인 슬라이스 대입을 소개한다. **슬라이스 대입** slice assignments은 대입식의 왼쪽에 슬라이싱 표기법을 사용해서 원래 시퀀스의 일부를 수정하는 방법이다.

코딩 미션

여러분이 사용자의 웹 브라우저(구글 크롬, 파이어폭스, 사파리 등)를 추적하는 작은 인터넷 스타트업에 근무하고 있다고 가정해 보자. 데이터는 데이터베이스에 저장되어 있다. 이 데이터를 분석하기 위해 수집된 브라우저 데이터를 하나의 거대한 문자열 리스트에 로드했지만 추적 알고리즘의 버그로 인해 짝수 번째 문자열이 손상됐다. 따라서 올바른 문자열로 수정해야 한다.

여러분의 웹 서버가 사용자의 첫 번째 웹 요청을 항상 다른 URL로 리다이렉트한다고 가정하자(웹 개발에서는 HTTP 코드 301: moved permanently로 알려진 보편적인 방법이다). 이 경우 사용자는 같은 브라우저상에서 리다이렉트가 완료될 때까지 기다릴 것이므로 대부분의 경우 첫 번째 브라우저 값과 두 번째 브라우저 값은 같을 것이라는 결론을 내린다. 즉 원래 데이터를 쉽게 재구성할 수 있다는 뜻이다. 기본적으로 리스트의 짝수 번째 문자열을 수정해서 `['Firefox', 'corrupted', 'Chrome', 'corrupted']`를 `['Firefox', 'Firefox', 'Chrome', 'Chrome']`처럼 만들면 되는 것이다.

어떻게 하면 빠르고 가독성이 좋으면서도 효과적인 방법으로 (특히 한 줄로) 이 문제를 해결할 수 있을까? 처음 드는 생각은 아마도 새 리스트를 선언하고 손상된 리스트에서 손상되지 않은 브라우저 값을 두 번 새 리스트에 추가하는 방법을 쓰는 것이다. 하지만 코드에서 수백만 개의 값이 저장된 두 개의 리스트를 유지해야 하므로 이는 좋은 방법이 아니다. 또한 이 방법을 구현하려면 여러 줄의 코드를 써야 하므로 소스 코드의 간결함과 가독성이 손상될 것이다.

다행히 여러분은 파이썬에서 슬라이스 대입이란 아름다운 기능이 제공된다는 점을 알고 있다. 슬라이스 대입을 이용하면 슬라이싱 표기법 `lst[i:j] = [0 0 ... 0]`을 이용해서 인덱스 `i`와 `j` 사이의 요소를 선택해 교체할 수 있다. `lst[i:j]`가 대입 연산의 왼쪽(예전처럼 오른쪽이 아니라)에 있기 때문에 슬라이스 대입이라고 한다.

슬라이스 대입은 간단한 개념이다. 대입 연산 왼쪽의 원래의 시퀀스에서 선택한 모든 요소를 대입 연산 오른쪽의 요소로 바꾸는 것이다.

한 줄 코드 브리핑

우리의 목적은 매 짝수 번째 문자열을 바로 앞의 문자열로 바꾸는 것이다. 예제 2-7을 살펴보자.

예제 2-7 손상된 문자열을 모두 교체하는 한 줄 코드

```
## 데이터
visitors = ['Firefox', 'corrupted', 'Chrome', 'corrupted',
            'Safari', 'corrupted', 'Safari', 'corrupted',
            'Chrome', 'corrupted', 'Firefox', 'corrupted']

## 한 줄 코드
visitors[1::2] = visitors[::2]

## 결과
print(visitors)
```

이 코드로 수정된 브라우저의 목록은 어떤 모습일까?

한 줄 코드 구현

이 한 줄 코드는 리스트에서 'corrupted'라는 문자열을 그 앞의 브라우저 문자열로 교체한다. 슬라이스 대입 표기법을 이용하면 visitors 리스트의 손상된 모든 값에 접근할 수 있다. 다음 코드에서 굵은 글꼴로 표시된 요소가 선택된 요소들이다.

```
visitors = ['Firefox', 'corrupted', 'Chrome', 'corrupted',
            'Safari', 'corrupted', 'Safari', 'corrupted',
            'Chrome', 'corrupted', 'Firefox', 'corrupted']
```

이 코드는 선택된 요소를 대입 연산의 오른쪽에 있는 슬라이스로 교체한다. 이 요소는 다음 코드에 굵은 글꼴로 표시돼 있다.

```
visitors = ['Firefox', 'corrupted', 'Chrome', 'corrupted',
            'Safari', 'corrupted', 'Safari', 'corrupted',
            'Chrome', 'corrupted', 'Firefox', 'corrupted']
```

즉 전자의 요소들이 후자의 요소들로 교체되는 것이다. 그래서 visitors 리스트를 수정한 결과는 다음과 같다(교체된 요소는 굵은 글꼴로 표시했다).

```
## Result
print(visitors)
'''
['Firefox', 'Firefox', 'Chrome', 'Chrome',
'Safari', 'Safari', 'Safari', 'Safari',
'Chrome', 'Chrome', 'Firefox', 'Firefox']
'''
```

결과에서 알 수 있듯이 원래의 리스트에서 'corrupted'라는 문자열이 모두 그 앞의 브라우저 문자열로 교체됐다. 이렇게 해서 손상된 데이터를 복구했다.

슬라이스 대입을 이용하는 방법은 이 문제를 가장 빠르면서도 효과적으로 해결할 수 있는 방법이다. 데이터를 복구해도 브라우저의 사용 통계가 손상되지 않았다. 데이터가 손상됐을 때 70%의 시장 점유율을 보이던 브라우저는 데이터 복구 후에도 여전히 70%의 시장 점유율을 보이고 있다. 게다가 복구한 데이터로 다른 분석도 가능하다. 예컨대 사파리 사용자가 더 나은 고객인지 판단할 수도 있다(무엇보다 사파리를 애용하는 사용자들은 하드웨어에 더 많은 비용을 쓰는 경향이 있다). 이로써 리스트를 프로그래밍 방식으로 수정하는 쉽고도 간단한 방법을 학습해 봤다.

Q08 리스트 결합을 이용해 심박 데이터 분석하기

이번 절에서는 리스트 결합을 이용해 작은 리스트를 반복적으로 복사해서 더 큰 배열에 병합하는 형태로 주기적인 데이터를 만들어 내는 방법을 알아본다.

코딩 미션

이번에는 병원의 조그마한 코드 프로젝트에 참여 중이라고 가정해 보자. 여러분이 해야 할 일은 환자의 심박 주기를 추적해서 건강 상태를 모니터링하고 시각화하는 것이다. 심박 주기 데이터를 구획화하면 환자와 의사가 해당 주기에서 벗어나는 편차를 모니터링할 수 있다. 예를 들어 하나의 심박 주기 측정 데이터가 리스트 [62, 60, 62, 64, 68, 77, 80, 76, 71, 66, 61, 60, 62]에 저장되어 있다면 이를 그림 2-2처럼 시각화하고자 한다.

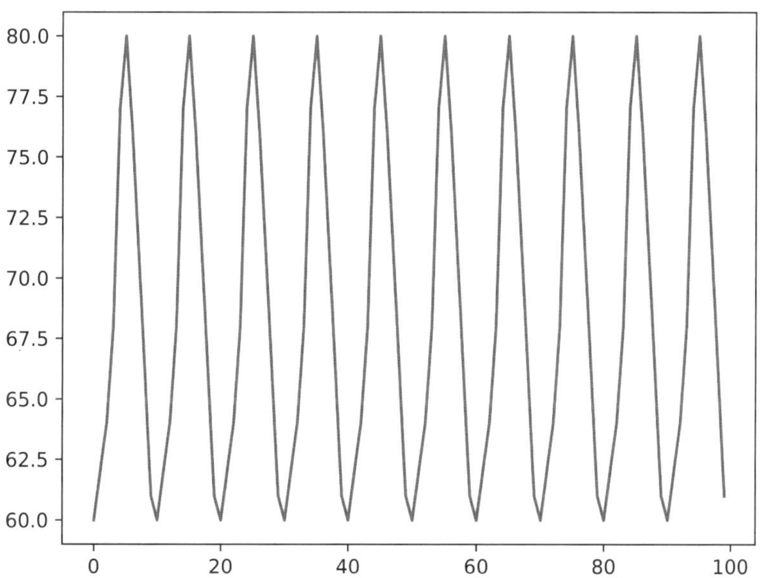

그림 2-2 측정 데이터에서 선택한 값을 복사해 심박 주기를 시각화한 그래프

문제는 리스트 [62, 60, 62, 64, 68, 77, 80, 76, 71, 66, 61, 60, 62]의 처음 값과 마지막 두 값이 중복된 값이라 불필요하다는 점이다. 이 값들은 하나의 심박 주기의 시각화가 끝났다는 점을 표시할 때는 유용했을 것이다. 하지만 같은 심박 주기를 복사할 때는 기대하는 심박 주기가 그림 2-3처럼 보이지 않도록 불필요한 데이터를 반드시 제거해야 한다.

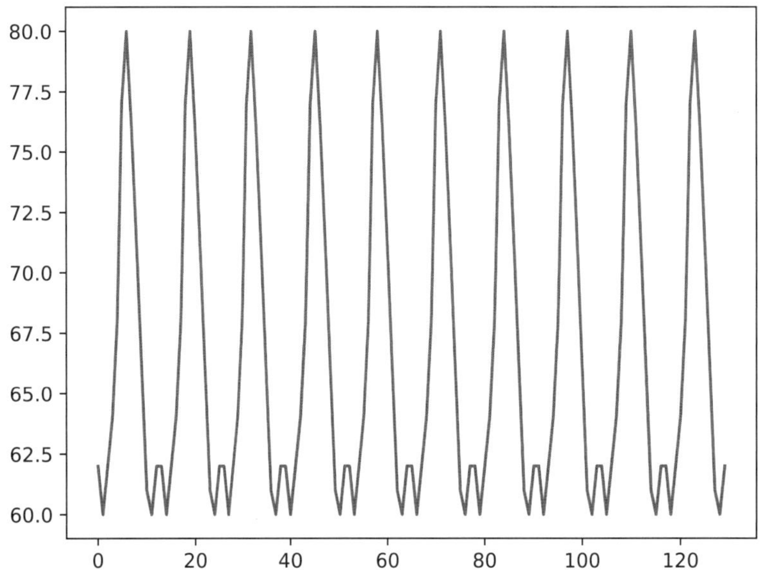

그림 2-3 측정 데이터를 모두 복사했을 때의 심박 주기를 시각화한 그래프 (불필요한 데이터를 제거하지 않음)

그러자면 중복된 첫 번째와 마지막 두 개 값을 제거해서 원래의 리스트를 **정리**해야 한다. 리스트 [62, 60, 62, 64, 68, 77, 80, 76, 71, 66, 61, 60, 62]를 리스트 [60, 62, 64, 68, 77, 80, 76, 71, 66, 61]로 만들자.

그러기 위해서는 기존의 리스트를 **결합**concatenating해서(즉 합쳐서) 새로운 리스트를 만드는 파이썬의 리스트 결합 기능과 슬라이싱을 조합해야 한다. 예를 들어 [1, 2, 3] + [4, 5]는 새로운 [1, 2, 3, 4, 5]라는 새로운 리스트를 생성하지만 원래의 리스트를 바꾸지는 않는다. * 연산자를 이용하면 같은 리스트를 반복적으로 결합해서 새로운 배열을 만들 수 있다. 예를 들어 [1, 2, 3] * 3의 실행 결과는 [1, 2, 3, 1, 2, 3, 1, 2, 3]이 된다.

추가로 matplotlib.pyplot 모듈을 이용해 여러분이 생성한 심박 데이터를 시각화할 것이다. matplotlib 라이브러리의 plot(data) 함수의 매개변수 data는 리스트처럼 객체의 값을 차례로 확인할 수 있는 반복 가능한iterable 데이터여야 한다. 또한, 이어지는 데이터 포인트들을 2차원 도표에 표현할 때 이 데이터를 y값으로 활용한다. 이제 예제를 살펴보자.

한 줄 코드 브리핑

측정한 심박 주기를 표현하는 정수의 리스트를 생성했다면 먼저 처음 값과 마지막 두 값을 제거해야 한다. 그다음으로는 심박 주기를 복사해서 예상하는 다음 심박동수를 표현해야 한다. 예제 2-8의 코드를 살펴보자(이 예제를 자신의 프로그램에서 사용하려면 터미널이나 셸에서 `pip install matplotlib` 명령으로 matplotlib 라이브러리를 설치해야 한다).

예제 2-8 시간별 심박동수를 예측하는 한 줄 코드

```
## 의존성
import matplotlib.pyplot as plt

## 데이터
cardiac_cycle = [62, 60, 62, 64, 68, 77, 80, 76, 71, 66, 61, 60, 62]

## 한 줄 코드
expected_cycles = cardiac_cycle[1:-2] * 10

## 결과
plt.plot(expected_cycles)
plt.show()
```

다음으로, 이 코드의 실행 결과를 살펴보자.

한 줄 코드 구현

이 한 줄 코드는 두 가지 작업을 수행한다. 먼저 리스트를 슬라이스할 때 매개변수를 -2로 지정해 마지막 두 개의 중복 값을 건너뛴다. 그런 후 * 연산자를 이용해 결과 데이터 값을 10번 결합한다. 그러면 리스트에 저장된 10개의 값이 10번 더해져 총 10개의 심박 주기 데이터가 완성된다. 이 결과를 이용하면 앞서 그림 2-2와 같이 원하는 출력을 얻게 된다.

Q09 제너레이터 표현식을 이용해 최저임금보다 낮은 임금을 지급하는 회사 찾기

이번 절에서는 이미 학습했던 파이썬 기초 지식을 조합하고 매우 유용한 `any()` 함수를 소개한다.

코딩 미션

여러분은 미국 노동부의 법 집행 기관에서 근무하는데, 추가 조사를 위해 최저임금보다 낮은 임금을 지급하는 회사를 찾는 역할을 맡았다. FLSA Fair Labor Standards Act 집행관은 마치 고기 트럭을 뒤쫓는 허기진 개처럼 최저임금법을 위반하는 회사의 목록을 애타게 기다리고 있다. 이 문제를 해결할 수 있을까?

여러분의 무기는 리스트처럼 반복 가능한 객체를 전달받아 그중에 하나의 값이라도 `True`로 평가되면 `True`를 리턴하는 `any()` 함수다. 예를 들어 `any([True, False, False, False])`는 `True`를 리턴하며 `any([2<1, 3+2>5+5, 3-2<0, 0])`은 `False`를 리턴한다.

> **노트** 파이썬의 창시자인 로섬(Guido van Rossum)은 `any()` 함수를 애용하며 파이썬에서 내장 함수로 제공하자고 제안했다. 귀도가 2005년에 작성한 블로그 글 "The Fate of reduce() in Python 3000"(https://www.artima.com/weblogs/viewpost.jsp?thread=98196)에서 더 자세한 내용을 확인할 수 있다.

흥미로운 파이썬 확장 기능 중 하나는 리스트 컴프리헨션의 범용적 형태인 제너레이터 표현식이다. **제너레이터 표현식** generator expression은 리스트 컴프리헨션과 같은 방식으로 동작하지만 메모리에 실제 리스트를 생성하지 않는다. 숫자는 리스트에 명시적으로 저장되지 않고 곧바로 생성된다. 예를 들어 처음 20개 숫자의 제곱값을 계산하는 리스트 컴프리헨션 `sum([x*x for x in range(20)])` 대신 제너레이터 표현식 `sum(x*x for x in range(20))`을 사용할 수 있다.

한 줄 코드 브리핑

우리 데이터는 회사 임직원들의 시간당 임금을 저장한 딕셔너리의 딕셔너리다. 이 데이터에서 최소 한 명의 임직원에게 최저임금보다 적은 임금(9달러 이하)를 지불하는 회사의 목록을 추출해야 한다. 예제 2-9를 살펴보자.

예제 2-9 최저임금 이하를 지불하는 회사를 찾는 한 줄 코드

```
## 데이터
companies = {
    'CoolCompany' : {'Alice' : 33, 'Bob' : 28, 'Frank' : 29},
    'CheapCompany' : {'Ann' : 4, 'Lee' : 9, 'Chrisi' : 7},
    'SosoCompany' : {'Esther' : 38, 'Cole' : 8, 'Paris' : 18}}

## 한 줄 코드
illegal = [x for x in companies if any(y<9 for y in companies[x].values())]

## 결과
print(illegal)
```

추가 조사가 필요한 회사는 어느 회사인가?

한 줄 코드 구현

이 한 줄 코드는 제너레이터 표현식과 리스트 컴프리헨션을 각각 하나씩 사용한다.

첫 번째 `y < 9 for y in companies[x].values()` 제너레이터 표현식은 `any()` 함수를 위한 입력값을 생성한다. 이 함수는 회사의 임직원 중에서 최저임금보다 낮은(`y < 9`) 임금을 받는 임직원이 있는지 확인한다. 따라서 그 결과는 불리언의 리스트가 된다. 이때 딕셔너리의 `values()` 함수를 이용하면 딕셔너리에 저장된 값의 컬렉션을 가져올 수 있다. 예를 들어 `companies['CoolCompany'].values()` 코드는 시간당 임금의 컬렉션 `dict_values([33, 28, 29])`을 리턴한다. 이 중 하나라도 최저임금보다 낮다면 `any()` 함수는 `True`를 리턴하고 그 회사의 이름 `x`가 `illegal` 리스트에 저장된다.

두 번째 표현식은 리스트 컴프리헨션 [x for x in companies if any(...)]이며 앞서 any() 함수가 True를 리턴한 회사 이름의 리스트를 생성한다. 이 회사들이 최저임금 이하를 지불하는 회사들이다. for x in companies 구문은 딕셔너리의 모든 키를 탐색한다. 즉 회사 이름 'CoolCompany', 'CheapCompany', 'SosoCompany'를 모두 탐색한다.

이 결과는 다음과 같다.

```
## 결과
print(illegal)
# ['CheapCompany', 'SosoCompany']
```

3개의 회사 중 2개의 회사가 적어도 한 직원에게 최저임금을 지급하지 않으므로 추가 조사가 필요하다. 집행관이 이제 Ann, Chrisi, Cole에 대한 조사에 착수할 수 있게 됐다!

Q 10 zip() 함수로 데이터베이스 형식화하기

이번 절에서는 zip() 함수를 이용해 데이터베이스 열 이름을 행의 리스트에 적용하는 방법을 알아본다.

코딩 미션

zip() 함수는 iter_1, iter_2, ... iter_n같이 반복 가능한 데이터를 입력으로 받아 i번째 값을 하나의 튜플로 만들어 최종적으로 하나의 반복 가능한 값으로 결합한다. 그래서 튜플의 **반복 가능한 객체가** 결과로 리턴된다. 예를 들어 다음의 두 리스트를 살펴보자.

```
[1,2,3]
[4,5,6]
```

이 두 리스트를 타입 변환 후에 zip 함수로 결합하면 다음과 같이 새로운 리스트를 얻게 된다. 타입 변환은 잠시 후에 살펴보겠다.

```
[(1,4), (2,5), (3,6)]
```

이 리스트를 다시 원래의 튜플로 풀어내려면 두 단계가 필요하다. 먼저 리스트의 바깥쪽 대괄호를 제거해서 다음의 세 튜플을 얻는다.

```
(1,4)
(2,5)
(3,6)
```

그런 후 zip 함수를 이용해 다시 새로운 리스트를 만들어 낸다.

```
[(1,2,3), (4,5,6)]
```

이렇게 해서 원래의 리스트 두 개를 다시 만들어 낼 수 있다. 다음 코드에서 이 과정을 보여준다.

```
lst_1 = [1, 2, 3]
lst_2 = [4, 5, 6]

# 두 리스트를 묶는다
zipped = list(zip(lst_1, lst_2))
print(zipped)
# [(1, 4), (2, 5), (3, 6)]

# 리스트를 다시 풀어낸다
lst_1_new, lst_2_new = zip(❶*zipped)
print(list(lst_1_new))
print(list(lst_2_new))
```

리스트의 모든 요소를 풀어내려면❶ * 연산자를 사용한다. 이 연산자는 묶인 리스트의 바깥쪽 대괄호를 제거해서 zip() 함수의 입력을 세 개의 반복 가능한 객체((1, 4), (2, 5), (3, 6))로 만들어낸다. 이 반복 가능한 객체를 다시 zip 함수로 묶으면 세 튜플의 첫 번째 값 1, 2, 3을 새 튜플로 생성하고 세 튜플의 두 번째 값 4, 5, 6을 또 다른 새 튜플로 만들어 낸다. 결과적으로는 원래의 리스트와 같은 값을 가진 (1, 2, 3)과 (4, 5, 6) 튜플이 만들어진다.

이제 여러분이 회사의 제어 부서의 IT 브랜치에서 근무한다고 가정해보자. 여러분은 'name', 'salary', 'job'이라는 열 이름을 가진 전체 임직원의 데이터베이스를 관리하고 있다. 하지만 이 데이터는 적절한 형태를 가지고 있지 않다. 즉 ('Bob', 99000, 'mid-level manager') 같은 형태의 행의 집합일 뿐이다. 여러분은 각 데이터를 열 이름을 이용해 {'name': 'Bob', 'salary': 99000, 'job': 'mid-level manager'}같이 읽기 쉬운 형태로 변경하고 싶다. 어떻게 하면 될까?

한 줄 코드 브리핑

여러분의 데이터는 열 이름과 튜플의 리스트(행)으로 구성된 임직원 데이터다. 행마다 열 이름을 할당해서 딕셔너리의 리스트를 만들어야 한다. 각 딕셔너리는 열 이름을 각각의 데이터 값에 연결한다(예제 2-10).

예제 2-10 튜플의 리스트에 데이터베이스 형식을 적용하는 한 줄 코드

```
## 데이터
column_names = ['name', 'salary', 'job']
db_rows = [('Alice', 180000, 'data scientist'),
           ('Bob', 99000, 'mid-level manager'),
           ('Frank', 87000, 'CEO')]

## 한 줄 코드
db = [dict(zip(column_names, row)) for row in db_rows]

## 결과
print(db)
```

이 데이터베이스를 출력하면 어떤 형태가 될까?

한 줄 코드 구현

이 코드는 리스트 컴프리헨션을 사용해 리스트를 생성한다(표현식 + 컨텍스트 형식에 대한 좀 더 자세한 내용은 46페이지 '리스트 컴프리헨션을 이용해 고액연봉자 찾기' 절을 참고하기 바란다). 컨텍스트는 db_rows 변수의 각 행의 튜플로 구성돼 있다. 표현식 zip(column_names, row)은 스키마와 각 행을 함께 묶는다. 예를 들어 리스트 컴프리헨션이 생성한 리스트의 첫 번째 요소는 zip(['name', 'salary', 'job'], ('Alice', 180000, 'data scientist'))가 되어 리스트로 변환하면 [('name', 'Alice'), ('salary', 180000), ('job', 'data scientist')]가 된다. 각 요소는 (key, value) 형태이므로 dict() 변환 함수를 이용하면 원하는 형태의 딕셔너리로 변환할 수 있다.

노트 zip() 함수는 한 입력이 리스트이고 다른 입력이 튜플이어도 동작한다. 입력값이 반복 가능한 객체이기만 하면 아무 상관이 없다(리스트와 튜플은 모두 반복 가능 객체다).

한 줄 코드의 실행 결과는 다음과 같다.

```
## 결과
print(db)
'''
[{'name': 'Alice', 'salary': 180000, 'job': 'data scientist'},
{'name': 'Bob', 'salary': 99000, 'job': 'mid-level manager'},
{'name': 'Frank', 'salary': 87000, 'job': 'CEO'}]
'''
```

이제 모든 아이템이 이름을 가진 딕셔너리의 리스트로 변환된 것을 볼 수 있다. 이로써 zip() 함수를 효과적으로 사용하는 방법을 알아봤다.

정리

이번 장에서는 리스트 컴프리헨션, 파일 입력, 람다 함수, map(), zip(), 슬라이싱, 그리고 리스트를 다루는 기본적인 방법까지 알아봤다. 일상의 다양한 문제를 해결하기 위해 자료구조를 사용하고 다루는 방법도 살펴봤다.

자료구조를 이렇게 저렇게 손쉽게 바꾸는 스킬은 코딩 생산성에 확실한 영향을 미친다. 데이터를 빠르게 다룰 수 있는 능력이 향상되면 프로그래밍 생산성 역시 향상될 것이다. 이번 장에서 살펴본 것과 같은 간단한 데이터 처리 기술은 전체적인 생산성 향상에 악영향을 미치는 '천천히 피를 말려 죽이는' 문제를 해결하는 데 큰 도움이 된다. 이번 장에서 살펴본

파이썬의 비법과 함수, 기능 등을 이용하면 이런 문제를 효과적으로 처리할 수 있다. 여러분이 새롭게 익힌 기술들은 작은 문제들을 빠르게 해결하는 데 도움이 될 것이다.

다음 장에서는 파이썬의 숫자 연산 라이브러리인 넘파이NumPy 라이브러리가 제공하는 새로운 도구를 이용해 데이터 과학 스킬을 향상시키는 방법을 알아본다.

3장

파이썬을 활용한 데이터 분석 맛보기

21세기에 가장 중요한 기술 중 하나는 실세계의 데이터를 분석하는 능력이다. 데이터 과학자들은 강력한 하드웨어 성능과 알고리즘, 유비쿼터스 센서 등을 활용해 날씨 분석, 금융 트랜잭션, 고객 행동 같은 대규모 데이터에서 의미 있는 데이터를 도출해낸다. 현재의 기술 대기업인 구글, 페이스북, 애플, 아마존에게 있어 대규모 데이터 처리는 필수이며 데이터는 이 기업들의 핵심 비즈니스 모델이다.

이번 3장에서는 파이썬의 숫자 연산 라이브러리인 **넘파이**NumPy를 이용해 수치 데이터를 처리하고 분석하는 스킬을 배워 본다. 10개의 연습 문제를 살펴보고 넘파이 코드 한 줄로 이 문제들을 해결해 본다. 넘파이는 데이터 과학과 머신러닝에 사용되는 고수준 라이브러리(판다스Pandas, 사이킷런scikit-learn, 텐서플로TensorFlow 등)의 기초이므로 이 장의 내용을 잘 학습하면 데이터가 중요한 현대 시대에 여러분의 가치를 더욱 향상시킬 수 있을 것이다. 이제 집중해 보자!

Q 11 기본적인 2차원 배열 산술 연산

지금부터 일상에서 접할 수 있는 회계 관련 업무를 한 줄 코드로 풀어볼 것이다. 먼저 산술 연산과 데이터 과학 분야에 있어 매우 중요한 파이썬의 라이브러리인 넘파이의 기본 기능에 대해 살펴보자.

코딩 미션

넘파이 라이브러리의 핵심은 **넘파이 배열**로 여러분이 조작하고 분석하며 시각화해야 할 데이터를 저장하는 자료구조다. 판다스 같은 고수준 데이터 과학 라이브러리도 알게 모르게 넘파이 배열을 이용해 구현하고 있다.

넘파이 배열은 파이썬의 리스트와 유사하지만 몇 가지 추가적인 기능을 제공한다. 먼저, 넘파이 배열은 메모리 사용량이 적고 대부분의 경우 더 빠르다. 둘째, 넘파이 배열은 2차원 이상의 **다차원**multidimensional 데이터에 접근하기가 훨씬 수월하다(다차원 리스트는 접근과 수정이 매우 어렵다). 넘파이 배열은 하나 이상의 축으로 구성할 수 있어서 넘파이 배열을 **차원**의 관점에서 생각해야 한다. 예컨대 2개의 축을 가진 배열은 2차원 배열이다. 셋째, 넘파이 배열은 브로드캐스팅broadcasting 같은 강력한 접근 기능을 제공한다. 이 기능은 잠시 후에 살펴볼 예정이다.

예제 3-1은 1차원, 2차원, 3차원 넘파이 배열을 생성하는 방법을 보여준다.

예제 3-1 넘파이로 1차원, 2차원, 3차원 배열을 생성하는 코드

```
import numpy as np

# 리스트로 1차원 배열을 생성
a = np.array([1, 2, 3])
print(a)
"""
[1 2 3]
"""

# 리스트의 리스트로 2차원 배열을 생성
b = np.array([[1, 2],
              [3, 4]])
print(b)
"""
[[1 2]
 [3 4]]
"""

# 리스트의 리스트의 리스트로 3차원 배열을 생성
c = np.array([[[1, 2], [3, 4]],
               [5, 6], [7, 8]]])
```

```
print(c)
"""
[[[1 2]
  [3 4]]
 [[5 6]
  [7 8]]]
"""
```

먼저 넘파이 라이브러리를 np라는 이름으로 가져오는 것부터 시작한다. 라이브러리를 가져오면 표준 파이썬 리스트를 np.array() 함수의 매개변수로 전달해 넘파이 배열을 생성할 수 있다. 1차원 배열은 숫자 값의 리스트와 같다(사실 넘파이 배열에는 다른 자료형도 저장할 수 있지만 여기서는 숫자에만 집중하자). 2차원 배열은 숫자 값이 중첩된 **리스트의 리스트**와 같다. 3차원 배열은 숫자 값을 가진 **리스트의 리스트의 리스트**다. 여는 대괄호와 닫는 대괄호의 개수를 보면 넘파이 배열의 차원을 알 수 있다.

넘파이 배열은 파이썬의 내장 리스트보다 훨씬 강력하다. 예를 들어 두 개의 넘파이 배열에 +, -, *, / 같은 산술 연산을 수행할 수 있다. 이런 **요소 단위 연산**element-wise operations은 배열 a와 b를 조합할 때(예를 들어 + 연산자로 합할 때) 배열 a의 각 요소와 배열 b에서 같은 위치에 있는 요소를 더하는 연산을 수행한다. 다시 말하자면 요소 단위 연산은 배열 a와 b에서 같은 위치에 있는 두 요소에 대해 연산을 수행한다. 예제 3-2는 2차원 배열에 대한 기본적인 산술 연산을 수행하는 방법을 보여준다.

예제 3-2 배열에 대한 기본적인 산술 연산

```
import numpy as np

a = np.array([[1, 0, 0],
              [1, 1, 1]
              [2, 0, 0]])
a = np.array([[1, 1, 1],
              [1, 1, 2]
              [1, 1, 2]])

print(a + b)
"""
[[2 1 1]
 [2 2 3]
```

```
 [3 1 2]]
"""

print(a - b)
"""
[[ 0 -1 -1]
 [ 0  0 -1]
 [ 1 -1 -2]]
"""

print(a * b)
"""
[[1 0 0]
 [1 1 2]
 [2 0 0]]
"""

print(a / b)
"""
[[1. 0. 0. ]
 [1. 1. 0.5]
 [2. 0. 0. ]]
"""
```

> **노트** 넘파이 연산자를 정수 배열에 적용하면 연산자의 결과도 정수 배열로 생성된다. a/b처럼 나눗셈 연산자를 이용해 두 정수 배열을 나눌 때에만 실수형 배열이 생성된다. 연산의 결과로 생성된 배열이 실수형 배열이라는 것은 소숫점으로 알 수 있다.

잘 살펴보면 각 연산은 두 개의 대응되는 넘파이 배열을 요소 단위로 조합한다는 점을 알 수 있다. 두 배열을 더하면 새로운 배열이 생성되며 새 배열의 각 요소의 값은 연산이 대상이 된 두 배열의 각 요소의 값을 더한 값이다. 물론 뺄셈, 곱셈, 나눗셈의 결과도 마찬가지다.

넘파이는 넘파이 배열의 모든 값 중 가장 큰 값을 계산하는 np.max() 함수를 비롯해 배열을 조작하는 다양한 기능을 제공한다. np.min() 함수는 넘파이 배열의 모든 값에서 **가장 작은 값**을 계산하며 np.average() 함수는 모든 값의 **평균값**을 계산한다.

예제 3-3은 이 세 가지 연산자의 실행 결과를 보여준다.

예제 3-3 넘파이 배열에서 최대, 최소, 평균값을 계산하는 코드

```
import numpy as np

a = np.array([[1, 0, 0],
              [1, 1, 1],
              [2, 0, 0]])

print(np.max(a))
# 2

print(np.min(a))
# 0

print(np.average(a))
# 0.6666666666666666
```

넘파이 배열의 모든 값 중에서 가장 큰 값은 2이고 가장 작은 값은 0이며 평균은 (1 + 0 + 0 + 1 + 1 + 1 + 2 + 0 + 0) / 9 = 2/3이다. 넘파이의 기능은 이외에도 다양하지만 지금까지 살펴본 기능만으로도 다음 문제를 해결하기에 충분하다. 사람들의 연봉과 세율이 주어졌을 때 그 중에서 세후 수입이 가장 높은 사람을 찾을 수 있는 방법은 무엇일까?

한 줄 코드 브리핑

앨리스Alice, 밥Bob, 팀Tim 세 사람의 연봉 데이터를 이용해 이 문제를 풀어보자. 밥은 지난 3년간 가장 높은 연봉을 받은 것 같다. 하지만 세율을 적용했을 때 여전히 세 친구 중에 실수입이 가장 높을까? 예제 3-4를 살펴보자.

예제 3-4 기본 배열 연산을 이용한 한 줄 코드

```
## 의존성
import numpy as np

## 데이터: [2017, 2018, 2019]년도의 연봉 (1000달러 기준)
alice = [99, 101, 103]
bob = [110, 108, 105]
```

```
tim = [90, 88, 85]

salaries = np.array([alice, bob, tim])
taxation = np.array([[0.2, 0.25, 0.22],
                     [0.4, 0.5, 0.5],
                     [0.1, 0.2, 0.1]])

## 한 줄 코드
max_income = np.max(salaries - salaries * taxation)

## 결과
print(max_income)
```

이 코드의 실행 결과는 무엇일까?

한 줄 코드 구현

이 코드는 넘파이 라이브러리를 가져온 후 세 사람의 세율을 세 개의 행을 가진 2차원 넘파이 배열에 저장하고 지난 3년간의 연봉을 표현하는 세 개의 열을 생성한다. 즉 연봉을 저장한 salaries라는 2차원 배열과 세 사람의 연간 세율을 저장한 taxation이라는 두 개의 2차원 배열을 생성한다.

세후 수입을 계산하려면 salaries 배열에 저장되어 있는 세전 수입에서 세금을 빼야 한다. 그러기 위해 넘파이 배열의 요소들을 계산하는 -와 * 연산자를 사용했다.

2차원 배열에 대한 요소 단위 곱셈을 **아다마르 곱**Hadamard product이라고 한다.

예제 3-5는 세전 수입에서 세금을 공제한 넘파이 배열의 모습을 보여준다.

예제 3-5 기본적인 배열 산술 연산

```
print(salaries - salaries * taxation)
"""
[[79.2 75.75 80.34]
 [66.  54.   52.5 ]
 [81.  70.4. 76.5 ]]
"""
```

결과를 보면 세전 수입은 밥이 월등히 많았지만 40퍼센트와 50퍼센트의 세금을 내고 나니 상당히 수입이 줄어든 것을 알 수 있다.

이 코드는 결과 배열에서 가장 큰 값을 출력한다. np.max() 함수가 배열에서 찾은 가장 큰 값을 max_income이라는 변수에 저장한다. 따라서 가장 높은 수입은 2017년 팀이 세전 90,000달러 수입에서 10퍼센트의 세금을 납부하고 세후 81,000달러의 수입을 올린 경우다.

지금까지 세율을 분석하기 위해 넘파이의 요소 단위 배열 산술 연산을 사용하는 방법을 살펴봤다. 이어서 동일한 데이터에 대해 슬라이싱과 브로드캐스팅 같은 넘파이의 중급 개념을 적용해보자.

Q12 넘파이 배열 다루기: 슬라이싱, 브로드캐스팅, 배열 타입

지금부터 살펴볼 한 줄 코드는 넘파이의 세 가지 기능인 슬라이싱, 브로드캐스팅, 배열 타입을 보여주기 위한 것이다. 이 기능을 활용할 데이터는 다양한 직업과 연봉의 배열이다. 이 세 가지 개념을 조합해 데이터 과학자의 연봉만 2년마다 10퍼센트씩 올려보자.

코딩 미션

이 문제에서 가장 중요한 핵심은 여러 행으로 구성된 넘파이 배열의 특정 값을 변경하는 것이다. 한 행에서 짝수 번째 값을 변경하고자 한다. 이 문제를 해결하기 위해 알아야 할 기본적인 내용부터 살펴보자.

슬라이싱과 인덱싱

넘파이의 인덱싱과 슬라이싱은 (2장에서 살펴본) 파이썬의 인덱싱 및 슬라이싱과 유사하다. 즉 1차원 배열의 각 요소는 대괄호 [] 안에 인덱스나 인덱스의 범위를 지정해 접근할 수 있다. 예를 들어 인덱스 연산 x[3]는 넘파이 배열 x의 4번째 요소를 리턴한다(첫 번째 요소의 인덱스가 0이기 때문이다).

다차원 배열의 경우라면 각 차원마다 독립적으로 인덱스를 지정하거나 각 차원에서 접근하려는 요소의 인덱스를 콤마로 구분해 지정할 수 있다. 예를 들어 인덱스 연산 `y[0, 1, 2]`는 첫 번째 축의 첫 번째 요소, 두 번째 축의 두 번째 요소, 세 번째 축의 세 번째 요소를 각각 리턴한다. 이 문법은 다차원 파이썬 리스트에는 적용할 수 없다는 점을 알아두자.

이제 넘파이의 **슬라이싱**slicing으로 넘어가 보자. 먼저 예제 3-6을 이용해 1차원 배열 슬라이싱을 배워보자. 이 예제를 잘 이해할 수 없다면 2장에서 다뤘던 파이썬 슬라이싱을 다시 살펴보기 바란다.

예제 3-6 1차원 슬라이싱의 예

```
import numpy as np

a = np.array([55, 56, 57, 58, 59, 60, 61])
print(a)
# [55 56 57 58 59 60 61]

print(a[:])
# [55 56 57 58 59 60 61]

print(a[2:])
# [57 58 59 60 61]

print(a[1:4])
# [56 57 58]

print(a[2:-2])
# [57 58 59]

print(a[::2])
# [55 57 59 61]

print(a[1::2])
# [56, 58, 60]

print(a[::-1])
# [61 60 59 58 57 56 55]

print(a[:1:-2])
# [61 59 57]
```

```
print(a[-1:1:-2])
# [61 59 57]
```

다음 단계는 다차원 슬라이싱을 완전히 이해하는 것이다. 인덱싱과 마찬가지로 각 축에 대해 1차원 슬라이싱을 적용해 각 축에서 요소의 범위를 선택할 수 있다. 예제 3-7은 시간을 들여서라도 완전히 이해해두자.

예제 3-7 다차원 슬라이싱의 예

```
import numpy as np

a = np.array([[0, 1, 2, 3],
              [4, 5, 6, 7],
              [8, 9, 10, 11],
              [12, 13, 14, 15]])

print(a[:, 2])
# 세 번째 열: [ 2  6 10 14]

print(a[1, :])
# 두 번째 행: [4 5 6 7]

print(a[1, ::2])
# 두 번째 행의 짝수 번째 요소: [4, 6]

print(a[:, :-1])
# 마지막을 제외한 모든 열
# [[ 0  1  2]
#  [ 4  5  6]
#  [ 8  9 10]
#  [12 13 14]]

print(a[:-2])
# a[:-2, :]와 동일
# [[  0  1  2  3]
# [ 4  5  6  7]]
```

다차원 슬라이싱을 이해할 때까지 예제 3-7을 연구해보자. `a[슬라이스1, 슬라이스2]` 문법으로 2차원 배열에 슬라이싱을 적용할 수 있다. 더 많은 차원에 대해서는 콤마로 구분된 슬라이싱 연산(start:stop 또는 start:stop:step 슬라이싱 연산자를 이용해서)을 적용하면 된다. 각 슬라이스는 각 차원에서 연속하는 요소를 독립적으로 선택한다. 기본적인 동작을 이해한다면 다차원에 슬라이싱을 적용하는 것은 어렵지 않을 것이다.

브로드캐스팅

브로드캐스팅broadcasting은 두 개의 넘파이 배열을 같은 형태로 만들어 요소 단위 연산(83페이지의 '슬라이싱과 인덱싱' 절 참고)을 수행하는 자동화된 프로세스를 의미한다. 브로드캐스팅은 **셰이프 속성**shape attribute과 밀접한 관련이 있는데, 셰이프 속성은 다시 축axis 개념과 밀접하게 연관된다. 먼저 축, 셰이프를 살펴보고 이어서 브로드캐스팅을 살펴보자.

각 배열은 여러 개의 **축**axis으로 구성되며, 축은 각기 차원을 의미한다(예제 3-8).

예제 3-8 세 넘파이 배열에 대한 축과 차원

```
import numpy as np

a = np.array([1, 2, 3, 4])
print(a.ndim)
# 1

b = np.array([[2, 1, 2], [3, 2, 3], [4, 3, 4]])
print(b.ndim)
# 2

c = np.array([[[1, 2, 3], [2, 3, 4], [3, 4, 5],
              [1, 2, 4], [2, 3, 5], [3, 4, 6]]])
print(c.ndim)
# 3
```

이 예제에서는 a, b, c 세 개의 배열을 사용하고 있다. 배열의 속성인 ndim은 특정 배열의 축의 개수를 저장하고 있으며 예제는 이 속성값을 콘솔에 출력한다. 결과를 보면 배열 a는 1차원이고 배열 b는 2차원이며 배열 c는 3차원이라는 것을 알 수 있다. 각 배열은 연관된 셰이프 속성을 가지고 있다. 셰이프 속성이란 각 축의 요소의 개수를 알려주는 튜플이다. 2차원 배열의 경우 이 튜플에는 행의 개수와 열의 개수를 의미하는 두 개의 값이 저장되어 있다. 그보다 높은 차원의 배열이라면 i번째 튜플 값이 i번째 축의 요소의 개수를 저장하고 있다. 따라서 이 튜플 요소의 개수는 넘파이 배열의 차원을 의미한다.

> **노트** 배열의 차원을 높이면 (예를 들어 2차원에서 3차원 배열로 바꾸면) 새로운 축은 0번 축이 되고 더 낮은 차원 배열의 i번째 축은 더 높은 차원 배열에서 i + 1번째 축이 된다.

예제 3-9는 예제 3-8과 동일한 배열의 셰이프 속성을 보여주고 있다.

예제 3-9 1차원, 2차원, 3차원 배열의 셰이프 속성

```
import numpy as np

a = np.array([1, 2, 3, 4])
print(a)
"""
[1 2 3 4]
"""
print(a.shape)
# (4,)

b = np.array([[2, 1, 2], [3, 2, 3], [4, 3, 4]])
print(b)
"""
[[2 1 2]
 [3 2 3]
 [4 3 4]]
"""
print(b.shape)
# (3, 3)

c = np.array([[[1, 2, 3], [2, 3, 4], [3, 4, 5],
              [1, 2, 4], [2, 3, 5], [3, 4, 6]]])
print(c)
"""
[[[1 2 3]
  [2 3 4]
  [3 4 5]]

 [[1 2 4]
  [2 3 5]
  [3 4 6]]]
"""
```

```
print(c.shape)
# (2, 3, 3)
```

이 예제를 보면 shape 속성은 ndim 속성보다 훨씬 더 많은 정보를 제공하는 것을 알 수 있다. 모든 shape 속성은 각 축에 해당하는 요소의 개수를 보관한 튜플이다.

- 배열 a는 1차원이므로 shape 튜플은 열의 개수(4개 요소)를 나타내는 하나의 요소만 가지고 있다.
- 배열 b는 2차원이므로 shape 튜플은 행과 열의 개수를 의미하는 두 개의 요소를 가지고 있다.
- 배열 c는 3차원이므로 shape 튜플은 세 축을 의미하는 세 개의 요소를 가지고 있다. 축 0은 두 개의 요소(각 요소가 2차원 배열이다)를 가지고 있으며 축 1은 세 개의 요소(각 요소가 1차원 배열이다)를, 축 2는 세 개의 요소(각 요소가 정수이다)를 각각 가지고 있다.

이제 shape 속성에 대해 이해했으므로, 두 배열이 동일한 shape를 갖도록 데이터를 재정렬하는 브로드캐스팅의 개념을 좀 더 쉽게 이해할 수 있을 것이다. 브로드캐스팅이 어떻게 동작하는지 살펴보자. 브로드캐스팅은 서로 다른 셰이프를 가진 넘파이 배열의 요소 단위 연산을 자동으로 수정한다. 예를 들어 곱셈 연산자 *는 보통 넘파이 배열에 대해 요소 단위로 곱셈을 수행한다. 하지만 왼쪽과 오른쪽의 데이터가 서로 다르면(예컨대 왼쪽의 피연산자는 넘파이 배열인 반면 오른쪽의 피연산자는 실수 값이라면) 어떻게 될까? 넘파이는 이런 경우 오류를 리턴하지 않고 오른쪽 피연산자의 데이터로 새로운 배열을 자동으로 생성한다. 이 새로운 배열은 왼쪽 피연산자와 같은 크기와 차원을 가지며 같은 실수 값을 갖는다.

그러므로 브로드캐스팅은 낮은 차원의 배열을 높은 차원의 배열로 변환해 요소 단위 연산을 수행하는 작업이다.

동질값

넘파이 배열은 **동질적**homogeneous이다. 즉 모든 값이 동일한 타입이라는 뜻이다. 배열의 자료형으로 활용할 수 있는 타입의 목록은 다음과 같다.

- **bool**: 파이썬의 불리언boolean 자료형 (1바이트)
- **int**: 파이썬의 정수 자료형 (기본 크기: 4 또는 8바이트)
- **float**: 파이썬의 실수 자료형 (기본 크기: 8바이트)
- **complex**: 파이썬의 복합 자료형 (기본 크기: 16바이트)
- **np.int8**: 정수 자료형 (1바이트)
- **np.int16**: 정수 자료형 (2바이트)
- **np.int32**: 정수 자료형 (4바이트)
- **np.int64**: 정수 자료형 (8바이트)
- **np.float16**: 실수 자료형 (2바이트)
- **np.float32**: 실수 자료형 (4바이트)
- **np.float64**: 실수 자료형 (8바이트)

예제 3-10은 여러 자료형으로 넘파이 배열을 생성하는 방법을 보여준다.

예제 3-10 다양한 자료형의 넘파이 배열

```
import numpy as np

a = np.array([1, 2, 3, 4], dtype=np.int16)
print(a) # [1 2 3 4]
print(a.dtype) # int16

b = np.array([1, 2, 3, 4], dtype=np.float64)
print(b) # [1. 2. 3. 4.]
print(b.dtype) # float64
```

이 코드는 a와 b 두 개의 배열을 생성한다. 첫 번째 배열의 자료형은 np.int16이다. 그래서 배열에 저장된 숫자의 타입은 정수다(숫자 다음에 '점'이 없다). 구체적으로 배열 a의 dtype 속성을 출력해 보면 int16이라는 결과를 얻을 수 있다.

두 번째 배열 b의 자료형은 float64다. 따라서 정수의 리스트로 배열을 생성해도 넘파이는 이 값들을 np.float64 타입으로 변환한다.

여기서 중요한 점은 두 가지다. 넘파이는 자료형을 제어할 수 있게 해 주며, 넘파이 배열의 자료형이 동일하다는 점이다.

한 줄 코드 브리핑

다양한 직업군의 데이터 중에서 데이터 과학자의 연봉만 2년마다 10퍼센트씩 높이고 싶다. 예제 3-11의 코드를 살펴보자.

예제 3-11 슬라이싱과 슬라이스 대입을 이용한 한 줄 코드

```
## 의존성
import numpy as np

## 데이터: [2025, 2026, 2027]년의 연봉(1000달러 단위)
dataScientist =    [130, 132, 137]
productManager =   [127, 140, 145]
designer =         [118, 118, 127]
softwareEngineer = [129, 131, 137]

employees = np.array([dataScientist,
                      productManager,
                      designer,
                      softwareEngineer])

## 한 줄 코드
employees[0,::2] = employees[0,::2] * 1.1

## 결과
print(employees)
```

이 코드의 실행 결과를 잠깐 생각해보자. 데이터가 어떻게 바뀔까? 결과 배열의 자료형은 무엇일까? 코드의 출력 결과는 무엇일까?

한 줄 코드 구현

이 코드를 2024년에 실행한다고 생각해 보자. 먼저 각 직군(데이터 과학자, 제품 관리자, 디자이너, 소프트웨어 엔지니어)의 예상 연봉을 저장한 넘파이 배열을 생성한다. 각 열은 2025, 2026, 2027년의 예상 연봉을 표현한다. 결과 넘파이 배열은 4개의 행과 3개의 열을 갖는다.

이제 회사에서 가장 중요한 직군의 연봉을 인상할 자금이 있다고 생각해 보자. 미래에는 데이터 과학자가 중요할 것이라고 믿으므로 회사의 숨은 영웅인 데이터 과학자에게 보상을 주기로 결심했다. 이제 데이터 과학자의 연봉만 2025년부터 2년마다 10퍼센트씩 올려주도록 넘파이 배열을 수정해야 한다(누적되지는 않게).

다음과 같이 멋진 한 줄 코드를 작성할 수 있다.

```
employees[0,::2] = employes[0,::2] * 1.1
```

이 코드는 간결하고 깔끔하며 다음과 같은 결과를 출력한다.

```
[[143 132 150]
 [127 140 145]
 [118 118 127]
 [129 131 137]]
```

간단하기는 하지만 이 한 줄 코드에는 흥미롭고 고급스러운 세 가지 개념이 작용하고 있다.

슬라이싱

먼저, 이 코드는 **슬라이스**와 **슬라이스 대입**slice assignment이라는 개념을 사용하고 있다. 이 예제는 슬라이싱을 이용해 넘파이 배열 employees에서 첫 번째 행에서 하나 걸러 하나씩 값을 가져온다. 그런 후 슬라이스 대입을 이용해 첫 번째 행에서 하나 걸러 하나씩 값을 수정한다. 슬라이스 대입은 슬라이싱과 같은 문법을 사용하지만 한 가지 다른 점이 있다. 그것은 대입 연산자의 왼쪽 배열에서 슬라이스를 선택한다는 것이다. 이 요소는 대입 연산자의 오른쪽에 지정한 요소로 대체된다. 이 코드에서는 넘파이 배열의 첫 번째 행의 데이터를 수정된 연봉 데이터로 교체한다.

브로드캐스팅

둘째로, 이 코드는 서로 다른 형태의 넘파이 배열에 대한 요소 단위 연산을 자동으로 수정하는 브로드캐스팅을 사용하고 있다. 한 줄 코드를 보면 왼쪽 피연산자는 넘파이 배열인 반면 오른쪽 피연산자는 실수값이다. 다시 설명하지만 넘파이는 왼쪽의 배열과 같은 크기 및 차원을 갖는 새로운 배열을 자동으로 생성하고 그 배열을 실수 값의 복사본으로 채운다. 실제로 넘파이는 다음과 같은 연산을 수행한다.

```
np.array([130 137]) * np.array([1.1, 1.1])
```

배열 타입

셋째로, 실수형 값으로 연산을 수행했지만 결과 배열의 자료형이 실수가 아닌 정수라는 점을 알아챘을 것이다. 넘파이는 배열을 생성할 때 그 배열이 정수값만 가지고 있다는 점을 인지하고 배열이 정수 배열이라고 가정한다. 정수 배열에 대해 수행하는 어떤 연산도 자료형을 변경하지 않으며 넘파이는 실수값을 정수값으로 내림 처리한다. 다시 말하지만 dtype 속성을 이용해 배열의 타입을 알 수 있다.

```
print(employees.dtype)
# int32
employees[0,::2] = employees[0,::2] * 1.1
print(employees.dtype)
# int32
```

지금까지 슬라이스와 슬라이스 대입, 브로드캐스팅과 넘파이 배열 타입에 대해 배울 수 있었다. 코드 한 줄에서 배운 것치고는 꽤 많지 않은가? 지금까지의 내용을 토대로 다양한 도시의 오염 측정값에서 이상치를 탐지하는 실용적인 데이터 과학 문제를 해결해 보자.

13 조건부 배열 검색, 필터링, 브로드캐스팅을 이용한 이상치 탐지

이번 한 줄 코드에서는 여러 도시의 공기질을 살펴본다. 특히, 여러 도시(행)의 오염 측정치(열)를 가진 2차원 넘파이 배열이 주어지고 여기서 평균 이상의 오염치를 보여주는 도시를 찾아야 한다. 이번 절에서 배우게 될 기술은 데이터셋에서 이상치를 찾아내는 데 매우 중요하다.

코딩 미션

대기환경지수Air Quality Index(AQI)는 건강에 악영향을 미칠 수 있는 위험을 측정하며 보통 여러 도시의 대기질을 비교하는 데 사용한다. 이번에 살펴볼 한 줄 코드에서는 홍콩, 뉴욕, 베를린, 몬트리올 등 4개 도시의 AQI를 살펴볼 것이다.

이 한 줄 코드는 모든 도시의 측정값 중에서 평균 이상으로 오염도가 높은 도시, 즉 최고 AQI 값이 전체 평균보다 높은 도시를 찾는다.

이 코드에서 중요한 부분은 넘파이 배열 내에서 특정 조건을 만족하는 값을 찾는 것이다. 사실 이 문제는 데이터 과학 분야에서는 매우 보편적인 문제다.

자, 그러면 배열에서 특정 조건을 만족하는 값을 찾는 방법을 알아보자. 넘파이는 배열에서 0이 아닌 값을 찾아내는 `nonzero()` 함수를 제공한다. 예제 3-12를 살펴보자.

예제 3-12 nonzero 함수의 사용법

```
import numpy as np

X = np.array([[1, 0, 0],
              [0, 2, 2],
              [3, 0, 0]])

print(np.nonzero(X))
```

이 코드를 실행하면 두 개의 넘파이 배열을 가진 튜플을 얻을 수 있다.

```
(array([0, 1, 1, 2], dtype=int32), array([0, 1, 2, 0], dtype=int32))
```

이 튜플의 첫 번째 배열은 0이 아닌 요소의 행 인덱스며 두번째 배열은 0이 아닌 요소의 열 인덱스다. 2차원 배열에는 1, 2, 2, 3 등 4개의 0이 아닌 값이 존재하며 각각의 위치는 `X[0, 0]`, `X[1, 1]`, `X[1, 2]`, `X[2, 0]`이다.

이제 `nonzero()` 함수를 이용해 배열에서 특정 조건을 만족하는 값을 어떻게 찾을 수 있을까? 다음 예제 3-13과 같이 불리언 배열 연산자와 브로드캐스팅이라는 넘파이 기능을 활용하면 된다.

예제 3-13 넘파이의 브로드캐스팅과 요소 단위 불리언 연산자를 활용한 코드

```
import numpy as np
X = np.array([[1, 0, 0],
              [0, 2, 2],
              [3, 0, 0]])

print(X == 2)
"""
[[False False False]
 [False  True  True]
 [False False False]]
"""
```

브로드캐스팅은 (개념적으로) 정수값 2가 배열과 같은 형태를 가진 새로운 배열에 복사될 때 발생한다. 그런 후 넘파이는 각 정수에 대해 값 2와 요소 단위 비교를 수행해서 불리언 배열을 리턴한다.

코드를 보면 nonzero() 함수와 불리언 연산 기능을 이용해 원하는 조건을 만족하는 값들을 찾는다.

한 줄 코드 브리핑

예제 3-14는 주어진 데이터에서 평균 이상의 오염도를 보이는 도시를 찾는 코드다.

예제 3-14 브로드캐스팅, 불리언 연산, 선택적 인덱싱을 이용한 한 줄 코드

```
## 의존성
import numpy as np

## 데이터: AQI 데이터 (행은 각 도시의 데이터를 의미)
X = np.array(
    [[ 42, 40, 41, 43, 44, 43 ], # 홍콩
     [ 30, 31, 29, 29, 29, 30 ], # 뉴욕
     [ 8, 13, 31, 11, 11, 9 ], # 베를린
     [ 11, 11, 12, 13, 11, 12 ]]) # 몬트리올

cities = np.array(["홍콩", "뉴욕", "베를린", "몬트리올"])
```

```
## 한 줄 코드
polluted = set(cities[np.nonzero(X > np.average(X))[0]])

## 결과
print(polluted)
```

이 코드의 실행 결과는 어떨까?

한 줄 코드 구현

데이터 배열 X는 4개의 행(각 행은 각 도시의 데이터를 표현한다)과 6개의 열(각 열은 특정일의 측정값을 의미한다)으로 구성되어 있다. 문자열 배열 cities는 data 배열의 행 순서대로 4개의 도시명을 가지고 있다.

여기서 평균 이상의 관측된 AQI 값을 가진 도시를 찾는 한 줄 코드는 다음과 같다.

```
## 한 줄 코드
polluted = set(cities[np.nonzero(X > np.average(X))[0]])
```

이 한 줄 코드 전체를 이해하기에 앞서 각 부분을 나눠서 이해할 필요가 있다. 이 한 줄 코드를 더 잘 이해하기 위해 코드를 처음부터 차근차근 살펴보자. 이 한 줄 코드의 핵심은 불리언 배열 연산(예제 3-15 참고)이다.

예제 3-15 브로드캐스팅을 이용한 불리언 배열 연산

```
print(X > np.average(X))
"""
[[ True  True  True  True  True  True]
 [ True  True  True  True  True  True]
 [False False  True False False False]
 [False False False False False False]]
"""
```

브로드캐스팅을 통해 양쪽 피연산자를 같은 형태로 만들기 위해 불리언 표현식을 사용한다. 그 다음 np.average() 함수를 이용해 넘파이 배열의 모든 값에 대한 평균 AQI 값을 구

한다. 그러면 불리언 표현식은 불리언 배열에 대해 요소 단위 비교를 수행해 평균 AQI보다 높은 값을 True로 표현한다.

이 불리언 배열이 생성되면 평균 AQI 값보다 큰 값과 그렇지 않은 값을 정확하게 구분할 수 있다.

파이썬은 True 값을 정수 1로 표현하며 False는 0으로 표현한다는 점을 기억하자. 사실 True와 False는 int 타입의 하위 클래스인 bool 타입이다. 그래서 모든 불리언 값은 정수값이기도 하다. 그러므로 nonzero() 함수를 이용해 다음과 같이 조건을 만족하는 행과 열의 인덱스를 얻을 수 있다.

```
print(np.nonzero(X > np.average(X)))
"""
(array([0, 0, 0, 0, 0, 0, 1, 1, 1, 1, 1, 1, 2], dtype=int32),
array([0, 1, 2, 3, 4, 5, 0, 1, 2, 3, 4, 5, 2], dtype=int32))
"""
```

이 코드의 실행 결과는 두 개의 튜플로 첫 번째 튜플은 0이 아닌 값의 행 인덱스를 제공하며 두 번째 튜플은 그에 대응되는 열 인덱스를 제공한다.

우리는 AQI 값이 평균 이상인 도시의 이름만 필요하므로 행의 인덱스만 알면 된다. 이 행 인덱스를 이용해 문자열 배열에서 이름을 알아내면 된다. 이 때 사용하는 인덱스 기법은 **고급 인덱싱**advanced indexing이라는 기법으로서, 연속적인 슬라이스가 아니더라도 배열 인덱스의 시퀀스를 정의할 수 있는 방법이다. 이렇게 하면 정수 시퀀스(선택할 인덱스)나 불리언 시퀀스(불리언 값이 True인 위치의 인덱스를 이용해 값을 선택)를 이용해 넘파이 배열에서 임의의 요소를 선택할 수 있다.

```
print(cities[np.nonzero(X > np.average(X))[0]])
"""
['홍콩' '홍콩' '홍콩' '홍콩' '홍콩' '홍콩' '뉴욕' '뉴욕' '뉴욕' '뉴욕' '뉴욕' '뉴욕' '베를린']
"""
```

홍콩과 뉴욕은 AQI 평균보다 높은 측정값이 많아 결과 배열에서 여러 번 나타나는 것을 볼 수 있다.

이제 마지막으로 해야 할 일은 중복을 제거하는 것이다. 이 시퀀스를 기본적으로 중복값이 존재하지 않는 파이썬의 셋Set으로 변경하면 AQI 값이 평균 이상인 도시의 이름을 중복 없이 만들어낼 수 있다.

연습문제 3-1

77페이지 '기본적인 2차원 배열 산술 연산' 절에서 살펴본 세금 문제로 돌아가 선택적 불리언 인덱싱을 활용해 연봉이 가장 높은 사람의 이름을 추출해 보자. 연봉과 세율이 주어졌을 때 세후 수입이 가장 많은 사람이 누구인지 알아내는 문제였다.

해답은 부록에

지금까지 넘파이 배열에 대해 (브로드캐스팅을 포함해) 불리언 표현식을 사용하고 `nonzero()` 함수를 이용해 특정 조건을 만족하는 행이나 열을 찾아내는 방법을 알아봤다. 이 한 줄 코드에서 사용한 기법을 토대로, 소셜미디어에서 인플루언서를 분석하는 문제로 넘어가보자.

Q14 불리언 인덱싱으로 2차원 배열 필터링하기

이번에는 작은 데이터셋에서 인스타그램의 팔로워 수가 백만 명이 넘는 사용자를 알아내는 문제를 통해 배열 인덱싱과 브로드캐스팅 활용 능력을 향상시켜 보자. 특히, 첫 번째 열은 인플루언서의 이름을 문자열로 가지고 있고 두 번째 열은 인플루언서의 팔로워 수를 가지고 있는 2차원 인플루언서(행) 배열이 주어졌을 때, 팔로워 수가 백만 명 이상인 모든 인플루언서의 이름을 찾아내는 문제다.

코딩 미션

넘파이 배열은 기본 리스트 자료형에 다차원 슬라이싱과 다차원 인덱싱 같은 추가 기능을 제공한다. 예제 3-16의 코드를 살펴보자.

예제 3-16 넘파이의 선택적 (불리언) 인덱싱

```
import numpy as np

a = np.array([[1, 2, 3],
```

```
              [4, 5, 6],
              [7, 8, 9]])

indices = np.array([[False, False, True],
                    [False, False, False],
                    [True, True, False]])

print(a[indices])
# [3 7 8]
```

이 코드는 두 개의 배열을 생성한다. a는 2차원 수치 데이터를 포함하고(데이터 배열이라고 생각하면 된다) indices는 불리언 값을 포함한다(인덱스 배열이라고 생각하면 된다). 넘파이가 제공하는 훌륭한 기능은 불리언 배열을 이용해 데이터 배열에 세밀하게fine-grained 접근할 수 있다는 점이다. 쉽게 말하면 인덱싱 배열 indices에서 True 값을 가진 위치에 해당하는 값을 데이터 배열 a에서 찾아 그 값들만으로 새로운 배열을 만든다. 예를 들어 indices[i, j] == True이면 새 배열은 a[i, j] 위치의 값을 갖게 된다. 마찬가지로 indices[i, j] == False이면 새 배열에는 a[i, j]의 값이 존재하지 않는다. 그래서 결과 배열에는 3, 7, 8 등 세 개의 값만 저장된다.

다음에 살펴볼 한 줄 코드는 이 기능을 이용해 소셜 네트워크 데이터를 분석한다.

한 줄 코드 브리핑

예제 3-17의 코드는 백만 명 이상의 팔로워를 가진 인스타그램 인플루언서의 이름을 찾아내는 코드다.

예제 3-17 슬라이싱, 배열 타입, 불리언 연산을 활용하는 한 줄 코드

```
## 의존성
import numpy as np

## 데이터: 인스타그램 계정과 백만 명 단위의 팔로워 수
inst = np.array([[232, "@instagram"],
                 [133, "@selenagomez"],
                 [59,  "@victoriassecret"],
                 [120, "@cristiano"],
```

```
                [111, "@beyonce"],
                [76,  "@nike"]])

## 한 줄 코드
superstars = inst[inst[:,0].astype(float) > 100, 1]

## 결과
print(superstars)
```

늘 그렇듯 결과에 대한 설명을 읽어보기에 앞서 이 한 줄 코드의 실행 결과를 머릿속으로 생각해 보자.

한 줄 코드 구현

이 데이터는 inst라는 2차원 배열로 구성되어 있으며 배열의 각 행은 인스타그램 인플루언서를 나타낸다. 첫 번째 열은 팔로워의 숫자(백만 명 단위)이며 두 번째 열은 그들의 인스타그램 사용자명이다. 이 데이터로부터 팔로워가 백만 명 이상인 인스타그램 인플루언서의 이름을 알아내 보자.

이 문제를 한 줄 코드로 해결하는 방법은 여러 가지다. 가장 쉬운 방법은 다음과 같다.

```
## 한 줄 코드
superstars = inst[inst[:,0].astype(float) > 100, 1]
```

이 한 줄 코드를 단계별로 분리해 보자. 안쪽의 표현식은 각 인플루언서의 팔로워가 백만 명 이상인지 여부를 의미하는 불리언 값을 계산한다.

```
print(inst[:,0].astype(float) > 100)
# [ True  True False  True  True False]
```

팔로워 수는 첫 번째 열에 저장되어 있으므로 슬라이싱을 이용해 이 데이터에 접근한다. inst[:,0] 구문은 첫 번째 열의 모든 행을 리턴한다. 하지만 데이터 배열의 자료형은 (정수와 문자열 등) 복합 자료형이므로 넘파이는 자동으로 이 배열의 타입을 숫자가 아닌 자료형으로 설정한다. 숫자 자료형은 문자열 데이터를 가질 수 없으므로 넘파이는 배열 내의 모든 데이터(문자열과 숫자)를 표현할 수 있는 타입으로 변환하는 것이다. 그런데 데이터 배열의 첫번째 열 값이 100보다 큰지 판단하려면 숫자 비교를 수행해야 하므로 먼저 .astype(float) 구문을 이용해 결과 배열을 실수 타입으로 변환하는 것이다.

다음으로 실수 타입으로 변환된 넘파이 배열의 값들이 각각 100보다 큰지 확인한다. 여기서 넘파이는 브로드캐스팅을 이용해 두 피연산자를 같은 모양으로 만들고 요소 단위 비교를 수행한다. 이 코드의 실행 결과는 팔로워가 백만 명 이상인 4명의 인플루언서를 보여주는 불리언 값의 배열이다.

이제 이 불리언 배열(**마스크 인덱스 배열**mask index array이라고도 한다)로 불리언 인덱싱을 사용해 팔로워 수가 백만 명 이상인 인플루언서(행)를 선택하게 된다.

```
inst[inst[:,0].astype(float) > 100, 1]
```

이제는 인플루언서의 이름만 알면 되므로 두 번째 열만 선택해 최종 결과를 superstars 변수에 저장한다.

따라서 우리가 가진 데이터에서 팔로워 수가 백만 명 이상인 인플루언서의 목록은 다음과 같다.

```
# ['@instagram' '@selenagomez' '@cristiano' '@beyonce']
```

지금까지 슬라이싱, 브로드캐스팅, 불리언 인덱싱, 자료형 변환 등 넘파이가 제공하는 개념을 적용해 소셜 미디어를 분석하는 데이터 과학 문제를 풀어봤다. 다음으로는 사물 인터넷과 관련된 새로운 애플리케이션 시나리오에 대해 살펴보자.

Q 15 브로드캐스팅, 슬라이스 대입, 형태 변경을 이용해 i번째 배열 요소를 제거하기

실세계의 데이터는 깔끔하지 않으며 센서의 손상이나 오동작 등 수많은 이유로 오류나 누락된 값이 포함될 수 있다. 이번 절에서는 오류로 의심되는 데이터를 정리하는 작업을 다루는 방법을 알아볼 것이다.

코딩 미션

몇 주에 걸쳐 뒷마당의 온도를 측정하는 온도 센서를 설치했다고 가정해 보자. 그리고 일요일마다 온도 센서를 가져와 기록된 값들을 디지털화한다. 그래서 일요일에 측정한 센서 값은 하루 중 일부 시간 동안의 실내 온도이므로 센서 값에 문제가 있다는 점을 인지하고 있다.

여러분은 매주 일요일의 센서 값을, 지난 7일간 데이터의 평균값으로 교체해서 데이터를 정리하고 싶다(일요일의 값을 평균 계산에 포함하는 이유는 일요일 데이터가 완전히 잘못됐다고 보기는 어렵기 때문이다). 코드를 살펴보기에 앞서 기본적으로 이해해야 할 가장 중요한 개념을 먼저 살펴보자.

슬라이스 대입

넘파이의 슬라이스 대입 기능(83페이지의 '넘파이 배열 다루기: 슬라이싱, 브로드캐스팅, 배열 타입' 절 참고)을 사용하면 수식 왼쪽에서 교체하고자 하는 값을 지정해 수식 오른쪽의 값으로 교체할 수 있다. 이 기능이 어떻게 동작하는지 예제 3-18에서 다시 살펴보자.

예제 3-18 파이썬에서 간단히 리스트를 생성하고 슬라이스 대입을 사용한 예시

```
import numpy as np

a = np.array([4] * 16)
print(a)
# [4 4 4 4 4 4 4 4 4 4 4 4 4 4 4 4]

a[1::] = [42] * 15
print(a)
# [ 4 42 42 42 42 42 42 42 42 42 42 42 42 42 42 42]
```

이 예제는 4라는 값 16개를 가진 배열을 생성한다. 그리고 슬라이스 대입을 이용해 그 중 15개의 값을 42로 변경한다. `a[start:stop:step]` 문법을 이용하면 `start` 인덱스부터 `stop` 인덱스까지의 값 중 매 `step`번째 요소 값만 선택할 수 있다(이때 `stop` 인덱스에 해당하는 값은 선택되지 않는다). 매개변수를 지정하지 않으면 넘파이가 기본값을 적용한다. 따라서 `a[1::]`은 첫번째 값을 제외한 나머지 모든 시퀀스 요소를 교체하라는 뜻이다. 예제 3-19는 이미 수차례 살펴봤던 기능과 슬라이스 대입을 조합하는 방법을 보여준다.

예제 3-19 넘파이의 슬라이스 대입

```
import numpy as np

a = np.array([4] * 16)

a[1:8:2] = 16
print(a)
# [ 4 16  4 16  4 16  4 16  4  4  4  4  4  4  4  4]
```

여기서는 인덱스 1과 8 사이(인덱스 8의 값은 포함되지 않는다)의 값 중 매 2번째 값을 변경하고 있다. (이미 예상하겠지만) **브로드캐스팅** 덕분에 16이라는 값 하나만 지정하면 된다. 이 수식의 오른쪽은 자동으로 넘파이 배열로 변환되어 왼쪽의 배열과 같은 형태를 갖게 된다.

형태 변경

한 줄 코드를 살펴보기에 앞서 넘파이의 중요한 함수에 대해 알아보자. `x.reshape((a, b))` 함수는 넘파이 배열 x를 ((a, b) 형태로) a 행과 b 열로 구성된 새로운 넘파이 배열로 변환한다. 다음 예제를 살펴보자.

```
a = np.array([1, 2, 3, 4, 5, 6])
print(a.reshape((2, 3)))
'''
[[1 2 3]
 [4 5 6]]
'''
```

열의 개수가 명확하다면 넘파이가 열의 개수를 자동으로 찾아내도록 할 수도 있다. 예컨대 6개의 값을 가진 배열을 2개의 행을 가진 2차원 배열로 형대 변경하고 싶다고 가정해 보자. 넘파이는 원래 배열의 6개 값을 3개의 열로 나눠야 한다는 점을 스스로 판단할 수 있다. 다음 예시를 살펴보자.

```
a = np.array([1, 2, 3, 4, 5, 6])
print(a.reshape((2, -1)))
'''
[[1 2 3]
 [4 5 6]]
'''
```

이 예제처럼 열 매개변수를 -1로 지정하면 넘파이는 이 값을 적절한 값으로 교체한다(이 예시의 경우는 3이다).

축 매개변수

마지막으로 축 매개변수axis argument의 활용법을 보여주는 다음 코드를 살펴보자. 이 코드의 배열 solar_x에는 일론 머스크가 운영하는 기업 SolarX의 일간 주가가 저장돼 있다. 이 데이터를 기준으로 오전, 오후, 저녁의 평균 주가를 계산하려고 한다. 어떻게 하면 될까?

```
import numpy as np

# 일간 주가
# [morning, midday, evening]
solar_x = np.array(
    [[1, 2, 3], # 오늘
     [2, 2, 5]]) # 어제

# 오후 - 가중치 평균
print(np.average(solar_x, axis=0))
# [1.5 2.  4. ]
```

solar_x 배열에는 SolarX 회사의 주가가 저장돼 있다. 이 배열은 2개의 행(하루에 한 행씩)과 세 개의 열(각 주가당 하나씩)로 구성되어 있다. 우리는 오전, 오후, 저녁의 평균 주가를 계산하고 싶다. 대략적으로 설명하자면 각 열의 값을 모두 합한 후 평균값을 계산하면 된다. 다시 말하면 축 0을 따라 평균값을 구하는 것이다. 그래서 axis=0 키워드 매개변수를 사용한 것이다.

한 줄 코드 브리핑

다음의 문제(예제 3-20)를 해결하기 위해 필요한 것은 모두 알아봤다. 온도 값의 배열이 주어지면 매 7번째 온도 값을 최근 7일간의 평균값으로 교체하면 된다(이때 7번째 날의 온도 값도 포함된다).

예제 3-20 평균값과 reshape 함수, 슬라이스 대입, 축 매개변수를 이용한 한 줄 코드

```
## 의존성
import numpy as np

## 센서 데이터 (Mo, Tu, We, Th, Fr, Sa, Su)
tmp = np.array([1, 2, 3, 4, 3, 4, 4,
                5, 3, 3, 4, 3, 4, 6,
                6, 5, 5, 5, 4, 5, 5])

## 한 줄 코드
tmp[6::7] = np.average(tmp.reshape((-1,7)), axis=1)

## 결과
print(tmp)
```

이 코드의 실행 결과는 어떨까?

한 줄 코드 구현

이 코드가 사용하는 데이터는 센서의 값을 저장한 1차원 배열이다. 먼저 센서의 값을 tmp라는 1차원 배열에 저장한다. 각 행은 7일간 7개의 센서에서 측정한 모든 값을 의미한다.

다음으로 슬라이스 대입을 이용해 이 배열에서 일요일의 센서 값을 모두 교체한다. 일요일은 7번째 날이므로 tmp[6::7] 구문을 이용해 원래 배열 tmp에서 7번째 요소에 저장돼 있는 일요일의 측정값을 선택한다.

그다음으로 일요일의 데이터를 교체할 주간 평균 값을 쉽게 계산하기 위해 reshape 함수를 이용해 원래의 배열을 7개의 열과 3개의 행을 가진 2차원 배열로 형태 변경한다. 그 과정에서 각 행의 7개 값을 하나의 평균값으로 계산할 수 있다. 배열의 형태를 변경하려면 tmp.reshape() 함수에 (-1, 7) 튜플을 대입한다. 그러면 넘파이는 행의 개수(축 0)를 자동으로

선택한다. 대략적으로 설명해서 7개의 열을 지정하면 넘파이는 이 조건을 만족하기 위해 필요한 행을 알아서 생성한다. 예제의 경우는 형태 변경 후에 다음과 같은 배열이 생성된다.

```
print(tmp.reshape((-1, 7)))
"""
[[1 2 3 4 3 4 4]
 [5 3 3 4 3 4 6]
 [6 5 5 5 4 5 5]]
"""
```

이 배열의 행은 한 주를 의미하며 열은 하루를 의미한다.

이제 np.average() 함수를 이용해 모든 행을 하나의 값으로 압축하면 7일의 평균값을 구할 수 있다. 이때 축 매개변수 axis=1을 지정하면 넘파이는 두 번째 축의 값을 하나의 평균값으로 압축한다. 이때 일요일의 값도 평균값 계산에 포함된다(이 절의 시작부에서 언급했던 문제의 공식을 참고하기 바란다). 따라서 수식 오른쪽의 결과는 다음과 같다.

```
print(np.average(tmp.reshape((-1,7)), axis=1))
# [3. 4. 5.]
```

이 한 줄 코드의 목적은 세 개의 일요일 온도 값을 교체하는 것이다. 다른 값들은 교체없이 유지돼야 한다. 이 목적을 잘 달성했는지 확인해보자. 일요일의 센서 값을 모두 교체하면 이 한 줄 코드의 최종 결과는 다음과 같다.

```
# [1 2 3 4 3 4 3 5 3 3 4 3 4 4 6 5 5 5 4 5 5]
```

중요한 것은 이 코드의 결과가 모든 온도 센서의 값을 가진 1차원 넘파이 배열이라는 점이다. 하지만 이제는 배열의 값 중에서 대표성이 떨어지는 데이터는 좀 더 적절한 값으로 교체가 된 상태다.

정리해보면, 이 한 줄 코드는 배열의 형태와 형태 변경, 그리고 np.average() 같은 집계 함수의 축 매개변수를 사용하는 방법을 보여주고 있다. 예제가 조금 구체적이긴 하지만 다양한 상황에서 유용하게 사용할 수 있을 것이다. 다음으로는, 정말 보편적인 개념인 넘파이의 정렬sorting에 대해 알아보자.

16 넘파이 sort() 함수와 argsort() 함수의 비교

정렬sorting은 다양한 상황에서 유용하며 필수적이기도 하다. 책장에서 『파이썬 한 줄 코딩』이라는 제목의 책을 찾는다고 가정해보자. 이때 책장의 책들이 제목 기준으로 사전순으로 정렬되어 있다면 책 찾기가 훨씬 쉬울 것이다.

이번 한 줄 코드는 넘파이를 이용해 한 줄의 파이썬 코드로 정렬을 활용하는 방법을 보여줄 것이다.

코딩 미션

정렬은 상용 컴퓨팅, 운영체제의 프로세스 스케줄링(우선순위 큐) 및 검색 알고리즘 같은 고급 애플리케이션에서 중요한 역할을 수행한다. 가장 기본적인 정렬은 **퀵정렬**Quicksort 알고리즘이다. 6장에서는 직접 퀵정렬 알고리즘을 구현해볼 것이다. 하지만 한 줄 코드에서는 먼저 넘파이 배열을 입력해서 정렬된 넘파이 배열을 리턴값으로 받아내는 방법을 사용할 것이다.

그림 3-1은 정렬되지 않은 배열을 정렬하는 알고리즘을 보여주고 있다. 넘파이의 `sort()` 함수가 바로 이 작업을 수행한다.

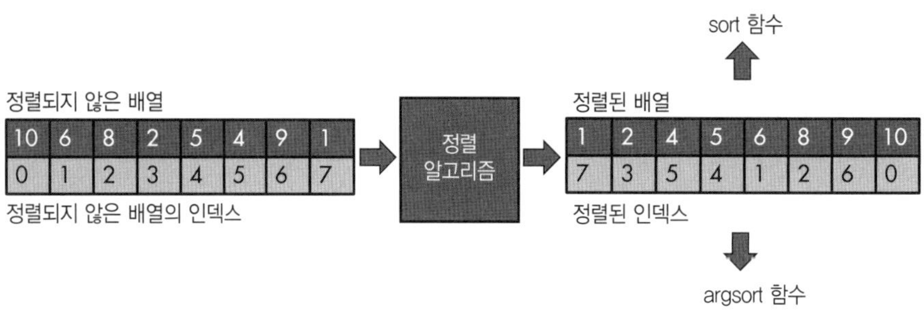

그림 3-1 sort() 함수와 argsort() 함수의 차이점

하지만 정렬되지 않은 배열을 정렬된 배열로 변환하는 인덱스의 배열을 알아내는 것이 중요한 경우도 자주 있다. 예를 들어 정렬되지 않은 배열의 값 1의 인덱스는 7이다. 값 1은 정렬된 배열에서는 첫 번째 값이므로 그 인덱스 7은 정렬된 인덱스의 첫 번째 요소가 된다. 넘파이의 `argsort()` 함수는 바로 이런 동작을 수행한다. 즉 원래 배열이 정렬된 후의 인덱

스 값을 저장한 새로운 배열을 생성한다(그림 3-1 참고). 이 인덱스는 원래 배열의 값을 정렬한다. 이 배열을 이용하면 정렬 전 배열과 정렬 후 배열을 모두 다시 구성할 수 있다.

예제 3-21은 넘파이의 sort()와 argsort() 함수의 사용법을 보여준다.

예제 3-21 넘파이의 sort()와 argsort() 함수

```
import numpy as np

a = np.array([10, 6, 8, 2, 5, 4, 9, 1])

print(np.sort(a))
# [ 1  2  4  5  6  8  9 10]

print(np.argsort(a))
# [7 3 5 4 1 2 6 0]
```

이 코드는 정렬되지 않은 배열 a를 생성한 후 np.sort(a) 코드로 정렬하고 np.argsort(a) 함수를 이용해 새로 정렬된 순서의 원래 인덱스 값을 얻어온다. 넘파이의 sort() 함수는 다차원 배열까지 정렬할 수 있다는 점에서 파이썬의 sorted() 함수와는 다르다.

그림 3-2는 2차원 배열을 정렬하는 두 가지 방법을 보여준다.

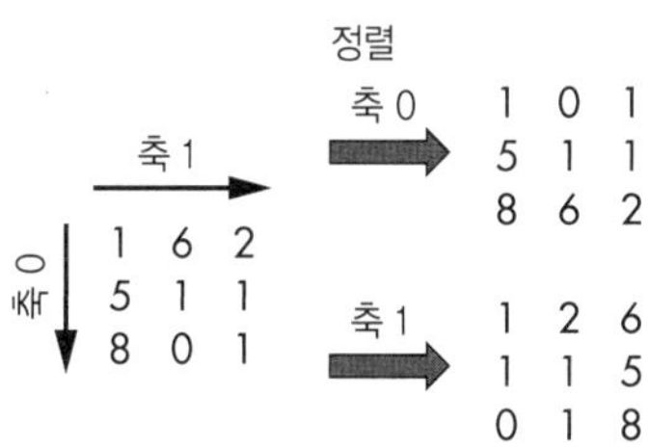

그림 3-2 축에 따른 정렬

배열은 축 0(행)과 축 1(열) 등 두 개의 축으로 구성되어 있다.

그래서 축 0을 따라 정렬하는 **수직 정렬**vertical sorting을 수행할 수도 있고 축 1을 따라 정렬하는 **수평 정렬**horizontal sorting을 수행할 수도 있다. 일반적으로 axis 키워드로 넘파이 작업을 수행할 방향을 지정한다. 예제 3-22는 이 작업을 수행하는 방법을 보여준다.

예제 3-22 축에 따른 정렬

```
import numpy as np

a = np.array([[1, 6, 2],
              [5, 1, 1],
              [8, 0, 1]])

print(np.sort(a, axis=0))
"""
[[1 0 1]
 [5 1 1]
 [8 6 2]]
"""

print(np.sort(a, axis=1))
"""
[[1 2 6]
 [1 1 5]
 [0 1 8]]
"""
```

선택적인 axis 매개변수는 넘파이 배열을 한쪽 방향으로 정렬하는 데 도움이 된다. 이 코드는 먼저 열 기준으로 정렬을 수행한 후 다시 행 기준으로 정렬을 수행한다. 예제에서 보듯이 파이썬에 내장된 sorted() 함수에 비해 넘파이의 sort() 함수가 더 강력한 기능을 제공함을 알 수 있다.

한 줄 코드 브리핑

이 한 줄 코드는 SAT[1] 점수 중 최상위 3명의 학생 이름을 찾아내는 코드다. 중요한 것은 SAT 점수를 정렬하는 것이 아니라 학생의 이름을 알아내는 것이다. 먼저 데이터를 살펴보고 스스로 한 줄 코드를 작성할 수 있는지 생각해 보자. 시도해 본 후에 예제 3-23을 확인해 보자.

1 미국 대학 입학을 위한 수학능력 평가시험 – 옮긴이

예제 3-23 argsort() 함수와 음수 step 크기의 슬라이싱을 사용한 한 줄 코드

```
## 의존성
import numpy as np

## 데이터: 여러 학생의 SAT 점수
sat_scores = np.array([1100, 1256, 1543, 1043, 989, 1412, 1343])
students = np.array(["John", "Bob", "Alice", "Joe", "Jane", "Frank", "Carl"])

## 한 줄 코드
top_3 = students[np.argsort(sat_scores)][:-4:-1]

## 결과
print(top_3)
```


늘 그랬듯이 이 코드의 실행 결과를 미리 예측해 보자.

한 줄 코드 구현

최초의 데이터는 학생들의 SAT 점수를 저장한 1차원 데이터 배열과 그 배열에 대응하는 학생의 이름이 저장된 또 다른 배열로 구성되어 있다. 예를 들어 존John이라는 학생의 SAT 점수는 1100점이고 프랭크Frank라는 학생의 SAT 점수는 1412점이다.

이번 작업은 가장 점수가 높은 3명의 학생 이름을 찾아내는 것이다. 그러려면 단순히 SAT 점수를 정렬하는 것뿐만 아니라 argsort() 함수를 이용해 원래 인덱스들이 새로 정렬된 위치에 배치된 배열을 구해야 한다.

SAT 점수에 argsort() 함수를 호출한 결과는 다음과 같다.

```
print(np.argsort(sat_scores))
# [4 3 0 1 6 5 2]
```

이 인덱스를 보관해야 하는 이유는 students 배열에서 학생의 이름을 찾아야 하는데, 학생 이름은 정렬 전 students 배열의 원래 위치가 있어야만 찾을 수 있기 때문이다. 그런데 위의 코드 실행 결과에서 인덱스 4가 가장 먼저 등장하는 이유는 제인Jane이라는 학생의 SAT

점수가 989점으로 가장 낮기 때문이다. sort()와 argsort() 함수는 모두 오름차순 정렬을 수행하므로 낮은 점수에서 높은 점수순으로 정렬한다.

이제 정렬된 인덱스를 얻었으니, students 배열에서 학생의 이름을 가져오기만 하면 된다.

```
print(students[np.argsort(sat_scores)])
# ['Jane' 'Joe' 'John' 'Bob' 'Carl' 'Frank' 'Alice']
```

이 기능은 넘파이 라이브러리가 제공하는 유용한 기능이다. 즉 고급 인덱싱 기법을 이용해 시퀀스의 순서를 재조정할 수 있다. 넘파이는 인덱스의 시퀀스를 지정하면 고급 인덱싱 기능을 수행해 인덱스 시퀀스에 지정된 대로 요소들이 재정렬된 새로운 넘파이 배열을 리턴한다. 예를 들어 students[np.argsort(sat_scores)] 구문은 students[[4 3 0 1 6 5 2]]로 해석되어 다음의 값을 갖는 새로운 배열이 리턴된다.

```
[students[4]  students[3]  students[0]  students[1]  students[6]  students[5]
 students[2]]
```

이로써 제인Jane 학생의 SAT 점수가 가장 낮고 앨리스Alice 학생의 점수가 가장 높다는 것을 알 수 있다. 이제 남은 것은 간단한 슬라이싱을 이용해 이 리스트를 역순으로 바꾸고 점수가 가장 높은 학생 3명을 찾아내는 것이다.

```
## 한 줄 코드
top_3 = students[np.argsort(sat_scores)][:-4:-1]

## 결과
print(top_3)
# ['Alice' 'Frank' 'Carl']
```

이로써 앨리스Alice, 프랭크Frank, 칼Carl 세 학생의 SAT 점수가 각각 1543, 1412, 1343으로 가장 높음을 알 수 있다.

이번 예제를 통해 넘파이의 가장 중요한 두 가지 기능인 sort()와 argsort()를 알아봤다. 다음에는 실제 데이터 과학 문제를 불리언 인덱싱과 람다 함수를 활용해 풀어 보면서 넘파이 인덱싱과 슬라이싱에 대해 좀 더 깊이 이해해 보자.

Q
17 람다 함수와 불리언 인덱싱을 이용해 배열 필터링하기

실세계의 데이터에는 오류가 많다. 여러분이 데이터 과학자로서 월급을 받는 이유는 이런 오류를 제거하고 데이터를 접근 가능하게 만들어 의미 있는 데이터를 구성해 내기 때문이다. 따라서 데이터를 필터링하는 것은 실제 데이터 과학자의 업무에서 상당히 중요한 부분이다. 이번 절에서는 한 줄의 코드로 필터링 함수를 구현하는 방법을 알아보자.

코딩 미션

함수를 한 줄로 작성하려면 **람다 함수**lambda function를 활용해야 한다. 2장에서도 살펴봤지만 람다 함수는 한 줄의 코드로 정의할 수 있는 익명 함수다.

```
lambda 매개변수 : 표현식
```

입력 매개변수는 콤마로 구분해 여러 개를 지정할 수 있다. 그러면 람다 함수는 표현식을 평가하고 그 결과를 리턴한다.

이제 람다 함수를 이용해 필터 함수를 구현해서 문제를 해결해 보자.

한 줄 코드 브리핑

예제 3-24가 보여주는 문제를 생각해 보자. 도서 목록 x와 최소 평점 y를 입력으로 받아 평점이 최소 평점보다 높은 잠재적인 베스트셀러의 목록을 리턴하는 필터 함수를 구현할 것이다.

예제 3-24 람다 함수, 타입 변환, 불리언 연산을 이용하는 한 줄 코드

```
## 의존성
import numpy as np

## 데이터 (row = [제목, 평점])
books = np.array([['Coffee Break NumPy', 4.6],
                  ['Lord of the Rings', 5.0],
                  ['Harry Potter', 4.3],
```

```
                  ['Winnie-the-Pooh', 3.9],
                  ['The Clown of God', 2.2],
                  ['Coffee Break Python', 4.7]])

## 한 줄 코드
predict_bestseller = lambda x, y : x[x[:,1].astype(float) > y]

## 결과
print(predict_bestseller(books, 3.9))
```

동작 방식을 살펴보기에 앞서 이 코드의 결과를 예상해보기 바란다.

한 줄 코드 구현

데이터는 하나의 행이 도서의 이름과 독자들의 평균 평점(0.0에서 5.0 사이의 실수형 값)으로 구성된 2차원 넘파이 배열이다. 그리고 평점 데이터셋에는 6개의 도서가 있다.

목표는 도서 평점 데이터셋 x와 최소 기준 평점 y를 전달받아 기준 평점 y보다 높은 평점의 도서 목록을 리턴하는 것이다. 여기서는 3.9를 기준 평점으로 지정했다.

그러려면 다음 표현식의 결과를 리턴하는 익명 람다 함수를 정의하면 된다.

```
x[❶x[:,1] ❷.astype(float)❸ > y]
```

배열 x는 도서와 평점 데이터를 가진 books 배열이라고 가정하자. 베스트셀러를 찾으려면 예제 3-17에서 사용했던 것과 유사한 고급 인덱싱을 사용해야 한다.

먼저 도서의 평점을 가진 두 번째 열❶을 찾아내 넘파이 배열 x의 astype(float) 메서드❷를 이용해서 실수형 배열로 변환해야 한다. 이 작업이 필요한 이유는 애초에 전달된 배열 x가 혼합 자료형(실수와 문자열)이기 때문이다.

다음으로 해당 행 인덱스의 책이 y보다 평점이 높은 경우❸ True 값을 갖는 불리언 배열을 생성해야 한다. 실수 y는 암묵적으로 새 넘파이 배열로 브로드캐스팅되어 불리언 연산자 > 양쪽의 피연산자가 같은 형태가 된다는 점에 주목한다. 이 시점에서 각 도서의 평점이 기준 평점보다 높은지 알려주는 불리언 배열을 생성할 수 있다. 즉 x[:,1].astype(float) >

y 구문의 결과는 [True True True False False True]가 된다. 따라서 처음 세 개의 도서와 마지막 도서가 기준 평점보다 높다.

마지막으로 불리언 배열을 인덱싱 배열로 활용해 원래의 도서 배열에서 기준 평점보다 높은 도서 목록을 찾아내면 된다. 더 구체적으로 설명하면 불리언 인덱싱 x[[True True True False False True]]를 이용해 원래의 배열에서 True 값을 갖는 4개의 도서만 찾아내는 것이다. 이 한 줄 코드의 실행 결과는 다음과 같다.

```
## 결과
print(predict_bestseller(books, 3.9))
"""
[['Coffee Break NumPy' '4.6']
 ['Lord of the Rings' '5.0']
 ['Harry Potter' '4.3']
 ['Coffee Break Python' '4.7']]
"""
```

이번 절에서는 불리언 인덱싱과 람다 함수를 이용해 데이터를 필터링하는 방법을 알아봤다. 다음에는 논리 연산자를 알아보고 논리곱(logical AND) 연산을 간결하게 작성할 수 있는 방법에 대해 살펴본다.

Q 18 통계, 수학, 논리를 이용한 고급 배열 필터링

이번 절에서는 가장 기초적인 이상치 탐지 알고리즘을 살펴본다. 관측값이 평균으로부터 표준 편차 이상으로 벗어나는 값을 **이상치**outlier라고 한다. 이번 절에서는 웹 사이트 데이터를 분석해 활성 사용자의 수, 이탈율, 초 단위의 평균 세션 지속 시간 등을 분석하는 예제를 살펴본다(**이탈율**bounce rate은 한 웹 사이트를 방문하자마자 떠난 방문자의 퍼센트를 의미한다. 높은 이탈율은 사이트가 지루하다거나 사용자의 목적에 맞지 않는다는 점을 의미하는 좋지 않은 신호다). 먼저 데이터를 살펴보고 여기서 이상치를 찾아내 보자.

코딩 미션

이상치 탐지 문제를 해결하려면 먼저, 평균mean, 표준 편차standard deviation, 절댓값absolute value 찾기, 논리곱logical AND 연산 등의 기본적 스킬을 익혀야 한다.

평균과 표준 편차

먼저, 통계학의 기초를 활용해 이상치에 대한 정의를 내려보자. 우선 기본적으로 모든 관측 데이터는 평균을 중심으로 정규 분포되어 있다고 가정할 수 있다. 예를 들어 다음 데이터를 살펴보자.

```
[ 8.78087409 10.95890859  8.90183201  8.42516116  9.26643393 12.52747974
  9.70413087 10.09101284  9.90002825 10.15149208  9.42468412 11.36732294
  9.5603904   9.80945055 10.15792838 10.13521324 11.0435137  10.06329581
--생략--
 10.74304416 10.47904781]
```

이 값의 히스토그램을 그려보면 그림 3-3과 같은 결과를 얻게 될 것이다.

이 시퀀스는 **평균값** 10에 **표준 편차**standard deviation 1인 **정규 분포**normal distribution와 유사하다. μ 기호로 표기된 평균은 모든 시퀀스 값의 평균이다. σ 기호로 표기된 표준 편차는 평균값을 중심으로 데이터셋의 변화를 측정한다. 정의에 따르면, 데이터가 완전히 정규 분포이면 68.2퍼센트의 샘플값이 표준 편차 구간 $[w_1 = \mu - \sigma, w_2 = \mu + \sigma]$에 속한다. 따라서 이 범위에 속하지 않는 값을 이상치라고 할 수 있다.

이 예제의 데이터는 평균 μ=10과 표준 편차 σ=1인 정규분포 범위에서 생성한 것이므로, $w_1 = \mu - 1 = 9$와 $w_2 = \mu + 1 = 11$의 구간이 된다. 따라서 **평균을 중심으로 표준 편차로 표시된 구간을 벗어나는 모든 관측값은 이상치**라고 가정할 수 있다. 예제에서 사용된 데이터의 경우라면 [9, 11] 사이를 벗어나는 값은 이상치다.

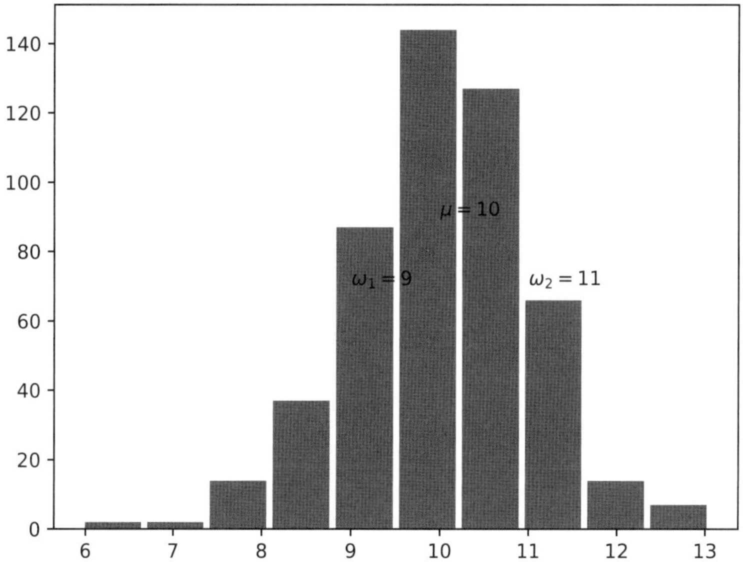

그림 3-3 데이터 값의 히스토그램

히스토그램을 생성했던 코드는 예제 3-25와 같다. 평균과 표준 편차를 정의하는 코드를 알아볼 수 있겠는가?

예제 3-25 matplotlib 라이브러리를 이용해 히스토그램을 그려주는 코드

```
import numpy as np
import matplotlib.pyplot as plt

sequence = np.random.normal(10.0, 1.0, 500)
print(sequence)

plt.xkcd()
plt.hist(sequence)
plt.annotate(r"$\omega_1=9$", (9, 70))
plt.annotate(r"$\omega_2=11$", (11, 70))
plt.annotate(r"$\mu=10$", (10, 90))
plt.savefig("plot.jpg")
plt.show()
```

이 코드는 파이썬의 맷플롯립matplotlib 라이브러리를 이용해 히스토그램을 그리는 방법을 보여준다. 하지만 이번 절의 핵심은 다른 데 있다. 이 코드에서는 앞서 언급한 데이터 값의 시퀀스를 생성하는 방법만 강조하고자 한다.

이 코드는 넘파이 라이브러리에서 `np.random` 모듈이 제공하는 `normal(mean, deviation, shape)` 함수를 사용한다. 이 함수는 주어진 평균 및 표준 편차를 가진 정규분포에서 무작위로 추출된 값으로 새로운 넘파이 배열을 생성한다. 이 시점에 시퀀스의 데이터를 생성하기 위해 `mean=10.0`과 `deviation=1.0`이라는 값을 설정한다. 또한 `shape=500` 매개변수는 500개의 데이터를 가진 1차원 데이터 배열을 생성하겠다는 뜻이다. 나머지 코드는 `plt.xkcd()` 함수를 이용해 xkcd 스타일[2]을 적용하고, `plt.hist(sequence)` 함수를 이용해 수열의 히스토그램을 그린 후, 여기에 주석을 추가해 완성된 그래프를 출력한다.

> **노트** xkcd 플롯이라는 이름은 유명한 카툰 사이트(https://xkcd.com/)에서 유래했다.

한 줄 코드를 살펴보기 전에 이 작업에 필요한 다른 두 가지 기본 스킬을 빠르게 살펴보자.

절댓값 찾기

두 번째로 이상치가 평균에서 표준 편차 이상으로 벗어나는 값인지 확인하기 위해 음수값을 양수값으로 변환해야 한다. 우리는 그 값이 양수인지 음수인지가 아니라 절대 편차에만 관심이 있다. 이를 **절댓값**absolute value라고 한다. 예제 3-26의 넘파이 함수는 원래 값의 절댓값을 가진 넘파이 배열을 생성한다.

예제 3-26 넘파이에서 절댓값을 계산하는 방법

```
import numpy as np

a = np.array([1, -1, 2, -2])

print(a)
# [ 1 -1  2 -2]

print(np.abs(a))
# [1 1 2 2]
```

`np.abs()` 함수는 넘파이 배열의 음수를 양수로 변환한다.

2 손으로 그린 것 같은 스타일을 의미한다 – 옮긴이

논리곱 연산의 수행

세 번째로 다음 넘파이 함수는 두 불리언 배열 a와 b를 결합해 요소 단위 **논리곱**logical and 연산을 수행하여 그 결과인 **개별** 불리언 값이 포함된 배열을 리턴한다(예제 3-27 참고).

예제 3-27 넘파이 배열에 논리곱 연산을 적용한 결과

```
import numpy as np

a = np.array([True, True, True, False])
b = np.array([False, True, True, False])

print(np.logical_and(a, b))
# [False  True  True False]
```

np.logical_and(a, b) 코드는 배열 a의 인덱스 i에 해당하는 값과 배열 b의 인덱스 i에 해당하는 값을 결합한다. 이 코드를 실행한 결과는 a[i]와 b[i]가 모두 True인 경우에는 True가 되며 그 외의 경우에는 False가 된다. 이렇게 표준 논리 연산자를 이용하면 여러 불리언 배열을 하나의 불리언 배열로 결합할 수 있다. 이 방법을 유용한 응용 사례 중 하나는 다음의 한 줄 코드와 같이 **불리언 필터 배열**을 결합하는 경우다.

두 불리언 배열 a와 b를 **곱해도** np.logical_and(a, b) 코드와 같은 결과를 얻을 수 있다. 파이썬은 True 값을 정수 1(또는 0이 아닌 다른 정수)로 표현하며 False 값은 정수 0으로 표현한다. 따라서 어떤 정수에 0을 곱하면 결과는 0이 되므로 False와 같다고 할 수 있다. 마찬가지로 모든 피연산자가 0보다 큰 값이라면 True라는 결과를 얻게 된다.

지금까지 설명한 내용을 이해했다면 다음의 한 줄 코드도 무리 없이 이해할 수 있을 것이다.

한 줄 코드 브리핑

이 한 줄 코드는 통계 값이 평균 통계에서 표준 편차 이상으로 벗어나는 이상치 날짜를 모두 찾는 코드다.

예제 3-28 mean 함수, 표준 편차, 브로드캐스팅 기능이 있는 불리언 연산자가 사용된 한 줄 코드

```
## 의존성
import numpy as np

## 웹 사이트 분석 데이터
## (행 = 날짜), (열 = 사용자, 이탈율, 체류시간)
a = np.array([[815, 70, 115],
              [767, 80, 50],
              [912, 74, 77],
              [554, 88, 70],
              [1008, 65, 128]])
mean, stdev = np.mean(a, axis=0), np.std(a, axis=0)

# [811.2  76.4  88. ], [152.97764543   6.85857128  29.04479299]

## 한 줄 코드
outliers = ((np.abs(a[:,0] - mean[0]) > stdev[0])
            * (np.abs(a[:,1] - mean[1]) > stdev[1])
            * (np.abs(a[:,2] - mean[2]) > stdev[2]))

## 결과
print(a[outliers])
```

다음으로 넘어가기 전에, 이 코드의 실행 결과를 한번 예상해 보자.

한 줄 코드 구현

이 코드의 데이터셋에서 행은 각기 다른 날짜를 의미하며 열은 각각 일간 활성 사용자, 이탈율, 그리고 초 단위의 평균 세션 지속 시간을 의미한다.

이 코드는 각 열을 대상으로 평균값과 표준 편차를 구한다. 예를 들어 일간 활성 사용자 열의 평균 값은 811.2이며 표준 편차는 152.97이다. 100페이지의 '브로드캐스팅, 슬라이스 대입, 형태 변경을 이용해 i번째 배열 요소를 제거하기' 절에서 설명한 것과 같은 axis 매개변수를 사용하고 있다는 점도 기억하자.

우리의 목표는 세 열 모두 이상치를 가진 웹 사이트를 찾아내는 것이다. 일간 활성 사용자 열의 경우 관측한 값이 811.2 - 152.97 = 658.23 보다 작거나 811.2 + 152.23 = 963.43보다 큰 값은 모두 이상치로 분류한다.

하지만 세 열의 값이 모두 이상치인 경우에만 그 **날짜**의 데이터가 이상치라고 판단할 것이다. 그러기 위해서는 논리곱 연산자를 이용해 세 불리언 값을 결합해야 한다. 이 코드의 실행 결과는 세 열이 모두 이상치인 단 하나의 행이다.

```
[[1008   65  128]]
```

지금까지 이번 절에서는 넘파이를 이용해 간단한 통계치를 측정하는 방법과 논리곱 연산자를 이용해 이상치를 탐지하는 방법을 알아봤다. 다음 절에서는 아마존의 성공에 큰 역할을 했던 기능, 즉 구매자에게 관련 제품을 추천하는 기능을 구현해 볼 것이다.

Q 19 간단한 연관 분석: X와 Y제품을 모두 구매한 사용자 찾기

아마존의 알고리즘이 추천한 제품을 구매한 적이 있는가? 추천 알고리즘은 보통 **연관 분석**associated analysis이라는 기법을 활용한다. 이번 절에서는 연관 분석의 기초에 대해 알아보고 추천 시스템을 맛보는 시간을 가져보자.

코딩 미션

연관 분석은 아마존의 '제품 X와 제품 Y를 모두 구매한 사람'같이 과거 고객 데이터를 바탕으로 한다. 서로 다른 제품 간의 연관성은 서로 연관이 있으면서도 상호 보완적인 제품을 묶어줄 뿐만 아니라 **사회적 증거**social proof라는 개념까지 지원해 주기 때문에 매우 강력한 마케팅 개념이다. 여기서 사회적 증거란 다른 사람이 어떤 제품을 구매했다는 사실을 알게 됨으로써 여러분이 그 제품을 구매하는 데 있어 정서적인 안정감을 얻는 것을 말한다. 마케터들에게는 정말이지 훌륭한 도구가 아닐 수 없다.

그림 3-4의 실제 사례를 살펴보자.

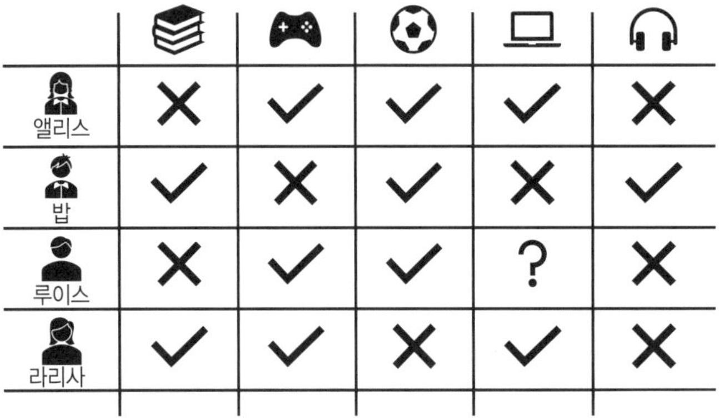

그림 3-4 제품-고객 매트릭스 - 어떤 고객이 어떤 제품을 구매했는가?

앨리스Alice, 밥Bob, 루이스Louis, 라리사Larissa 등 4명의 고객은 도서, 게임, 축구공, 랩톱, 헤드폰 등 서로 다른 제품을 구매했다. 4명 모두가 구매한 모든 제품을 알고 있지만, 루이스가 랩톱을 구매했는지 모른다고 가정해 보자. 루이스도 랩톱을 구매할 가능성이 있을까?

연관 분석(또는 **협업 필터링**collaborative filtering)은 이 문제에 대한 답을 제시한다. 두 사람이 과거에 유사한 행위를 취했다면(예를 들어 유사한 제품을 구매했다면) 나중에도 유사한 행위를 할 가능성이 높다고 가정한다. 루이스는 앨리스와 유사한 구매 행태를 보이며 앨리스는 랩톱을 구매했다. 따라서 추천 시스템은 루이스도 랩톱을 구매할 가능성이 높다고 예측한다.

다음 코드는 이 문제를 단순화한 것이다.

한 줄 코드 브리핑

두 개의 전자책을 함께 구입한 고객의 비율은 얼마일지 생각해보자. 추천 시스템은 데이터를 토대로 원래는 단품으로 판매하던 책을 '결합 상품'으로 고객에게 제안할 수도 있다. 예제 3-29를 살펴보자.

예제 3-29 슬라이싱, 축 매개변수, shape 속성, 브로드캐스팅이 적용된 기본적인 배열 연산을 이용한 한 줄 코드

```
## 의존성
import numpy as np

## 데이터: 각 행은 고객의 장바구니를 표현한다
## row = [course 1, course 2, ebook 1, ebook 2]
```

```
## 값 1은 아이템을 구매했다는 의미다.
basket = np.array([[0, 1, 1, 0],
                   [0, 0, 0, 1],
                   [1, 1, 0, 0],
                   [0, 1, 1, 1],
                   [1, 1, 1, 0],
                   [0, 1, 1, 0],
                   [1, 1, 0, 1],
                   [1, 1, 1, 1]])

## 한 줄 코드
copurchases = np.sum(np.all(basket[:,2:], axis = 1)) / basket.shape[0]

## 결과
print(copurchases)
```

이 코드의 실행 결과는 어떻게 될까?

한 줄 코드 구현

장바구니 데이터 배열의 각 행은 고객을 표현하며 각 열은 제품을 표현한다. 열 인덱스 0과 1에 해당하는 두 제품은 온라인 강의이며 나머지 2와 3 인덱스에 해당하는 제품은 전자책이다. 셀 (i, j) 위치의 값이 1인 경우는 고객 i가 제품 j를 구매했다는 뜻이다.

우리가 해야 할 일은 두 전자책을 모두 구입한 고객의 비율을 알아내는 것이므로 열 2와 3만 신경 쓰면 된다. 먼저 아래의 코드를 이용해 원래의 배열에서 필요한 데이터만 추출한다.

```
print(basket[:,2:])
"""
[[1 0]
 [0 1]
 [0 0]
 [1 1]
 [1 0]
 [1 0]
 [0 1]
 [1 1]]
"""
```

이렇게 하면 배열에서 3번째와 4번째 열만 추출할 수 있다.

넘파이의 all() 함수는 넘파이 배열의 모든 값이 True인지 판단해 모든 값이 True이면 True를 리턴하고 그렇지 않으면 False를 리턴한다. 이 함수에 axis 매개변수를 제공하면 해당 작업을 지정한 축에 따라 수행한다.

> **노트** 축 매개변수는 넘파이 함수에서 빈번하게 사용되는 매개변수이므로 축 매개변수를 정확히 이해하는 것이 중요하다. 집계 함수(예제의 경우 all() 함수)는 지정한 축 전체를 하나의 값으로 변환한다.

따라서 이렇게 추출한 배열에 all() 함수를 적용한 결과는 다음과 같다.

```
print(np.all(basket[:,2:], axis = 1))
# [False False False True False False False True]
```

쉽게 설명하면, 4번째와 마지막 고객만 두 전자책을 모두 구입한 셈이다.

우리는 이런 고객의 비율을 알고 싶으므로 불리언 배열을 모두 합해서 2를 얻고 이 값을 전체 고객의 수인 8로 나누면 전자책을 모두 구매한 고객의 비율은 0.25가 된다.

지금까지 shape 속성과 축 매개변수 등 넘파이의 기본적인 기능을 더 깊이 이해해보고, 이를 결합시켜 서로 다른 제품의 공동 구매율을 분석하는 코드를 살펴봤다. 다음으로는, 동일한 예제를 통해 좀 더 고급 고급 배열 집계 기법에 대해 알아보자. 넘파이와 파이썬의 특별한 기능인 **브로드캐스팅**과 **리스트 컴프리헨션**을 결합하는 것이다.

Q 20 중급 연관 분석을 이용해 베스트셀러 결합상품 찾기

연관 분석이라는 주제를 조금 더 자세히 살펴보자.

코딩 미션

앞서 살펴본 예제를 다시 생각해 보자. 여러분의 고객은 4개의 서로 다른 제품 중에서 개별 제품을 구매했다. 여러분의 회사는 (고객에게 관련 상품을 추천해서) 관련 상품 판매량을 올리고 싶어 한다. 그래서 같은 고객이 얼마나 자주 관련 제품을 구매하는지 계산해서 가장 많이 함께 구매된 두 상품을 찾고자 한다.

이 문제를 해결하기 위해 필요한 내용은 이미 다 살펴봤으므로 바로 해결 방법을 알아보자.

한 줄 코드 브리핑

이번 한 줄 코드는 가장 자주, 함께 구매한 두 개의 상품을 찾는 코드다. 예제 3-30을 살펴보자.

예제 3-30 max() 함수의 key 매개변수로 람다 함수를 전달하고 리스트 컴프리헨션과 불리언 연산자를 이용해 구현한 한 줄 코드

```
## 의존성
import numpy as np

## 데이터: 행은 고객의 장바구니를 의미한다
## row = [course 1, course 2, ebook 1, ebook 2]
##  값 1은 아이템을 구매했다는 의미다.
basket = np.array([[0, 1, 1, 0],
                   [0, 0, 0, 1],
                   [1, 1, 0, 0],
                   [0, 1, 1, 1],
                   [1, 1, 1, 0],
                   [0, 1, 1, 0],
                   [1, 1, 0, 1],
                   [1, 1, 1, 1]])

## 한 줄 코드 (두 줄로 분리되어 있다)
copurchases = [(i,j,np.sum(basket[:,i] + basket[:,j] == 2))
               for i in range(4) for j in range(i+1,4)]

## 결과
print(max(copurchases, key=lambda x:x[2]))
```

이 한 줄 코드의 실행 결과는 어떨까?

한 줄 코드 구현

데이터 배열은 구매 기록 데이터로 각 행은 고객을 의미하고 각 열은 고객이 구매한 제품을 의미한다. 우리의 목표는 가장 자주 함께 구매한 두 제품을 가진 튜플의 목록을 얻어내는 것이다. 리스트의 각 아이템에 대해 처음의 두 튜플 값은 열의 인덱스(두 제품의 조합)를, 세 번째 튜플 값은 이 두 제품이 함께 구매된 횟수를 리턴하고 싶다. 예를 들어 튜플 (0, 1, 4)는 고객이 제품 0과 제품 1을 4번 함께 구매했다는 뜻이다.

이런 결과를 얻으려면 어떻게 해야 할까? 한 줄 코드를 부분별로 나눠서 살펴보자.

```
## 한 줄 코드 (두 줄로 분리되어 있다)
copurchases = [(i,j,np.sum(basket[:,i] + basket[:,j] == 2))
              for i in range(4) for j in range(i+1,4)]
```

바깥쪽의 [(..., ..., ...) for ... in ... for ... in ...] 형식은 리스트 컴프리헨션을 이용해 튜플의 리스트를 생성한다(2장 참고). 우리는 4개의 열을 가진 배열을 이용해 열 인덱스의 고유한 조합을 찾아야 한다. 한 줄 코드의 바깥쪽 코드를 실행한 결과는 다음과 같다.

```
print([(i,j) for i in range(4) for j in range(i+1,4)])
# [(0, 1), (0, 2), (0, 3), (1, 2), (1, 3), (2, 3)]
```

따라서 리스트에는 6개의 튜플이 있으며 각 튜플은 고유한 열 인덱스 조합을 의미한다.

그렇다면 이제 세 번째 튜플 값, 즉 두 제품이 함께 구매된 횟수를 알아내야 한다.

```
np.sum(basket[:,i] + basket[:,j] == 2)
```

여기서는 슬라이싱을 이용해 원래의 넘파이 배열에서 열 i와 j를 추출한다. 그런 후 두 값을 요소 단위로 더한다. 결과 배열에 대해 요소 단위 합이 2인지 체크하는데, 이는 두 열 모두 1이므로 두 제품이 함께 구매됐다는 뜻이다. 따라서 같은 고객이 두 제품을 함께 구매한 경우에는 True 값을 갖는 불리언 배열을 최종 결과로 만들어 내면 된다.

이렇게 만들어진 튜플은 copurchases라는 튜플에 저장된다. 이 리스트에는 다음과 같은 값이 저장돼 있다.

```
print(copurchases)
# [(0, 1, 4), (0, 2, 2), (0, 3, 2), (1, 2, 5), (1, 3, 3), (2, 3, 2)]
```

이제 남은 일은 가장 자주 함께 구매된 두 제품을 찾는 것이다.

```
## Result
print(max(copurchases, key=lambda x:x[2]))
```

max() 함수는 리스트에서 가장 큰 값을 찾아낸다. 이 함수의 key 매개변수에 튜플을 매개변수로 받아 세 번째 튜플 값(함께 구매한 횟수)을 리턴하는 함수를 전달하고 이 값들 중 최대값을 찾는다. 이 함수의 실행 결과는 다음과 같다.

```
## Result
print(max(copurchases, key=lambda x:x[2]))
# (1, 2, 5)
```

이 결과에서 알 수 있듯이 두 번째와 세 번째 제품이 총 5번 함께 구매됐다. 그 외에 다른 어떤 상품 조합도 이만큼 많이 팔린 적이 없다. 따라서 제품 1이 판매될 때 제품 2를 추천하고 그 역의 경우도 마찬가지로 추천하라고 제안할 수 있다.

이번에는 브로드캐스팅, 리스트 컴프리헨션, 람다 함수, 키 함수 등 파이썬과 넘파이의 다양한 핵심 기능에 대해 알아봤다. 파이썬 코드의 표현력은 다양한 언어적 요소와 함수 및 각종 코딩 기법을 조합할 때 비로소 드러난다.

정리

이번 장에서는 배열, 셰이프, 축, 타입, 브로드캐스팅, 고급 인덱싱, 슬라이싱, 정렬, 검색, 집계, 통계 등 넘파이의 기본적인 기능에 대해 알아봤다. 게다가 리스트 컴프리헨션, 논리, 람다 함수 등 파이썬의 중요한 기법을 실제로 활용하면서 기본적인 파이썬 스킬을 향상시켰다. 마지막으로 기본적인 데이터 과학 문제를 해결하면서 간결한 코드를 빠르게 읽고 이해하며 작성하는 역량을 개발했다.

파이썬으로 다양한 주제를 학습하는 지금의 빠른 페이스를 계속 유지해 보자. 다음 4장에서는 머신러닝이라는 흥미로운 주제를 다룰 것이다. 기본적인 머신러닝 알고리즘을 학습하고 사이킷런scikit-learn 라이브러리를 활용해 강력한 한 줄 코드를 작성하게 될 것이다. 사이킷런은 머신러닝 전문가라면 누구나 잘 알고 있는 라이브러리다. 하지만 두려워하지 말자. 방금 배운 넘파이 스킬은 다음 장에서 살펴볼 코드를 이해하는 데 큰 도움이 될 것이다.

4장

파이썬의 최대 강점, 머신러닝

머신러닝은 컴퓨터 과학의 거의 모든 분야에 활용되고 있다. 지난 수년간 분산 시스템, 데이터베이스, 스트림 처리 등 다양한 분야의 컴퓨터 과학 컨퍼런스에 참석했는데 어떤 컨퍼런스를 가도 머신러닝이 빠지지 않았다. 발표된 연구의 절반 이상이 머신러닝 기법을 활용한 컨퍼런스들도 있었다.

컴퓨터 과학자로서 전반적인 기술 역량을 완성하려면 머신러닝의 개념과 알고리즘을 반드시 알아야 한다. 이번 4장에서는 가장 중요한 머신러닝 알고리즘과 방법론을 소개한다. 또한, 여러분이 현재 진행 중인 프로젝트에 이런 알고리즘을 활용할 수 있는 실용적인 한 줄 코드 10가지를 제시한다.

지도학습이란

머신러닝의 주요 목표는 기존의 데이터를 이용해 최대한 정확한 예측을 구현하는 것이다. 이틀 후의 특정 주가를 예측하는 알고리즘을 작성하고 싶다고 가정해 보자. 그러려면 머신러닝 모델을 훈련시켜야 한다. 그런데 모델이라는 것이 정확히 무엇일까?

머신러닝 사용자의 입장에서 머신러닝 모델은 데이터를 입력하면 예측값이 출력되는 일종의 블랙박스다(그림 4-1 참고).

그림 4-1 블랙박스와도 같은 머신러닝 모델

이 모델에서는 입력 데이터를 **피처**feature라고 하며 변수 x를 이용해 표기한다. 이 변수는 숫자이거나 혹은 숫자 값의 다차원 벡터일 수 있다. 그런 다음 모델은 입력값을 어떤 형태로든 처리한다. 시간이 좀 지나면 모델이 주어진 피처로 예측한 값인 예측값 y가 리턴된다. 회귀 문제의 경우 예측값은 입력 피처와 마찬가지로 하나 또는 여러 숫자로 구성된다.

지도학습식 머신러닝은 훈련training과 추론inference의 두 가지 단계로 구성된다.

훈련 단계

훈련 단계에서는 모델에게 입력 x가 주어졌을 때 출력은 y'가 되어야 한다는 것을 지시한다. 모델의 출력이 예측값 y라면 이 값을 y'와 비교해 두 값이 같은지 확인하고 그림 4-2처럼 출력값이 y'에 가까워지도록 모델을 수정한다. 이미지 인식 기능을 예로 생각해 보자. 이미지(입력)를 입력하면 과일의 이름(결과)을 예측하도록 모델을 훈련한다고 가정해 보자. 예를 들어 훈련을 위해 사용한 입력은 바나나 이미지인데 모델이 **사과**라고 잘못 예측했다고 가정한다면, 기대했던 출력이 모델의 예측과 다르므로 다음번에는 **바나나**라고 올바르게 예측할 수 있도록 모델을 수정해야 한다.

그림 4-2 머신러닝 모델의 훈련 단계

이렇게 다양한 입력값에 대한 출력값을 토대로 모델을 조정하다 보면 **훈련 데이터**를 이용해 모델을 훈련하는 셈이다. 시간이 지나면 모델은 특정 입력에 대해 기대하는 출력이 무엇인지 학습하게 된다. 오늘날 21세기에 데이터가 그토록 중요한 이유이기도 하다. 모델의 성능이 훈련 데이터에 달려있기 때문이다. 훈련 데이터의 품질이 좋지 않으면 모델은 실패할 수밖에 없다. 다시 말해 훈련 데이터가 머신러닝 프로세스를 지도supervise한다고 볼 수 있다. 그래서 이 방법을 **지도학습**supervised learning이라고 부른다.

추론 단계

추론 단계inference phase에서는 훈련된 모델을 이용해 새로운 입력 피처 x에 대한 출력을 예측한다. 이때 모델이 훈련 데이터에서 한 번도 사용한 적이 없는 입력에 대한 출력을 예측할 수 있다는 점이 중요하다. 예를 들어 **훈련 단계**에서 언급했던 과일 예측 모델은 이제 (훈련 데이터를 통해 학습했으므로) 지금까지 본 적이 없는 이미지의 과일 이름을 식별할 수 있다. 다시 말하면 적절한 머신러닝 모델은 **일반화**generalize를 수행할 수 있다. 즉 훈련 데이터로부터 얻은 경험을 이용해 새로운 입력에 대한 출력을 예측할 수 있다. 대략적으로 말해서 일반화를 제대로 수행한 모델은 새로운 입력 데이터에 대해 비교적 정확한 예측을 수행할 수 있다. 한 번도 보지 못한 입력 데이터에 대한 일반화된 예측은 머신러닝의 강점 중 하나며 다양한 종류의 애플리케이션에서 인기 있는 이유이기도 하다.

Q 21 선형 회귀 구현하기

선형 회귀 Linear regression는 머신러닝 초보자용 튜토리얼에서 가장 자주 등장하는 머신러닝 알고리즘 중 하나다. 이 알고리즘은 보통 이미 존재하는 데이터를 토대로 모델이 누락된 데이터 값을 예측하는 **회귀 문제**regression problem에 사용된다. 가르치는 사람은 물론, 사용자 입장에서 선형 회귀의 장점 중 하나는 간단하다는 점이다. 하지만 그렇다고 실제 문제를 해결할 수 없다는 뜻은 아니다. 선형 회귀는 시장 조사, 천문학, 생물학 등 다양한 분야에서 상당히 많이 활용하는 방법이다. 이번 절에서는 선형 회귀를 시작하는 데 필요한 기본적인 내용들을 살펴보자.

코딩 미션

선형 회귀를 사용해 특정 날짜의 주가를 예측할 수 있을까? 질문에 답하기 전에 몇 가지 정의부터 살펴보자.

모든 머신러닝 모델은 모델 매개변수로 구성된다. **모델 매개변수**model parameter는 데이터로부터 추정된 내부 설정 변수다. 모델 매개변수는 모델이 주어진 피처에 대한 예측값을 계산하는 방법을 결정한다. 선형 회귀의 경우 모델 매개변수를 **계수**coefficient라고 부른다. 학창 시절에 배운 일차함수 공식 $f(x) = ax + c$이 기억날 텐데, 두 변수 a와 c는 선형 방정식 $ax + c$의 계수다. 각 입력값 x가 출력 $f(x)$로 변환되는 방법을 서술할 수 있으므로 모든 출력이 모여 2차원 공간의 한 선line을 표현할 수 있다. 계수를 변경하면 2차원 공간의 어떠한 선이든 표현할 수 있다.

입력 피처 $x_1, x_2, ..., x_k$가 주어지면 선형 회귀 모델은 입력 피처를 계수 $a_1, a_2, ..., a_k$와 결합하고 아래의 공식을 적용해 출력 y에 대한 예측값을 계산한다.

$$y = f(x) = a_0 + a_1 \times x_1 + a_2 \times x_2 + ... + a_k \times x_k$$

주가 예시의 경우 우리는 날짜를 의미하는 하나의 입력 피처 x를 갖는다. 이 입력 x를 대입하면 출력 y는 주가여야 한다. 따라서 선형 회귀 모델은 일차함수 공식을 간단히 활용하면 된다.

$$y = f(x) = a_0 + a_1x$$

그림 4-3은 두 개의 모델 매개변수 a_0와 a_1을 변경했을 때 얻어지는 세 개의 선을 보여준다. 첫 번째 축은 입력 x를 의미한다. 두 번째 축은 출력 y를 의미한다. 선은 입력과 출력 간의 (선형) 관계를 표현하고 있다.

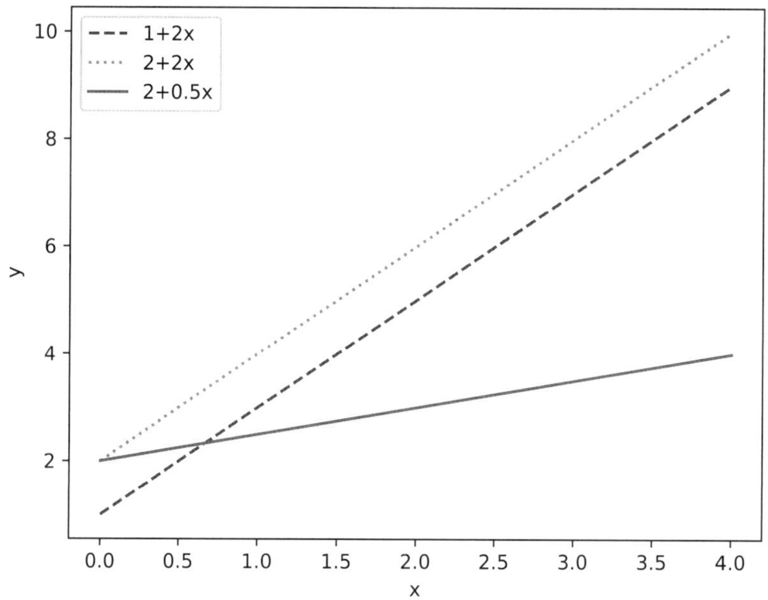

그림 4-3 각기 다른 모델 매개변수(계수)에 따른 세 개의 선형 회귀 모델. 각 선은 입력과 출력 변수 사이의 고유한 관계를 표현한다

주가 예시에서 `[0, 1, 2]` 세 날짜의 인덱스와 그에 대응하는 주가 `[155, 156, 157]`을 훈련 데이터로 사용했다고 가정하자. 다시 말하면

- 입력이 `x=0`이면 출력은 `y=155`여야 한다
- 입력이 `x=1`이면 출력은 `y=156`이어야 한다
- 입력이 `x=2`면 출력은 `y=157`이어야 한다

이제 어떤 선이 훈련 데이터와 가장 비슷할까? 그림 4-4는 훈련 데이터를 표현한 그래프다.

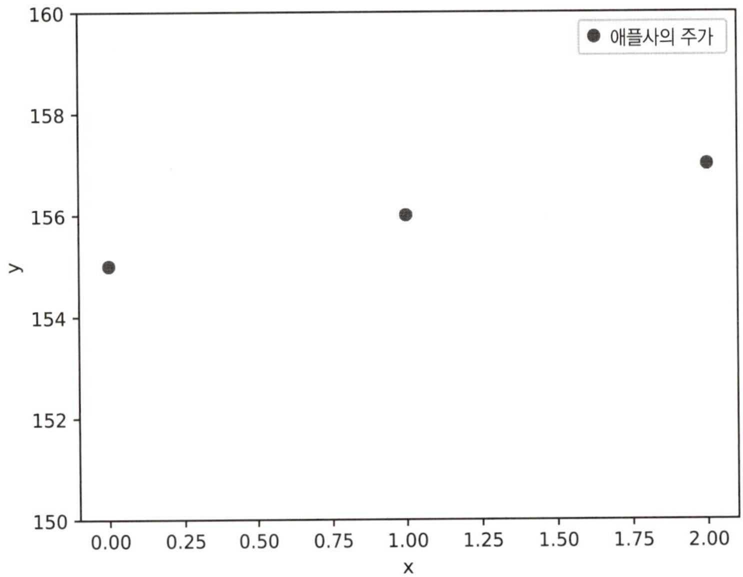

그림 4-4 배열의 인덱스를 x좌표로 사용하고 그 가격을 y 좌표로 사용한 훈련 데이터

데이터를 가장 잘 설명하는 선을 찾고 그에 따라 선형 회귀 모델을 생성하려면 계수를 결정해야 한다. 바로 이 시점에 머신러닝이 필요하다. 선형 회귀를 위한 모델 매개변수를 결정하는 주요 방법은 2가지가 있다. 첫 번째는 이 점들 사이를 지나는 최적의 선을 분석적으로 계산하는 방법(선형 회귀의 표준 방법)이다. 두 번째는 다양한 모델을 시도해 보고 각 모델을 레이블이 지정된 샘플 데이터와 비교 테스트해서 최종적으로 최적의 모델을 선택하는 것이다. 어떤 방법이든 **오차 최소화**error minimization라는 기법을 이용해 '최적'을 결정한다. 오차 최소화란 모델이 예측한 모델값과 이상적인 출력값 사이의 제곱 오차squared difference를 최소화(또는 가장 작은 제곱 오차를 가진 계수를 선택)해서 오차가 가장 낮은 모델을 선택하는 절차다.

우리의 데이터에 대해 a_0 = 155.0과 a_1 = 1.0라는 계수를 얻는다. 이를 선형 회귀 공식에 대입하면 다음과 같다.

$$y = f(x) = a_0 + a_1 x = 155.0 + 1.0 \times x$$

이 두 선과 훈련 데이터를 같은 공간에 배치하면 그림 4-5와 같다.

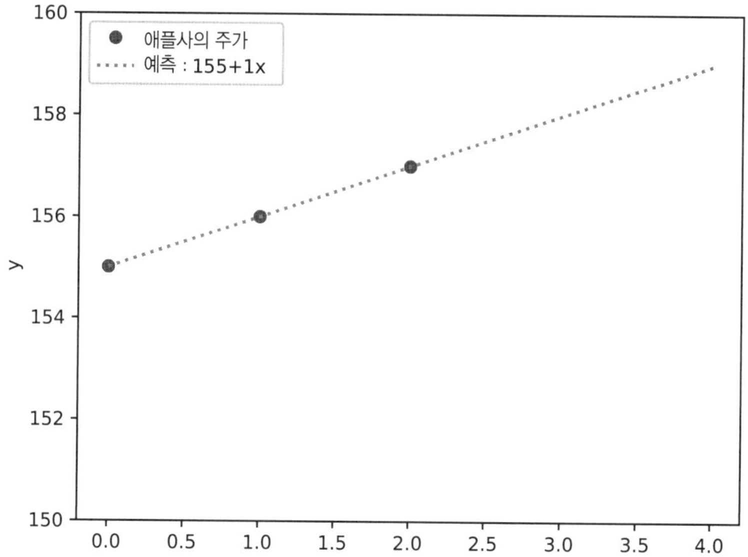

그림 4-5 선형 회귀 모델을 이용한 예측 선

완벽하다! (모델이 예측한) 선과 훈련 데이터 사이의 제곱 오차가 0이다. 따라서 오차를 최소화한 모델을 찾아낸 것이다. 이 모델을 이용하면 어떤 x값에 대해서도 주가를 예측할 수 있다. 예를 들어 $x = 4$인 날짜의 주가를 예측하고자 하면 모델은 $f(x) = 155.0 + 1.0 \times 4 = 159.0$이라는 계산을 하게 된다. 따라서 넷째 날의 예상 주가는 159달러가 된다. 물론 이 예측이 실제 세계를 정확하게 반영하는지는 별개의 문제다.

지금까지 대략적으로 선형 회귀가 어떻게 동작하는지 개략적으로 살펴봤다. 이제는 코드를 좀 더 자세히 들여다보자.

한 줄 코드 브리핑

예제 4-1은 한 줄 코드로 간단한 선형 회귀 모델을 구현하는 방법을 보여준다(셀에서 `pip install sklearn` 명령을 실행해 사이킷런 라이브러리를 먼저 설치해야 한다).

예제 4-1 간단한 선형 회귀 모델

```
from sklearn.linear_model import LinearRegression
import numpy as np


## 데이터 (애플사 주가)
```

```
apple = np.array([155, 156, 157])
n = len(apple)

## 한 줄 코드
model = LinearRegression().fit(np.arange(n).reshape((n,1)), apple)

## 결과
print(model.predict([[3],[4]]))
```

이 코드의 실행 결과는 어떨까?

한 줄 코드 구현

이 한 줄 코드는 넘파이와 사이킷런 등 두 개의 파이썬 라이브러리를 사용한다. 넘파이는 (행렬 연산 같은) 산술 연산에 관한 사실상 표준 라이브러리나 다름없다. 사이킷런은 머신러닝을 위한 가장 포괄적인 라이브러리이며 수백 개의 머신러닝 알고리즘과 기법을 구현하고 있다.

"파이썬 한 줄 코드인데 라이브러리를 사용하다니, 편법 아냐?"라고 생각할지도 모르겠다. 적절한 문제 제기며, 사실 편법이 맞다. 모든 파이썬 프로그램은 라이브러리 사용 여부에 관계없이 저수준 연산을 기반으로 구축된 고수준 기능을 사용한다. 이미 활용할 수 있는 코드 기반이 있다면 구태여 바퀴를 새로 발명하려 애쓸 필요는 없지 않겠는가?(거인의 어깨를 빌리면 된다.) 의욕적인 코더는 종종 스스로 모든 것을 구현하려는 경향이 강하지만 그러다 보면 코딩 생산성이 저하될 뿐이다. 이 책에서는 세계 최고의 파이썬 코더와 선구자들이 구현해 둔 다양하고 강력한 기능을 최대한 활용한다. 이런 라이브러리는 모두 숙련된 코더가 수년에 걸쳐 개발하고 최적화하고 조정한 결과물이다.

예제 4-1의 코드를 단계별로 살펴보자. 먼저 3개의 값을 가진 간단한 데이터셋을 만들고 코드가 조금 더 간결해지도록 데이터의 길이를 별도의 변수 n에 대입한다. 이 데이터는 3일간의 애플사 주가며 이 데이터는 1차원 넘파이 배열인 apple이라는 변수에 저장되어 있다.

다음으로 LinearRegression() 함수를 호출해 모델을 구축한다. 그런데 모델 매개변수는 무엇일까? 모델 매개변수를 찾기 위해 모델을 훈련하려면 fit() 함수를 사용하면 된다. fit() 함수는 두 개의 매개변수를 필요로 한다. 하나는 훈련 데이터를 표현하는 입력 피처이며 다른 하나는 이 입력에 대한 이상적인 출력값이다. 이상적인 출력은 애플사 주식의 실제 주가다. 하지만 fit() 함수의 입력 피처는 다음과 같은 형식의 배열이어야 한다.

```
[<training_data_1>,
<training_data_2>,
--생략--
<training_data_n>]
```

여기서 각 훈련 데이터의 값은 피처 값의 시퀀스다.

```
<training_data> = [feature_1, feature_2, ..., feature_k]
```

이 예제의 경우 입력은 단일 피처 x(현재 날짜)로 구성되어 있다. 게다가 예측값 역시 단일값 y(현재의 주가)으로 구성되어 있다. 입력 배열을 올바른 형태로 만들려면 아래와 같이 다소 특이한 행렬 형태로 만들어야 한다.

```
[[0],
 [1],
 [2]]
```

하나의 열만 가지는 행렬을 **열 벡터**column vector라고 부른다. np.arange() 함수는 계속 증가하는 x 값의 시퀀스를 만든다. 그런 다음 reshape((n, 1)) 함수를 호출해 1차원 넘파이 배열을 1개의 열과 n개의 행을 갖는 2차원 배열로 변환한다(3장 참고). 사이킷런 라이브러리는 출력값을 1차원 배열로 리턴한다는 점에 유의하자(그렇지 않으면 apple 데이터 배열도 재구성해야 한다).

훈련 데이터와 이상적인 출력이 마련되면 fit() 함수는 오차 최소화를 수행한다. 즉 예측한 모델값과 원하는 출력 사이의 차이가 최소화되도록 모델 매개변수(즉 선line)를 찾아낸다.

fit() 함수는 적절한 모델을 찾으면 predict() 함수를 이용해 2개의 새로운 주식 값을 예측할 수 있는 모델을 리턴한다. predict() 함수는 fit() 함수와 같은 입력값을 필요로 하므로 이를 충족시키기 위해 예측하고자 하는 2개의 새로운 값을 가진 단일 열 행렬을 전달할 것이다.

```
print(model.predict([[3],[4]]))
```

오차 최소화의 결과가 0이었으므로 완전히 선형인 출력 158과 159가 리턴될 것이다. 이 결과는 그림 4-5에 그려진 적합선line of fit[1]과 잘 맞는다. 하지만 이처럼 완벽하게 일치하는 단일 직선 선형 모델을 찾는 것이 불가능한 경우가 많다. 예를 들어 주가가 [157, 156, 159]인 경우, 동일한 함수를 실행한다면 그림 4-6과 같은 선을 얻게 될 것이다.

이 경우에도 fit()함수는 앞서 설명한 대로 훈련 데이터와 예측값 사이의 제곱 오차를 최소화하는 선을 찾아낸다.

이제 정리해 보자. 선형 회귀란 모델이 계수를 모델 매개변수로 학습하는 머신러닝 기법이다. 결과로 출력되는 선형 모델(예를 들면 2차원 공간의 선)은 새로운 입력 데이터에 대한 예측을 직접적으로 제공한다. 숫자 입력값이 주어졌을 때 숫자 값을 예측하는 문제는 회귀 문제의 일종이다. 다음 절에서는 머신러닝의 또 다른 중요한 분야인 분류classification에 대해 알아본다.

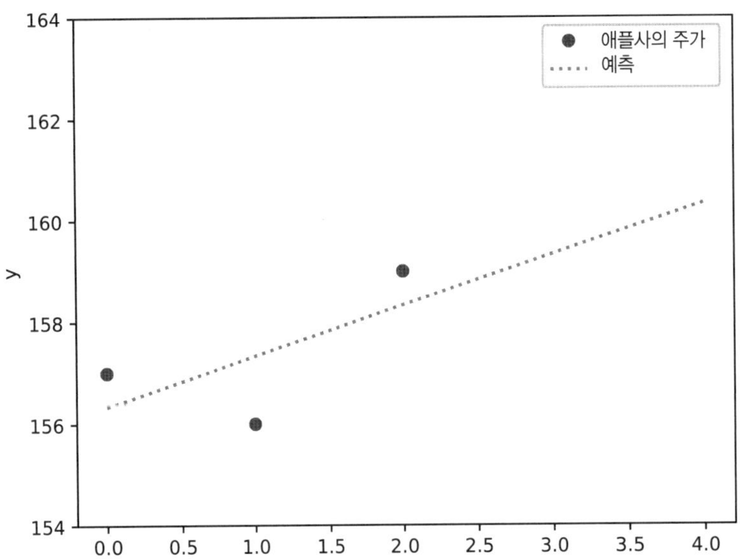

그림 4-6 완벽하게 일치하지 않는 선형 회귀 모델

1 적합선이란 회귀분석에서 데이터 포인트를 가장 잘 설명하는 선을 일컫는다. – 옮긴이

Q 22 로지스틱 회귀 구현하기

로지스틱 회귀는 보통 샘플이 특정 카테고리(또는 클래스)에 속하는지 예측하는 **분류 문제**classification problem에 사용된다. 이는 샘플이 주어졌을 때 연속된 범위에 속하는 숫자 값을 예측하는 회귀 문제와는 대조적이다. 예제로 살펴볼 분류 문제는 트위터 사용자의 **게시 빈도**나 **트윗 답글**(현재는, 엑스(X) 포스트 답글)**의 수** 같은 다양한 입력 피처가 주어졌을 때 사용자의 성별을 알아내는 문제다. 로지스틱 회귀 모델은 가장 기본적인 머신러닝 모델 중 하나다. 이번 절에서 소개하는 다양한 개념은 고급 머신러닝 기법의 기초가 된다.

코딩 미션

로지스틱 회귀를 소개하기 위해서 선형 회귀의 동작 원리를 간단히 복습해 보자. 훈련 데이터가 주어지면 이 훈련 데이터와 들어맞는 선을 계산해 입력 x에 대한 결과를 예측한다. 보통 선형 회귀는 값의 개수가 무한대인 **연속된**continuous 출력값을 예측하는 데 적합하다. 예를 들어 앞서 살펴본 주가 예측의 출력값은 양수 값이라면 몇 개든지 리턴할 수 있다.

하지만 출력값이 연속되지 않고 제한된 수의 그룹이나 범주에 해당하는 **범주형**categorical 값이라면 어떨까? 예를 들어 흡연을 하는 환자의 수가 주어졌을 때 폐암의 발병 가능성을 예측해야 한다고 가정해보자. 각 환자에게는 폐암이 발병할 수도 있고 그렇지 않을 수도 있다. 주가와는 달리 이번에는 예측 가능한 출력값이 2개뿐이다. 로지스틱 회귀는 이처럼 범주형 결과의 가능성에 대한 예측을 위해 만들어졌다.

시그모이드 함수

선형 회귀가 훈련 데이터에 맞는 선을 찾는 반면, 로지스틱 회귀는 **시그모이드 함수**sigmoid function라고 불리는 S자형 곡선을 찾는다. S자형 곡선은 이분화된 결정(예를 들면 예/아니요)을 내리는 데 도움이 된다. 시그모이드 함수는 대부분의 입력값에 대해 0에 아주 가깝거나(한 카테고리에 속하거나) 또는 1에 아주 가까운(다른 카테고리에 속하는) 값을 리턴한다. 어떤 입력값이 모호한 출력을 리턴할 확률은 상대적으로 매우 낮다. 물론 리턴값이 0.5가 될 가능성도 있다. 하지만 곡선의 형태를 띠는 이유는 이런 가능성을 최소화하기 위한 것이다(입력으로 가능한 대부분의 값에 대해 확률값은 대부분 0이나 1에 매우 가깝다). 그림 4-7은 폐암 시나리오의 로지스틱 회귀 곡선을 보여준다.

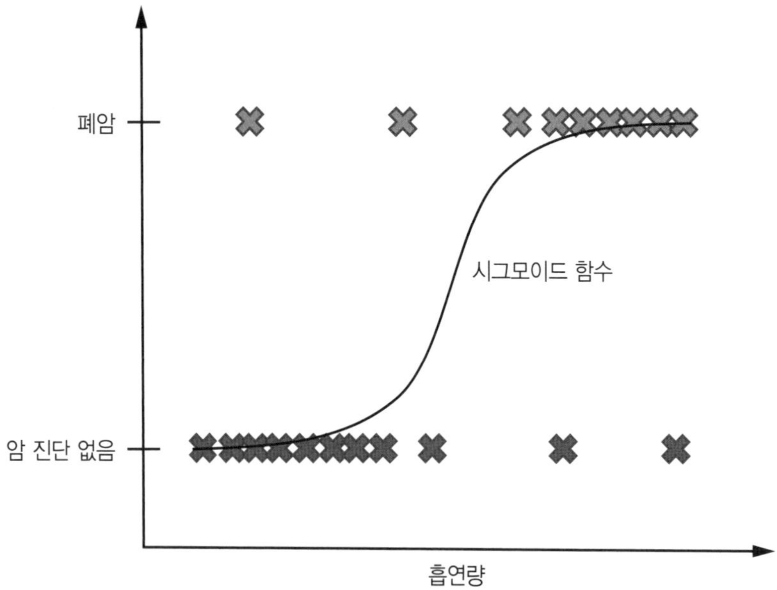

그림 4-7 흡연량에 따른 폐암 발병률을 예측하는 로지스틱 회귀 곡선

> **노트** 로지스틱 회귀를 데이터가 2개 이상의 클래스로 분류되는 다중 분류(multinomial classification)에 적용할 수 있다. 그러려면 소프트맥스 함수(softmax function)라고 부르는 시그모이드 함수의 범용화된 형태를 사용해야 한다. 소프트맥스 함수는 입력값이 각 클래스에 속하게 될 가능성을 튜플 형태로 리턴한다. 시그모이드 함수는 입력 피처를 단일 확률값으로 변환한다. 하지만 명확성과 가독성을 위해 이번 절에서는 이항 분류와 시그모이드 함수에 대해서만 다룬다

그림 4-7의 시그모이드 함수는 환자의 흡연량에 따라 폐암이 발병할 확률을 제시한다. 이 확률은 환자의 흡연량이 유일한 정보일 경우 환자의 발병 가능성에 대해 어느 정도 확실한 결정을 내리는 데 도움이 된다.

그림 4-8의 예측값을 살펴보자. 이 그림에는 새로운 2명의 환자가 주가되어 있다(그래프 아래의 열은 회색 화살표로 표현되어 있다). 이 환자에 대해 아는 것이라고는 그들의 흡연량뿐이다. 여러분은 새로운 입력값 x에 대한 확률값을 리턴하도록 로지스틱 회귀 모델(시그모이드 함수)을 훈련했다. 시그모이드 함수가 리턴하는 확률이 50% 이상이라면 모델은 폐암 발병률이 높다고 예측하고 그렇지 않으면 폐암 발병률이 낮다고 예측할 것이다.

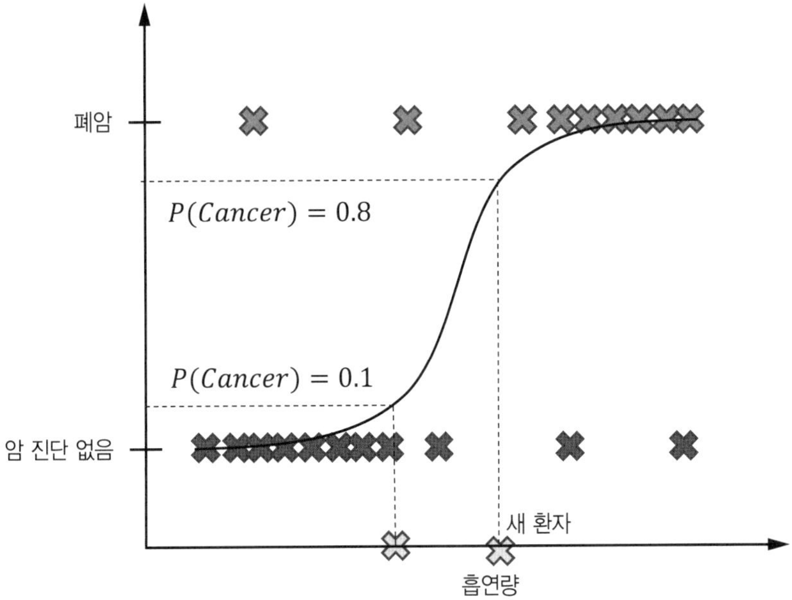

그림 4-8 로지스틱 회귀를 이용한 결과의 확률 추정

가능도가 가장 높은 모델 찾기

로지스틱 회귀에서 가장 중요한 점은 훈련 데이터와 가장 잘 맞는 올바른 시그모이드 함수를 선택하는 것이다. 그러려면 각 모델의 **가능도**likelihood[2]를 알아야 한다. 즉 모델이 관측된 훈련 데이터를 생성할 확률이다. 따라서 가능도가 가장 높은 모델을 선택하고자 한다. 해당 모델이 훈련 데이터를 생성했던 실제 세계의 과정을 가장 잘 반영한다고 판단할 수 있다.

주어진 훈련 데이터셋에 대한 주어진 모델의 가능도를 계산하려면 각 개별 훈련 데이터 포인트에 대한 가능도를 계산한 다음, 서로 곱해서 전체 훈련 데이터의 가능도를 구한다. 그렇다면 개별 훈련 데이터의 가능도는 어떻게 계산할 수 있을까? 그저 모델의 시그모이드 함수를 해당 훈련 데이터에 적용하면 된다. 그러면 해당 모델의 가능도를 알 수 있다. 모든 데이터에 대해 최대의 가능도를 제공하는 모델을 선택하려면 그림 4-9처럼 (시그모이드 함수를 조금씩 이동해서) 서로 다른 시그모이드 함수에 대해 동일한 가능도 계산을 반복한다.

2 확률(possibility)이 일반적인 의미에서 가능성이라는 용어에 해당된다면, 가능도(likelyhood)는 통계적 맥락에서 특정 모델이나 가설 하에서 관측된 데이터가 발생할 확률을 나타낸다. – 옮긴이

앞 단락에서는 가장 가능도가 높은 시그모이드 함수(모델)을 결정하는 방법을 설명했다. 이 시그모이드 함수가 데이터에 가장 적합하므로 이 함수를 이용해 새로운 데이터를 예측할 수 있다.

이제 이론적인 설명은 끝났으므로 파이썬 한 줄 코드로 로지스틱 회귀를 구현해 보자.

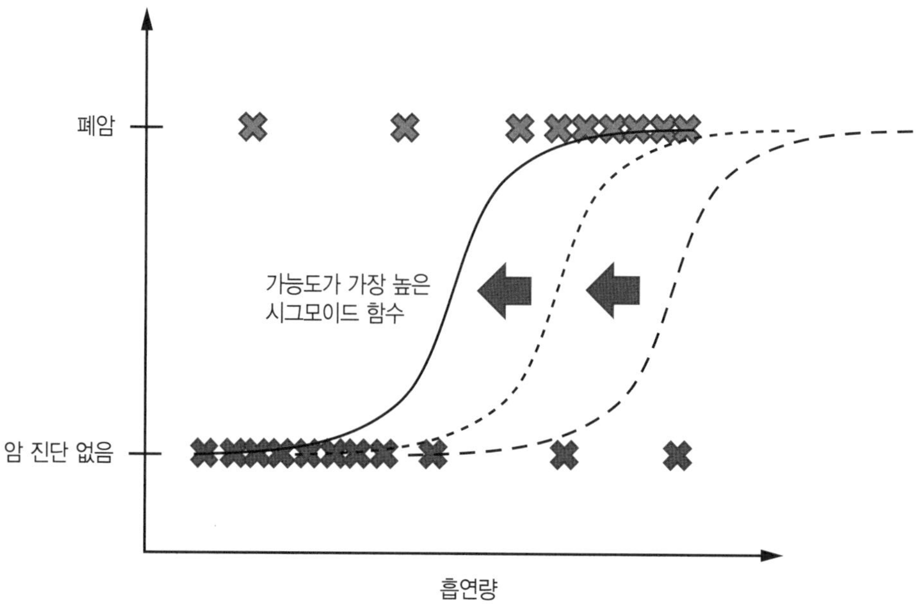

그림 4-9 가장 높은 가능도를 결정하기 위해 여러 시그모이드 함수를 테스트한 모습

한 줄 코드 브리핑

여러분은 (흡연량으로 암 발병률을 예측하는) 건강 관리 애플리케이션에서 로지스틱 회귀를 사용하는 예제를 살펴봤다. 이 '가상 의사' 애플리케이션은 스마트폰 앱으로 꽤나 적합한 아이디어다. 그렇지 않은가? 그러면 예제 4-2처럼 파이썬 한 줄 코드로 로지스틱 회귀를 이용한 가상 의사 프로그램을 구현해보자.

예제 4-2 로지스틱 회귀 모델

```
from sklearn.linear_model import LogisticRegression
import numpy as np

## 데이터 (흡연량, 폐암 발생)
```

```
X = np.array([[0, "No"],
              [10, "No"],
              [60, "Yes"],
              [90, "Yes"]])

## 한 줄 코드
model = LogisticRegression().fit(X[:,0].reshape(-1,1), X[:,1])

## 결과
print(model.predict([[2],[12],[13],[40],[90]]))
```

이 코드의 실행 결과는 어떨지 예상해 보자.

한 줄 코드 구현

훈련 데이터 X는 2개의 열로 구성된 4명의 환자 데이터(행)로 구성되어 있다. 첫 번째 열은 환자의 흡연량(입력 피처)이며 두번째 열은 **클래스 레이블**class label을 의미한다. 여기서의 클래스 레이블이란 환자의 최종적인 폐암 발병 여부다.

먼저 LogisticRegression() 생성자를 이용해 모델을 생성한다. 그리고 2개의 매개변수를 지정해 이 모델에 대해 fit() 함수를 호출한다. 첫 번째 매개변수는 입력(흡연량)이고 두 번째 매개변수는 출력 클래스 레이블(발병 여부)이다. fit() 함수는 훈련 데이터당 한 행과 훈련 데이터 샘플 피처당 한 열을 가진 2차원 입력 배열 형식을 예상한다. 이 경우에는 단 하나의 피처 값만 가지고 있으므로 reshape() 함수를 이용해 1차원 배열을 2차원 넘파이 배열로 변환해야 한다. reshape() 함수의 첫 번째 매개변수는 행의 개수며 두 번째 매개변수는 열의 개수다. 우리는 열의 개수만 잘 지정하면 되고 예제의 경우는 1로 지정하면 된다. 원하는 행의 개수를 -1로 지정하면 넘파이는 자동으로 행의 개수를 판단한다.

입력으로 전달된 훈련 데이터는 형태 변경 이후 다음과 같이 보일 것이다(즉 클래스 레이블을 제거하고 2차원 배열의 형태는 그대로 유지하는 셈이다).

```
[[0],
 [10],
 [60],
 [90]]
```

다음으로 환자의 흡연량을 기준으로 폐암 발병 여부를 예측한다. 여기서 입력으로 사용되는 흡연량은 2, 12, 13, 40, 90이다. 이 경우의 출력은 다음과 같다.

```
# ['No' 'No' 'Yes' 'Yes' 'Yes']
```

이 모델은 처음 두 환자는 폐암을 앓지 않을 것이지만 나머지 세 환자는 폐암을 앓게 될 것이라고 예측한다.

이런 예측을 수행한 시그모이드 함수가 도출한 확률을 자세히 살펴보자. 예제 4-2 이후에 다음의 코드를 실행해보면 된다.

```
for i in range(20):
    print("x=" + str(i) + " --> " + str(model.predict_proba([[i]])))
```

predict_proba() 함수는 흡연량을 입력으로 받아 폐암의 발병 확률(없음은 0, 있음은 1)로 구성된 배열을 리턴한다. 이 코드를 실행하면 다음과 같은 결과를 보게 된다.

```
x=0 --> [[0.67240789 0.32759211]]
x=1 --> [[0.65961501 0.34038499]]
x=2 --> [[0.64658514 0.35341486]]
x=3 --> [[0.63333374 0.36666626]]
x=4 --> [[0.61987758 0.38012242]]
x=5 --> [[0.60623463 0.39376537]]
x=6 --> [[0.59242397 0.40757603]]
x=7 --> [[0.57846573 0.42153427]]
x=8 --> [[0.56438097 0.43561903]]
x=9 --> [[0.55019154 0.44980846]]
x=10 --> [[0.53591997 0.46408003]]
x=11 --> [[0.52158933 0.47841067]]
x=12 --> [[0.50722306 0.49277694]]
x=13 --> [[0.49284485 0.50715515]]
x=14 --> [[0.47847846 0.52152154]]
x=15 --> [[0.46414759 0.53585241]]
x=16 --> [[0.44987569 0.55012431]]
x=17 --> [[0.43568582 0.56431418]]
x=18 --> [[0.42160051 0.57839949]]
x=19 --> [[0.40764163 0.59235837]]
```

폐암이 음성일 확률이 양성일 확률보다 높다면, 예측 결과는 폐암 음성이 될 것이다. x=12 일때까지는 이런 상황이다. 환자가 12개피 이상의 담배를 피운다면 이 알고리즘은 **폐암 양성**으로 분류할 것이다.

지금까지 사이킷런 라이브러리를 이용해 로지스틱 회귀 알고리즘으로 분류 문제를 해결하는 방법을 알아봤다. 로지스틱 회귀의 기본은 데이터에 맞는 S자형 곡선(시그모이드 함수)을 찾는 것이다. 이 함수는 모든 데이터 포인트와 가능한 모든 클래스에 0과 1 사이의 숫자값을 할당한다. 이 숫자값은 각 데이터 포인트가 주어진 클래스에 속하게 될 확률을 모델링한다. 하지만 실제로는 훈련 데이터는 있지만 훈련 데이터에 클래스 레이블이 할당되지 않는 경우가 많다. 예를 들어 고객 데이터(나이와 소득 등)는 가지고 있지만 각 데이터의 클래스 레이블은 모르는 경우가 있다. 이런 데이터로도 유용한 인사이트를 도출하려면 다음에 살펴볼 또 다른 머신러닝 기법인 비지도학습unsupervised learning이 필요하다. 구체적으로 비지도학습의 중요한 하위 집합인 유사한 데이터 포인트 클러스터를 찾는 방법을 배워보자.

Q23 K평균 클러스터링 알고리즘

만약 여러분이 컴퓨터 과학자거나 데이터 과학자, 또는 머신러닝 전문가일 경우 반드시 알아야 할 단 하나의 클러스터링 알고리즘을 꼽는다면 **K평균**K-Means **알고리즘**일 것이다. 이번 절에서는 이 알고리즘의 일반적인 개념과 이 알고리즘을 언제 어떻게 한 줄의 코드로 활용할 수 있는지 알아보자.

코딩 미션

앞 절에서는 훈련 데이터에 **레이블이 있는**labeled 지도학습에 대해 알아봤다. 즉 훈련의 모든 입력값에 대한 출력값을 알고 있다는 뜻이다. 하지만 항상 출력값을 알 수 있는 것은 아니다. 특히 데이터 분석 애플리케이션에서는 '최적의 결과'가 무엇을 의미하는지 명확하지 않은 **레이블이 없는**unlabeled 데이터를 마주칠 때가 더 많다. 이런 상황에서는 예측이 불가능하지만(예측을 시작할 출력값이 없기 때문에), 그래도 레이블이 없는 데이터로부터 유용한 정보를 얻을 수 있다(예를 들면 레이블이 없는 유사한 데이터 군집을 찾아낼 수 있다). 레이블이 없는 데이터를 사용하는 모델은 **비지도학습**unsupervised learning의 범주에 속한다.

이해를 돕기 위해 다양한 소득 수준과 나이를 가진 다양한 목표 시장에 서비스를 제공하는 스타트업에 근무한다고 가정해보자. 상사가 여러분에게 목표하는 시장에 가장 잘 맞는 일정 수의 대상 페르소나를 찾아달라고 요구하고 있다. 이런 경우에는 클러스터링 기법을 이용해 회사가 서비스를 제공할 **평균 고객 페르소나**average customer persona를 찾을 수 있다. 그림 4-10을 살펴보자.

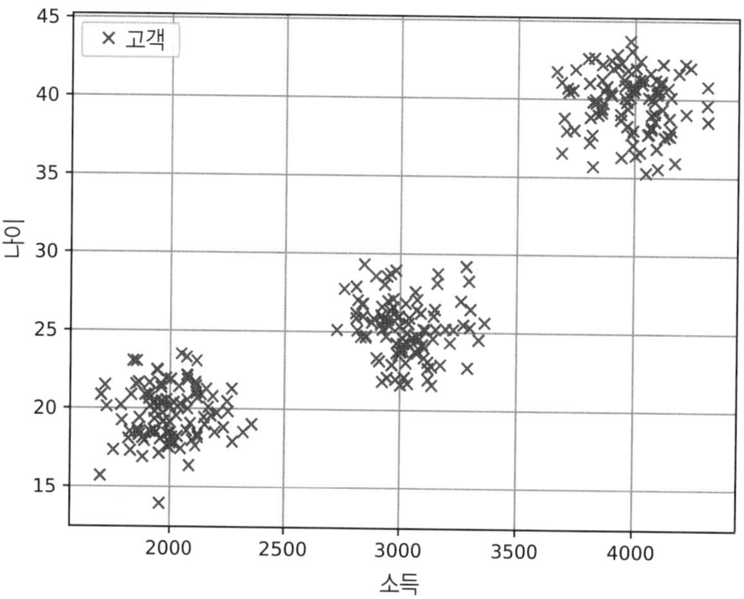

그림 4-10 2차원 공간에 표현한 고객 데이터

이 그림을 보면 소득과 나이에 따라 3가지 종류의 고객이 존재함을 알 수 있다. 하지만 이 사실을 어떻게 알고리즘적으로 알아낼 수 있을까? 이것이 바로 매우 잘 알려진 K평균 알고리즘 같은 클러스터링 알고리즘의 영역이다. K평균 알고리즘은 데이터셋과 정수 k가 주어졌을 때 클러스터의 중심(**센트로이드**centroid라고 한다)과 클러스터 내의 데이터 간의 차이가 최소화되는 k개의 데이터 클러스터를 찾는다. 다시 말하면 그림 4-11과 같이 데이터셋에 대해 K평균 알고리즘을 실행해서 서로 다른 페르소나를 찾아낼 수 있다.

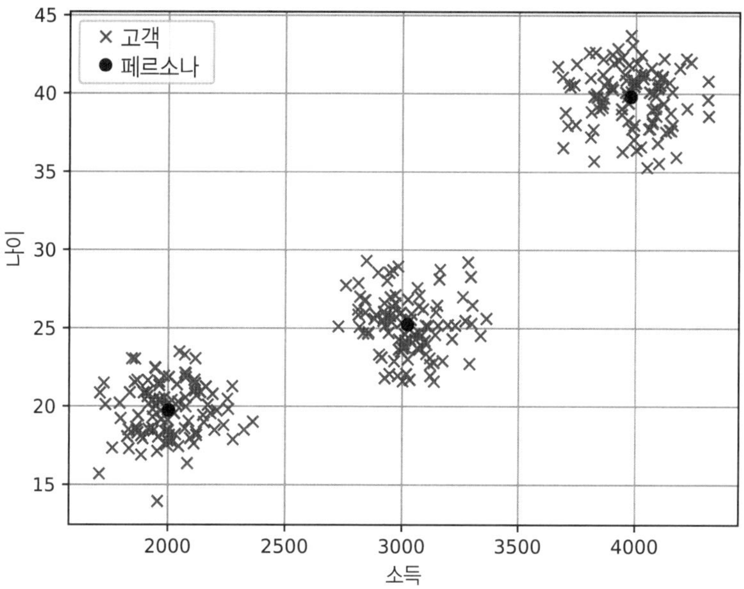

그림 4-11 2차원 공간에 표현한 고객 데이터와 고객의 페르소나(클러스터 센트로이드)

클러스터의 중심(검은 점)은 클러스터화된 고객 데이터를 대표한다. 각 클러스터 중심은 하나의 고객 페르소나로 볼 수 있다. 따라서 이 그림에서는 2,000달러를 버는 20세, 3,000달러를 버는 25세, 그리고 4,000달러를 버는 40세 등 세 종류의 이상적인 페르소나가 존재한다. 그리고 K평균 알고리즘의 장점은 이 클러스터 중심을 고차원의 공간(인간이 시각적으로 페르소나를 찾기에는 어려운 경우에도)에서도 찾을 수 있다는 점이다.

K평균 알고리즘에는 '클러스터 중심 *k*의 개수'를 입력으로 제공해야 한다. 예시의 데이터는 '마술처럼' *k*=3으로 정의한다. 더 수준 높은 알고리즘은 클러스터 중심의 개수를 자동으로 찾을 수 있다(예를 들어 그레그 해멀리Greg Hamerly와 찰스 엘칸Charles Elkan이 2004년 발표한 논문 「K평균에서 k 학습하기Learning the k in K-Means」를 읽어보면 알 수 있다).

그렇다면 K평균 알고리즘은 어떻게 동작할까? 간단히 말하면 이 알고리즘은 다음과 같은 절차를 수행한다.

```
무작위로 클러스터 중심(센트로이드)을 설정한다.
수렴할 때까지 반복한다.
    모든 데이터 포인트를 가장 가까운 클러스터 중심에 할당한다.
각 클러스터의 중심을 할당된 모든 데이터 포인트의 센트로이드로서 재계산한다.
```

이 절차는 다수의 루프를 포함하고 있다. 우선은 데이터를 *k* 클러스터 중심에 할당한 후 각 클러스터의 중심을 그 곳에 할당된 데이터의 센트로이드로서 다시 계산해야 한다.

이제 실제로 구현해보자!

추가로, 2차원의 연봉 데이터(근무 시간과 받은 급여)가 주어졌을 때 근무 시간과 급여가 유사한 직원들을 2개의 클러스터로 나눠보는 문제를 생각해 보자.

한 줄 코드 브리핑

이 문제를 어떻게 한 줄의 코드로 해결할 수 있을까? 다행히 사이킷런 라이브러리에는 매우 효율적인 K평균 알고리즘 구현이 준비되어 있다. 예제 4-3은 K평균 클러스터를 실행하는 한 줄 코드를 보여준다.

예제 4-3 한 줄 코드로 구현한 K평균 클러스터링

```
## 의존성
from sklearn.cluster import KMeans
import numpy as np

## 데이터 (근무 시간 (h) / 급여 ($))
X = np.array([[35, 7000], [45, 6900], [70, 7100],
              [20, 2000], [25, 2200], [15, 1800]])

## 한 줄 코드
kmeans = KMeans(n_clusters=2).fit(X)

## 결과
cc = kmeans.cluster_centers_
print(cc)
```

이 코드의 실행 결과는 어떨까? 혹시 코드를 완전히 이해하지는 못하더라도 해결책을 한번 예상해 보자. 그러다 보면 자신의 부족한 부분이 무엇인지 알게 되고, 알고리즘을 훨씬 잘 이해할 수 있게 될 것이다.

한 줄 코드 구현

첫 번째 줄에서는 sklearn.cluster 패키지에서 KMeans 모듈을 임포트한다. 이 모듈은 클러스터 자체를 관리하는 모듈이다. KMeans 모듈은 넘파이 배열을 사용하므로 넘파이 라이브러리 모듈도 임포트해야 한다.

우리가 가진 데이터는 2차원이며 직원들의 근무 시간과 급여로 구성돼 있다. 그림 4-12는 이 데이터셋에 포함된 6개의 데이터를 보여준다.

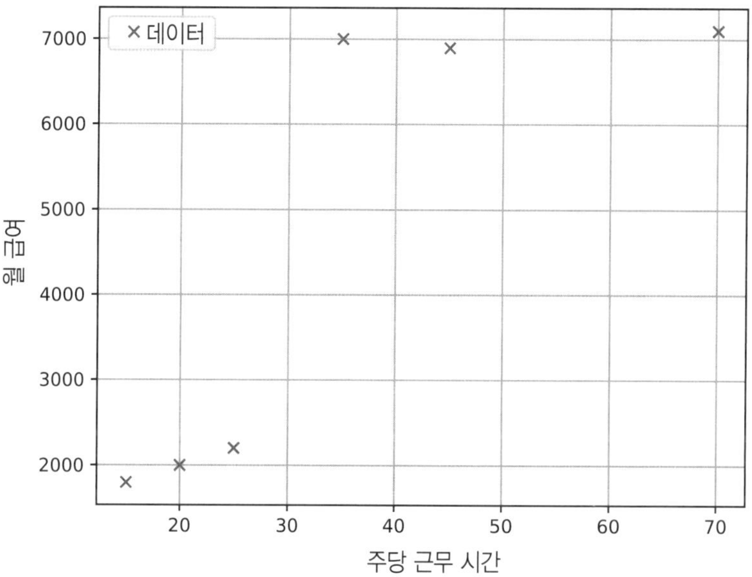

그림 4-12 직원의 급여 데이터

우리의 목표는 이 데이터에 가장 적합한 2개의 클러스터 중심을 찾는 것이다.

```
## 한 줄 코드
kmeans = KMeans(n_clusters=2).fit(X)
```

이 한 줄 코드에서는 알고리즘을 처리하는 새로운 KMeans 객체를 생성한다. KMeans 객체를 생성할 때는 n_clusters 함수 매개변수를 이용해 클러스터 중심의 개수를 지정해야 한다. 그런 후에는 fit(X) 함수를 호출해 입력 데이터 X에 대해 K평균 알고리즘을 실행한다. 그러면 KMeans 객체에 결과가 저장된다. 이제 남은 일은 이 객체의 속성을 조회해 보는 것이다.

```
cc = kmeans.cluster_centers_
print(cc)
```

sklearn 패키지에는 일부 속성 이름 끝에 후행 밑줄(_)을 사용하는 관례가 있는데 (예를 들면 cluster_centers_와 같다) 이는 훈련 단계(fit() 함수) 내에서 동적으로 생성된 속성이라는 뜻이다. 훈련 단계 전에는 이 속성이 존재하지 않는다. 이는 일반적인 파이썬의 관례가 아니다(보통은 list대신 변수명 list_를 사용하는 것처럼 파이썬 키워드와 이름 충돌을 피하기 위해서만 사용한다). 하지만 일단 익숙해지면 sklearn 패키지에서 속성을 일관되게 사용할 수 있어 도움이 될 것이다. 이제 클러스터 중심은 무엇이며 이 코드의 실행 결과는 어떨까? 그림 4-13을 살펴보자.

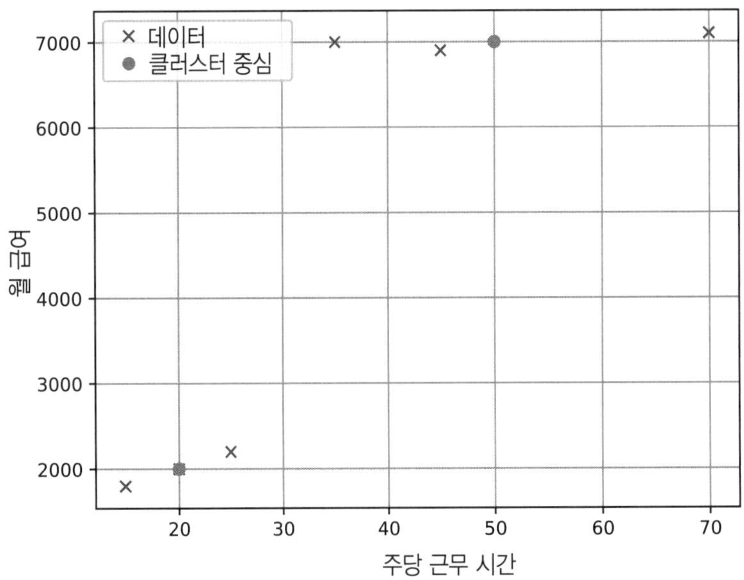

그림 4-13 2차원 공간에 표현한 직원 급여 데이터의 클러스터 중심

그림에서 보듯이 클러스터 중심은 (20, 2000)과 (50, 7000)의 2개다. 이 그래프는 파이썬 한 줄 코드의 실행 결과이기도 하다. 이 클러스터는 2개의 이상적인 직원 페르소나와 일치한다. 한 페르소나는 일주일에 20시간을 근무하고 2,000달러의 소득을 올리며 다른 페르소나는 일주일에 50시간을 일하고 7,000달러의 소득을 올린다. 이 두 가지 유형의 페르소나는 데이터와 충분히 잘 맞는다. 따라서 한 줄 코드의 실행 결과는 다음과 같다.

```
## 결과
cc = kmeans.cluster_centers_
print(cc)
'''
[[  50. 7000.]
 [  20. 2000.]]
'''
```


이번 절에서는 비지도학습의 중요한 주제 중 하나인 클러스터링에 대해 살펴봤다. K평균 알고리즘은 다차원 데이터로부터 *k*개의 클러스터를 도출해 내는 간단하고 효율적이면서도 대중적인 알고리즘이다. 이 알고리즘은 내부적으로 클러스터 중심을 반복적으로 계산하면서 각 데이터 값을 가장 가까운 클러스터 중심에 재할당해서 최적의 클러스터를 찾는다. 하지만 유사한 데이터 항목을 찾으려고 할 때 클러스터링이 항상 이상적인 방법은 아니다. 많은 데이터셋은 클러스터화된 행동을 보이지 않지만, 여전히 거리 정보를 활용해서 머신러닝과 예측을 수행하고자 할 것이다. 다음에는 다차원 공간에서 데이터 값의 (유클리드) 거리를 사용하는 K최근접 이웃K-Nearest Neighbors 알고리즘에 대해 살펴보자.

24 K최근접 이웃 알고리즘

K최근접 이웃K-Nearest Neighbors(이하 KNN) 알고리즘은 추천 시스템, 이미지 분류, 금융 데이터 전망 등 다양한 애플리케이션에서 회귀와 분류에 사용하는 알고리즘이다. 게다가 여러 고급 머신러닝 기법(예를 들면 정보 조회 등)의 기반이 되는 알고리즘이기도 하다. KNN을 이해하는 것이 컴퓨터 과학에 능숙해지기 위한 중요한 토대라는 점에는 의심의 여지가 없다.

코딩 미션

KNN 알고리즘은 견고하고 직관적이며 대중적인 머신러닝 방식이다. 구현하기 쉽지만 여전히 경쟁력 있고 빠른 머신러닝 기법이다. 지금까지 살펴본 다른 모든 머신러닝 모델은 훈련 데이터를 사용해서 원본 데이터의 **표현**representation모델을 계산한다. 이 표현 데이터를 활용해서 새로운 데이터를 예측하거나, 분류, 군집화할 수 있다. 예를 들어 선형 및 로지스틱 회귀 알고리즘은 학습 매개변수를 정의하는 반면 클러스터링 알고리즘은 훈련 데이터를 토대로 클러스터 중심을 계산한다. 하지만 KNN 알고리즘은 다르다. 다른 방식과는 달리 새 모델(또는 표현)을 계산하지 않고 전체 데이터셋을 모델로 사용한다.

제대로 읽은 것이 맞다. KNN 알고리즘의 머닝러신 모델은 관측치의 집합에 불과하다. 훈련 데이터의 모든 인스턴스는 모델의 일부가 된다. 여기는 장단점이 있다. 단점은 훈련 데이터가 증가하면 모델이 폭발적으로 커질 수 있다. 그래서 전 처리 단계로 샘플링이나 필터링이 필요할 수 있다. 하지만 큰 장점은 훈련 단계가 단순하다는 점이다(새 데이터 값을 모델에 추가하기만 하면 된다). 게다가 KNN 알고리즘을 예측이나 분류에 사용할 수 있다. 입력 벡터 x가 주어졌을 때 다음의 전략을 실행할 수 있다.

1. x의 k개의 최근접 이웃을 찾는다(사전에 정의한 거리 지표에 따라).
2. k개의 최근접 이웃을 하나의 예측 또는 분류값으로 집계한다. `average`, `mean`, `max`, `min` 등 어떤 집계 함수를 사용해도 무방하다.

예제를 통해 확인해보자. 여러분의 회사는 부동산 매매업에 종사하고 있다.

회사는 최근 고객과 주택 가격을 제공하는 대규모 데이터베이스를 구매했다(그림 4-14 참고). 어느 날 여러분의 고객이 52평방미터 크기의 주택 가격은 어느 정도인지 문의해 왔다. 여러분은 KNN 모델에 쿼리했고 그 즉시 33,167달러라는 응답을 얻었다. 실제로 고객은 그 주차에 33,489달러의 가격이 책정된 주택을 찾았다. KNN 시스템은 어떻게 이처럼 놀랍도록 정확한 예측이 가능했을까?

먼저 KNN 시스템은 단순히 유클리드 거리를 이용해 D=52 평방미터라는 쿼리에 대해 k = 3개의 최근접 이웃을 계산한다. 가장 근접한 이웃 3개는 A, B, C로 가격은 각각 34,000달러, 33,500달러, 32,000달러였다. 그다음, 이 세 최근접 이웃의 평균값을 계산해서 집계한다. 이 예제에서 k=3이므로 이 모델을 3NN이라고 할 수 있다. 물론 유사성 함수, 매개변수 k, 집계 방법을 다양하게 조정해서 더 정교한 예측 모델을 구현할 수도 있다.

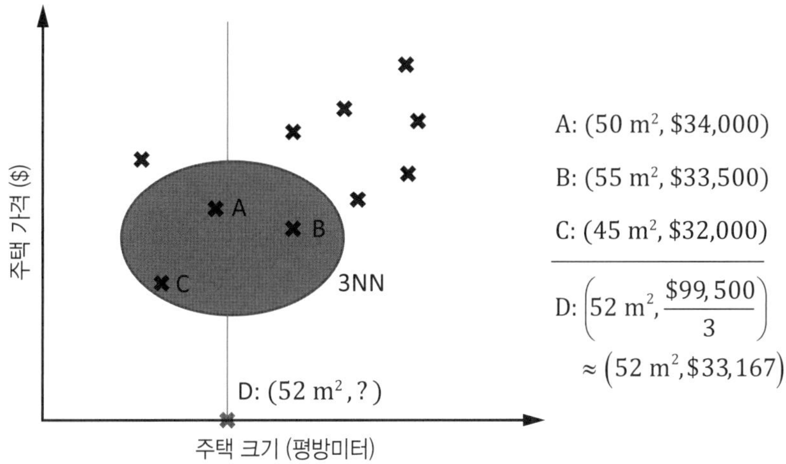

그림 4-14 3개의 최근접 이웃 A, B, C를 이용해 주택 D의 가격을 계산하는 방법

KNN의 또 다른 장점은 새 관측치를 쉽게 반영할 수 있다는 점이다. 대부분의 머신러닝 모델은 그렇지 않다. 이와 관련된 명백한 단점은 데이터 포인트를 추가할수록 *k*개의 최근접 이웃을 찾는 계산의 복잡도가 점점 더 증가한다는 점이다. 이를 해결하기 위해 예전 값을 모델에서 지속적으로 제거할 수 있다.

앞서 언급했지만 KNN으로 분류 문제까지 해결할 수 있다. 이 경우에는 *k*개의 최근접 이웃의 평균을 구하는 것이 아니라 투표 메커니즘을 사용한다. 즉 각 최근접 이웃이 자신의 클래스에 투표를 하고 가장 많은 투표를 받은 클래스가 채택되는 것이다.

한 줄 코드 브리핑

이제 파이썬 한 줄 코드로 KNN 알고리즘을 살펴보자(예제 4-4).

예제 4-4 파이썬 한 줄 코드로 KNN 알고리즘을 실행하는 예제

```
## 의존성
from sklearn.neighbors import KNeighborsRegressor
import numpy as np

## 데이터 (주택 크기 (평방미터) / 주택 가격 ($))
X = np.array([[35, 30000], [45, 45000], [40, 50000],
              [35, 35000], [25, 32500], [40, 40000]])
```

```
## 한 줄 코드
KNN = KNeighborsRegressor(n_neighbors=3).fit(X[:,0].reshape(-1,1), X[:,1])

## 결과
res = KNN.predict([[30]])
print(res)
```

과연 이 코드의 실행 결과는 어떻게 될까?

한 줄 코드 구현

결과 확인을 돕기 위해 이 코드의 주택 데이터를 그림 4-15에 그려보자.

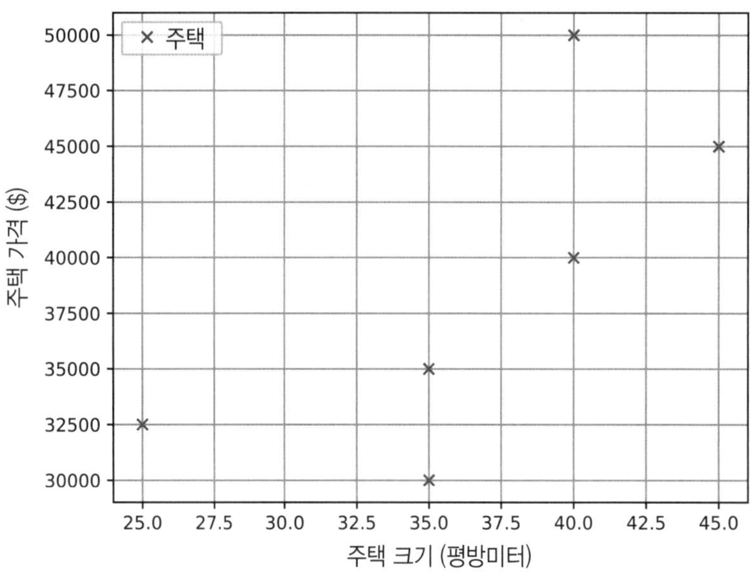

그림 4-15 2차원 공간으로 표현한 주택 데이터

보편적인 추세를 볼 수 있겠는가? 주택의 크기가 커질수록 매매 가격도 그에 따라 상승하는 것을 볼 수 있다. 즉, 크기가 2배 커지면 가격도 2배 올라간다.

코드에서(예제 4-4 참조) 고객은 30평방미터 크기의 주택 가격 예측을 요청했다. *k*=3인 KNN(줄여서 3NN)이 예측한 가격은 무엇인가? 그림 4-16에 나타나 있다.

아름답지 않은가? KNN 알고리즘은 원하는 크기의 주택에 가장 근접한 주택을 찾아 *k*=3 최근접 이웃의 평균을 이용해 주택 가격을 예측했다. 그 결과는 32,500달러였다.

한 줄 코드의 데이터 변환이 잘 이해되지 않는 독자를 위해 이 코드를 다시 한 번 설명해보겠다.

```
KNN = KNeighborsRegressor(n_neighbors=3).fit(X[:,0].reshape(-1,1), X[:,1])
```

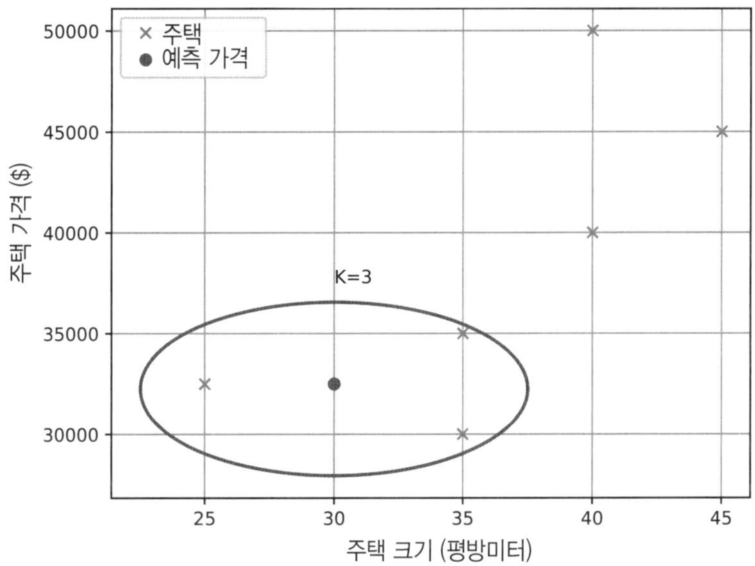

그림 4-16 2차원 공간에 표현한 주택 데이터와 KNN을 이용해 새 데이터(30 평방미터 크기의 주택)의 가격을 예측한 값을 표시한 그래프

먼저 `KNeighborsRegressor`라는 이름의 새로운 머신러닝 모델을 생성한다. KNN을 이용해 분류 문제를 해결하려면 `KNeighborsClassifier`라는 모델을 사용하면 된다.

다음으로 `fit()` 함수에 2개의 매개변수를 전달해 모델을 훈련한다. 첫 번째 매개변수는 입력(주택 크기)이며 두번째 매개변수는 출력(주택 가격)이다. 두 매개변수의 형태는 배열 형태의 자료구조여야 한다. 예를 들어 `30`을 입력으로 사용하려면 `[30]`처럼 대입해야 한다. 그 이유는 보통 입력값이 1차원이 아니라 다차원이기 때문이다. 따라서 입력을 형태 변경해야 한다.

```
print(X[:,0])
"[35 45 40 35 25 40]"

print(X[:,0].reshape(-1,1))
"""
[[35]
 [45]
 [40]
 [35]
 [25]
 [40]]
"""
```

fit() 함수는 정수의 배열이 아니라 관측값(배열 형태)의 배열을 필요로 하므로 이 1차원 넘파이 배열을 입력으로 전달하면 제대로 실행되지 않는다.

이번 절에서는 한 줄 코드로 KNN 회귀를 구현해봤다. 데이터 변경과 모델 업데이트가 빈번하다면 KNN을 선택하는 것이 최선이다. 이제 요즘 가장 대중적인 머신러닝 모델인 신경망neural network에 대해 알아보자.

Q25 신경망 분석하기

신경망에 대한 관심은 최근 들어 급증하고 있다. 머신러닝 분야의 알고리즘과 학습 기법이 발전한 이유도 있지만 하드웨어와 범용general-purpose GPU(GPGPU) 기술 발전도 한몫하고 있다. 이번 절에서는 가장 대중적인 신경망 기법인 **다층 퍼셉트론**multilayer perceptron(MLP)에 대해 살펴본다. 이번 절을 읽고 나면 한 줄의 파이썬 코드로 자신만의 신경망을 작성할 수 있을 것이다.

코딩 미션

이번 한 줄 코드는 내 메일링 리스트에 있는 파이썬 동료가 특별히 제공해 준 데이터셋을 활용한다. 실제 세계에서도 공감할 수 있는 데이터셋을 만들고 싶은 마음에 내 이메일 뉴스레터 구독자에게 이번 장에서 사용할 데이터를 구성하는 데 도움을 요청했다.

데이터

이 책을 읽고 있다면 파이썬 학습에 관심이 있을 것이다. 조금 더 흥미로운 데이터셋을 제공하기 위해 내 이메일 뉴스레터 구독자들에게 익명으로 파이썬 전문 지식과 소득에 대한 6가지 질문을 물어봤다. 이 질문에 대한 답변을 이번 절에서 살펴볼 신경망 예제의 훈련 데이터로 활용한다.

훈련 데이터는 다음의 6가지 질문에 대한 답변을 바탕으로 만들어졌다.

- 지난 7일간 파이썬 코드를 접한 시간은 얼마인가?
- 컴퓨터 공학을 공부한 기간은 몇 년인가?
- 책꽂이에 코딩 관련 도서가 몇 권이나 꽂혀 있는가?
- 파이썬을 사용 시간 중 현업 프로젝트 수행 시간 비율은 어느 정도인가?
- (최대한 폭넓게 잡아서) 자신의 기술적 스킬을 활용해 한 달에 올리는 소득(1,000달러 단위로 반올림)은 얼마인가?
- 100점 단위로 반올림한 대략적인 핀스터Finxter[3] 평점은 몇 점인가?

처음 5개 질문은 이번 절에서 구현할 신경망 예제를 위한 입력으로 사용하고 마지막 질문은 출력으로 사용한다. 이 한 줄 코드는 신경망 회귀를 구현한다. 다시 말하면 숫자 타입의 입력 피처를 기반으로 (파이썬 스킬 수준을 표현하는) 숫자값을 예측하는 것이다. 이 책에서는 신경망 모델의 또 다른 강점인 신경망 분류 문제는 다루지 않는다.

6번째 질문은 파이썬 코더로서의 스킬 수준을 대략적으로 평가하기 위한 것이다. 핀스터(https://finxter.com)는 퍼즐 기반의 학습 애플리케이션으로 파이썬 퍼즐을 풀어내는 성적을 기반으로 파이썬 코더에게 평점을 부여한다. 그렇게 해서 여러분의 파이썬 스킬을 계량화할 수 있다.

먼저 그림 4-17처럼 출력(파이썬 개발자의 스킬 평점)에 영향을 주는 각 질문을 시각화해보자.

3 이 책의 저자인 크리스찬 마이어가 만든 사이트인, 파이썬 학습을 위한 온라인 플랫폼 핀스터에서 파이썬 코딩 능력을 평가하는 점수 – 옮긴이

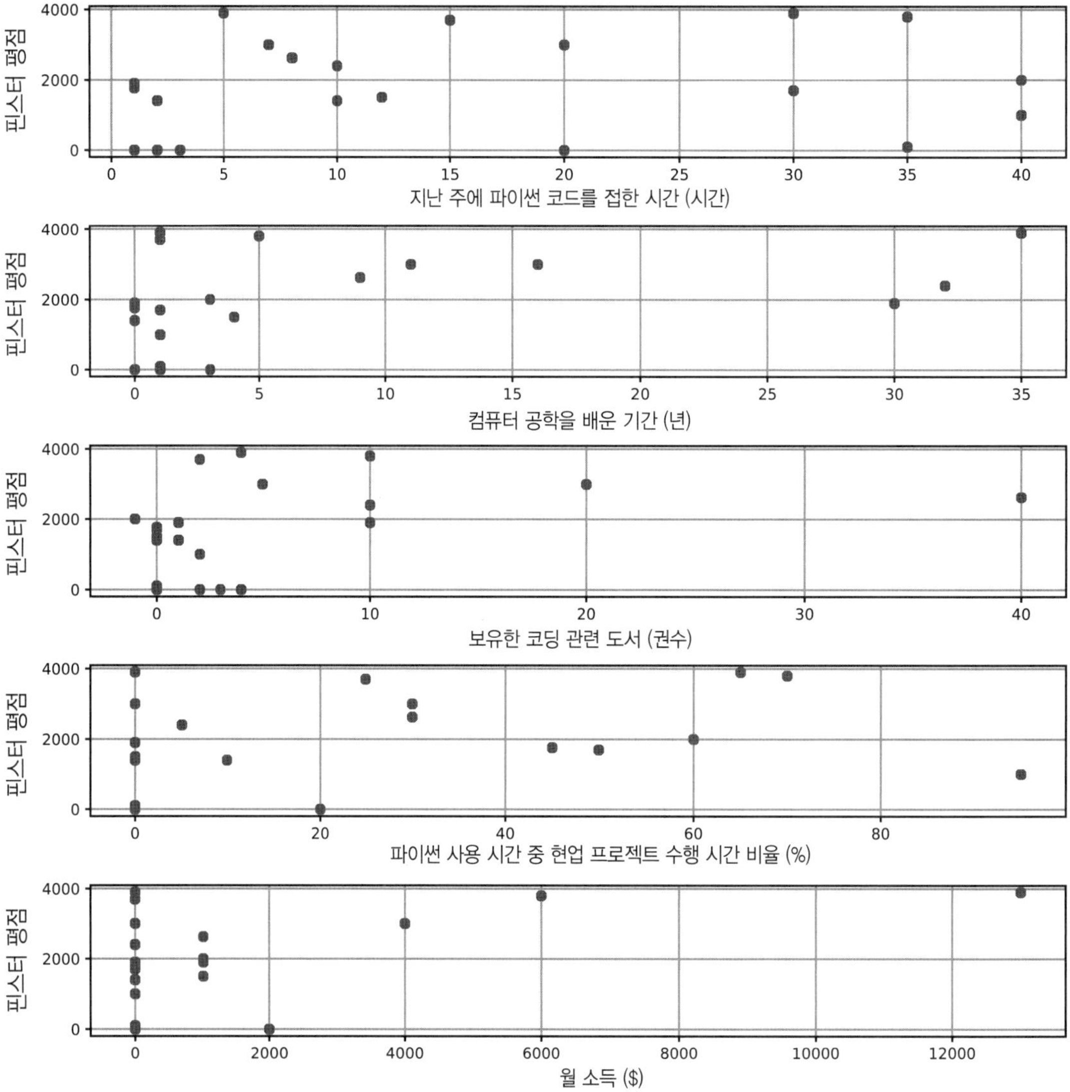

그림 4-17 질문에 대한 응답과 핀스터 파이썬 스킬 평점 사이의 관계

이 그래프는 개별 피처(질문)가 핀스터 평점에 어떤 영향을 미치는지 보여줄 뿐이며, 2~3개의 피처를 조합했을 때의 영향은 알 수 없다. 또한 6개 질문에 모두 답하지 않은 파이썬 개발자들도 있었다. 이 경우에는 더미값 -1을 사용했다.

인공 신경망이란 무엇인가?

인간의 두뇌(생물학적 신경망)를 이론적 모델로 구현하는 아이디어는 최근 수십 년간 광범위하게 연구돼 왔다. 하지만 인공신경망의 토대는 1940년과 1950년대에 이미 제안됐으며, 그 후 꾸준히 개선되며 발전하고 있다.

기본적인 아이디어는 학습과 추론이라는 거대한 작업을 여러 개의 작은 작업으로 나누는 것이다. 이 작은 작업은 독립적이지 않으며 상호의존적이다. 두뇌는 수조 개의 시냅스로 연결된 수십억 개의 뉴런neuron으로 구성되어 있다. 단순화한 모델에서 학습이란 그저 시냅스의 **강도**strength(인공 신경망에서는 **가중치**weight 또는 **매개변수**parameter라고도 한다)를 조정하는 것이다. 그렇다면 어떻게 모델에서 새로운 시냅스를 **생성**할 수 있을까? 간단하다. 해당 시냅스의 가중치를 0에서 다른 값으로 증가시키면 된다.

그림 4-18은 3개의 층(입력, 은닉, 출력)으로 이루어진 기본적인 신경망을 보여준다. 각 층은 입력층으로부터 은닉층을 거쳐 출력층까지 이어진 여러 개의 뉴런으로 구성돼 있다.

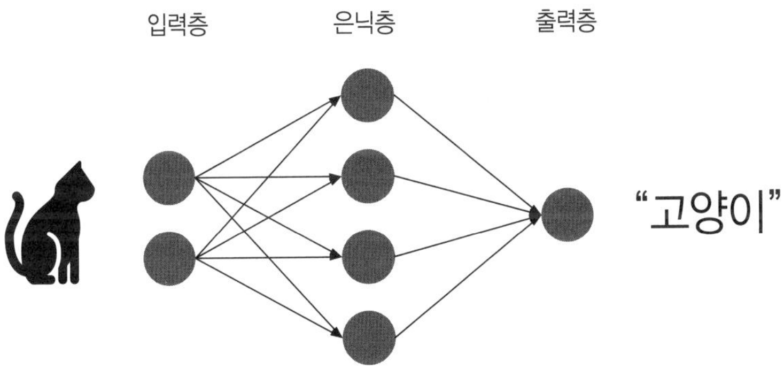

그림 4-18 간단한 신경망 분석을 이용한 동물 분류

이 예제에서 신경망은 이미지 속의 동물을 판단하도록 훈련돼 있다. 실제로는 입력 층으로 이미지의 픽셀당 하나의 입력 뉴런을 사용할 것이다. 그러면 수백만 개의 입력 뉴런이 수백만 개의 은닉 뉴런에 연결되는 결과를 낳는다. 보통 각 출력 뉴런은 전체 출력의 한 비트bit를 담당한다. 예를 들어 (개와 고양이처럼) 서로 다른 동물을 판단하려면 출력층에서 두 개의 서로 다른 상태(0=고양이, 1=개)를 모델링할 수 있는 하나의 뉴런을 사용하게 된다.

기본적인 개념은 뉴런에 특정 입력 신호가 들어올 때마다 각 뉴런이 활성화되거나 '발화'된다는 것이다. 각 뉴런은 입력 신호의 강도에 따라 독립적으로 발화 여부를 결정한다. 그렇게 하면 어떤 자극을 받을 때마다 뉴런이 활성화되는 사람의 두뇌를 흉내낼 수 있다. 입력 뉴런의 활성화는 출력 뉴런까지 도달할 때까지 네트워크를 통해 전파된다. 출력 뉴런 중 일부는 활성화되고 다른 뉴런은 활성화되지 않는다. 발화하는 출력 뉴런의 특정한 패턴이 인공 신경망의 최종적인 출력(또는 예측)이 된다.

우리의 모델에서는 출력 뉴런이 발화한 상태를 1로 표시하고 그렇지 않은 상태를 0으로 표시한다. 그렇게 하면 0과 1의 연속으로 표현할 수 있는 모든 것(즉 컴퓨터가 표현할 수 있는 모든 것)을 예측하도록 신경망을 훈련할 수 있다.

뉴런이 동작하는 방식을 그림 4-19에서 수학적으로 살펴보자.

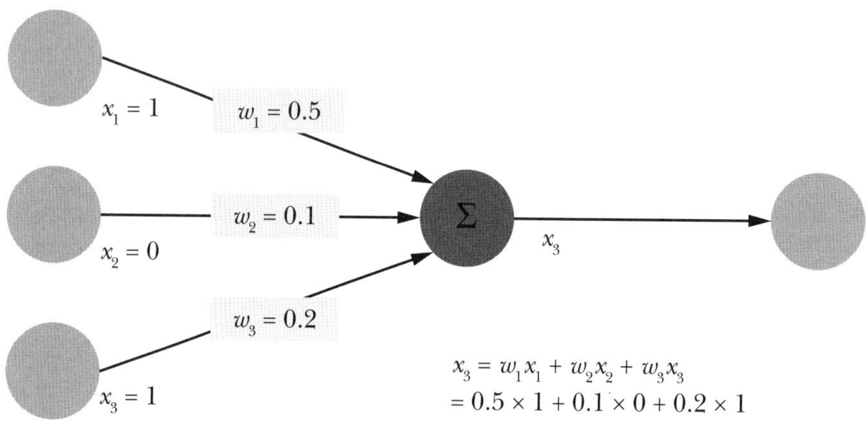

$$x_3 = w_1x_1 + w_2x_2 + w_3x_3$$
$$= 0.5 \times 1 + 0.1 \times 0 + 0.2 \times 1$$
$$= 0.7$$

그림 4-19 단일 뉴런의 수학적 모델. 출력은 세 입력의 함수다

각 뉴런은 다른 뉴런에 연결돼 있지만 모두 같은 방식으로 연결되는 것은 아니다. 각각의 연결은 관련된 가중치를 가지고 있다. 보통 발화하는 뉴런은 연결된 이웃에게 1의 신호를 보내는 반면 발화하지 않는 뉴런은 0의 신호를 보낸다. 이 가중치는 발화하는 입력 뉴런이 연결된 다른 뉴런으로 보내는 신호의 강도라고 생각하면 된다. 수학적으로는 전달되는 신호에 연결의 가중치를 곱하면 다음 뉴런에 전달될 입력을 계산할 수 있다. 이 예제에서 뉴런은 단순히 입력을 모두 합해서 자신의 출력을 계산한다. 바로 이것이 한 뉴런이 출력을 생성하는 방법을 정의하는 **활성화 함수**activation function다. 우리 예제에서 관련된 입력 뉴런이 발화하면 해당 뉴런 역시 발화할 가능성이 더 높아진다. 즉 신호가 신경망을 통해 전파되는 방식이다.

그렇다면 학습 알고리즘은 어떤 역할을 할까? 이 알고리즘은 훈련 데이터를 이용해 신경망의 가중치 w를 선택한다. 훈련 입력값 x가 주어졌을 때 서로 다른 가중치 w는 각기 다른 출력을 만들어낸다. 따라서 학습 알고리즘은 출력층이 훈련 데이터와 유사한 결과를 만들어낼 때까지 가중치 w를 점진적으로 변화시킨다. 다시 말하면 훈련 알고리즘은 훈련 데이터를 정확하게 예측하는 과정에서 발생하는 오차를 점진적으로 줄여 나간다.

네트워크의 구조, 훈련 알고리즘, 활성화 함수는 다양하다. 이번 장에서는 신경망을 활용하는 실질적인 방법을 한 줄의 코드로 보여준다. 그다음에는 여러분의 필요에 따라 더 자세한 내용을 공부해 나가면 된다(예를 들어 위키피디아에서 '신경망neural network' 페이지(https://en.wikipedia.org/wiki/Neural_network)를 참고해보기 바란다).

한 줄 코드 브리핑

이번 코드는 5가지 입력 피처(질문에 대한 답변)를 이용해 파이썬 스킬 수준(핀스터 평점)을 예측하는 신경망을 구현하는 것이다.

- **주 단위**: 지난 7일간 파이썬 코드를 접한 시간은 얼마인가?
- **연 단위**: 컴퓨터 공학을 공부한 기간은 몇 년인가?
- **보유 도서**: 책꽂이에 코딩 관련 도서가 몇 권이나 꽂혀 있는가?
- **프로젝트**: 파이썬 사용 시간 중 현업 프로젝트 수행 시간 비율은 어느 정도인가?
- **수입**: (최대한 폭넓게 잡아서) 자신의 기술적 스킬을 활용해 한 달에 올리는 소득은 (1000달러 단위로 반올림) 얼마인가?

예제 4-5처럼 다시 사이킷런sklearn 라이브러리를 이용해 신경망 회귀를 구현해 보자.

예제 4-5 한 줄로 구현한 신경망 분석 코드

```
## 의존성
from sklearn.neural_network import MLPRegressor
import numpy as np

## 질문 데이터 (WEEK, YEARS, BOOKS, PROJECTS, EARN, RATING)
X = np.array(
    [[20,  11,  20,  30,  4000,  3000],
     [12,   4,   0,   0, 1000,  1500],
```

```
    [2,   0,   1,  10,   0,  1400],
    [35,   5,  10,  70,  6000,  3800],
    [30,   1, 4, 65, 0, 3900],
    [35,   1, 0, 0, 0, 3700],
    [15,   1, 2, 95, 0, 1000],
    [40,   3,  -1,  60,  1000,  2000],
    [40,   1, 2, 95, 0, 1000],
    [10,   0, 0, 0, 0, 1400],
    [30,   1, 0, 50, 0, 1700],
    [1,   0, 0, 45, 0, 1762],
    [10,  32,  10,   5,   0,  2400],
    [5,  35,   4,   0, 13000,  3900],
    [8,   9,  40,  30,  1000,  2625],
    [1,   0,   1,   0,   0,  1900],
    [1,  30,  10,   0,  1000,  1900],
    [7,  16,   5,   0,   0,  3000]])

## 한 줄 코드
neural_net = MLPRegressor(max_iter=10000).fit(X[:,:-1], X[:,-1])

## 결과
res = neural_net.predict([[0, 0, 0, 0, 0]])
print(res)
```

인간이 이 코드의 실행 결과를 정확히 알아내기란 불가능하지만 한 번 시도해 보겠는가?

한 줄 코드 구현

처음 몇 줄의 코드는 데이터셋을 만들기 위한 코드다. 사이킷런 라이브러리의 머신러닝 알고리즘들은 유사한 입력 형식을 사용한다. 데이터셋의 각 행은 여러 피처에 대한 관측값을 가지고 있다. 행이 많을수록 훈련 데이터가 많아지고, 열이 많을수록 관측한 피처가 많아진다. 이 경우에는 5개의 피처를 입력으로 사용하며 각 훈련 데이터의 출력값을 위한 하나의 출력 피처가 있다.

이 한 줄 코드는 `MLPRegressor` 클래스의 생성자를 이용해 신경망을 생성한다. `max_iter=10000` 매개변수를 사용한 이유는 기본 반복 횟수(`max_iter=200`)를 사용하면 훈련이 제대로 이뤄지지 않기 때문이다.

그런 후 신경망의 매개변수를 결정하는 fit() 함수를 호출한다. fit() 함수를 호출하면 신경망이 성공적으로 초기화된다. fit() 함수에 (행은 관측치, 열은 피처를 의미하는) 다차원 배열을 입력 매개변수로 전달하면 1차원 배열을 출력으로 리턴한다(배열의 크기는 관측 횟수다).

이제 남은 일은 입력값에 대해 예측 함수를 호출하는 것이다.

```
## 결과
res = neural_net.predict([[0, 0, 0, 0, 0]])
print(res)
# [94.94925927]
```

함수의 비결정적 특성[4]과 서로 다른 수렴 동작[5]으로 인해 실제 출력은 약간씩 달라질 수 있다는 점에 유의한다.

쉬운 말로 설명해 보면 만약 여러분이 다음과 같이

- 지난 주에 파이썬 코드를 전혀 접하지 않았고 (0시간)
- 컴퓨터 공학을 배운 적이 없으며 (0년)
- 책꽂이에 코딩 도서가 한 권도 없고 (0권)
- 현업 파이썬 프로젝트에 전혀 시간을 할애하지 않고 (0%)
- 실제 코딩 기술로 얻은 수입이 없다면 (0달러)

이 경우, 신경망은 여러분의 실력 수준이 **현저히** 낮다고 판단한다(핀스터 평점 94는 파이썬으로 작성한 print("hello, world") 코드도 이해하지 못하는 수준이다).

이제 입력을 바꿔보자. 만일 한 주에 20시간 파이썬 코드를 공부하고 그 다음 주에 신경망의 결과를 다시 확인해보자.

```
## 결과
res = neural_net.predict([[20, 0, 0, 0, 0]])
print(res)
# [440.40167562]
```

4 신경망에서 입력값이 동일해도 매번 같은 결과가 나오지 않는 특성을 말함 – 옮긴이

5 신경망이 학습 과정에서 최적의 해답으로 수렴하는 과정을 말함. 이 과정 역시 입력값이 동일해도 매번 약간 다르게 동작할 수 있으며, 그에 따라 출력값이 달라질 수 있다. – 옮긴이

나쁘지 않다. 여러분의 실력이 꽤 좋아졌다. 하지만 이 평점에 만족할 수 있겠는가? (평균 이상의 파이썬 코더의 핀스터 평점은 1500-1700 사이이다.)

걱정할 것 없다. 이제 10권의 파이썬 책을 구입하고(바로 이 책을 샀을 테니 앞으로 9권만 더 구입하면 된다) 결과가 어떻게 바뀌는지 살펴보자.

```
## 결과
res = neural_net.predict([[20, 0, 10, 0, 0]])
print(res)
# [953.6317602]
```

평점이 상당히 좋아져서 거의 2배가 높아졌다. 하지만 파이썬 도서를 구입하는 것만으로는 별다른 도움이 되지 않는다. 이제 이 도서로 1년간 공부를 했다고 가정해 보자.

```
## 결과
res = neural_net.predict([[20, 1, 10, 0, 0]])
print(res)
# [999.94308353]
```

결과는 크게 달라지지 않는다. 바로 이런 점 때문에 나는 신경망을 그다지 신뢰하지 않는다. 내 생각에는 최소 1500점 정도는 얻을 수 있어야 한다. 하지만 동시에 이 결과는 훈련 데이터가 좋아야 신경망도 그만큼 좋아질 수 있다는 점을 보여준다. 지금은 훈련 데이터가 제한적이라 신경망은 이 제한을 극복할 수 없다. 데이터가 너무 적기 때문에 알아낼 수 있는 것이 그만큼 적다는 뜻이다.

하지만 포기할 필요는 없지 않은가? 이제 파이썬 프리랜서로서 파이썬 사용 시간 중 50%를 파이썬 프로젝트에 할애하면 결과는 다음처럼 바뀐다.

```
## 결과
res = neural_net.predict([[20, 1, 10, 50, 1000]])
print(res)
# [1960.7595547]
```

짜잔! 이 신경망은 갑자기 여러분이 전문 파이썬 코더라고 인식한다. 제법 똑똑하지 않은가! 파이썬을 최소 1년 정도 배우고 실제 프로젝트를 수행 중이라면 좋은 코더가 될 수 있을 것이다.

지금까지 신경망의 기초와 파이썬 한 줄 코드로 신경망을 활용하는 방법에 대해 배웠다. 흥미로운 점이라면, 질답 데이터상으로는 어쩌면 처음에는 프리랜서 프로젝트라고 할지라도 실제 프로젝트에 참여하는 것이 학습 성공에 매우 중요하다는 사실을 발견할 수 있었다. 신경망은 그 점을 확실히 알고 있다. 프리랜서가 될 수 있는 정확한 전략을 알고 싶다면 파이썬 프리랜서가 되는 방법을 주제로 하는 무료 웨비나(https://blog.finxter.com/webinar-freelancer/)를 참고하기 바란다.

다음 절에서는 또 다른 강력한 모델인 의사결정 트리decision tree에 대해 알아본다. 신경망은 훈련 비용이 상당하지만 (여러 대의 머신은 물론 훈련에 몇 시간 또는 몇 주가 소요된다) 의사결정 트리는 상당히 가볍다. 어쨌든 둘 다 훈련 데이터로부터 패턴을 추출하는 빠르고 효율적인 방법이긴 하다.

Q26 의사결정 트리 학습하기

의사결정 트리decision tree는 머신러닝 분야에서 강력하면서도 기본적인 도구다. 의사결정 트리의 가장 큰 장점은 다른 머신러닝 기법과 달리, 사람이 읽을 수 있다는 점이다. 의사결정 트리는 쉽게 훈련시켜 상사에게 보여줄 수 있으며, 상사는 모델이 무엇을 하는지 이해하기 위해 머신러닝에 대해 아무것도 알 필요가 없다. 특히 경영진에게 자신의 정당성을 입증하고 결과를 제시해야 하는 데이터 과학자의 입장에서 큰 장점이다. 이번 절에서는 파이썬 한 줄 코드로 의사결정 트리를 활용하는 방법을 살펴본다.

코딩 미션

다른 머신러닝 알고리즘과 달리, 의사결정 트리의 기본 개념은 이미 익숙할지도 모르겠다. 의사결정 트리는 구조화된 방식으로 결정을 내린다. 각 결정은 새로운 브랜치를 생성한다. 질문에 계속 답하다 보면 결국 추천 결과에 도달하게 된다. 그림 4-20을 살펴보자.

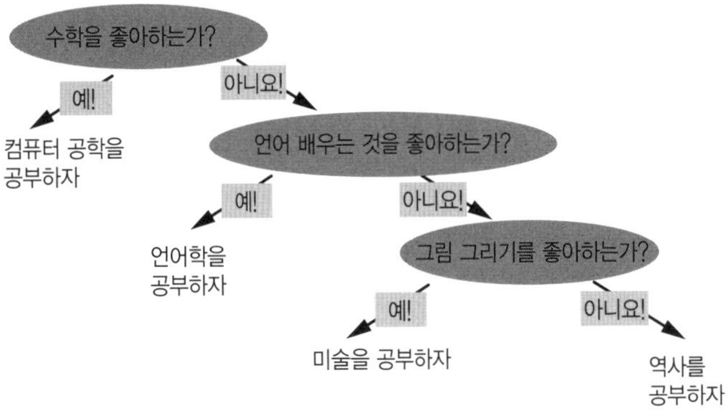

그림 4-20 학습 과목을 추천하는 간소화된 의사결정 트리

의사결정 트리는 "나의 관심사에 비추어 어떤 과목을 학습해야 할까?" 같은 분류 문제를 해결하는 데 사용한다. 의사결정은 가장 위에서 시작한다. 그리고 반복적으로 질문에 답을 하면서 자신의 특성에 가장 적합한 선택을 내리게 된다. 마지막으로 자식 노드가 없는 **리프**leaf **노드**에 도달하게 된다. 이것이 여러분의 선택에 따른 추천 클래스가 된다.

의사결정 트리는 여러 가지 뉘앙스를 가지고 있다. 앞서 예제에서 첫 번째 질문은 마지막 질문보다 가중치가 높다. 만일 수학을 좋아한다면 절대 미술이나 언어학을 추천하지 않는다. 이 방식이 유용한 이유는 어떤 피처는 다른 피처에 비해 분류를 결정하는 데 더 중요하기 때문이다. 예를 들어 현재의 건강 상태를 예측하는 분류 시스템은 여러분의 성별이라는 피처를 이용해 실질적으로 많은 질병(클래스)을 배제시킬 수 있다.

따라서 의사결정 노드의 순서 자체가 성능을 최적화하는 방법이다. 즉 최종 분류에 더 큰 영향을 미치는 피처를 상위에 배치해야 한다. 의사결정 트리의 학습에서는 그림 4-21처럼 최종 결정에 영향도가 낮은 질문은 하위에 모으면 된다.

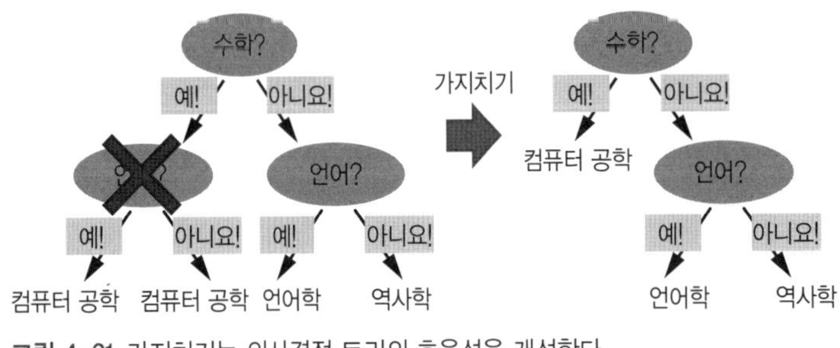

그림 4-21 가지치기는 의사결정 트리의 효율성을 개선한다

완전한 의사결정 트리가 왼편 그림과 같다고 생각해보자. 이 경우 피처의 조합에 따라 분류 결과(트리 리프)가 달라질 수 있다. 하지만 어떤 피처는 분류 문제와 관련된 추가 정보를 전혀 제공하지 못할 수 있다(예를 들어 예제에서 처음 언어학을 결정하는 노드). 의사결정 트리 학습은 효율성을 위해 이런 노드를 효과적으로 제거하는데, 이를 **가지치기**pruning라고 한다.

한 줄 코드 브리핑

한 줄의 파이썬 코드로 의사결정 트리를 생성할 수 있다. 예제 4-6을 살펴보자.

예제 4-6 한 줄 코드로 구현한 의사결정 트리 분류

```
## 의존성
from sklearn import tree
import numpy as np

## 데이터: 과목별 학생들의 성적 (수학, 언어, 창의력) --> 학습 분야
X = np.array([[9, 5, 6, "컴퓨터 공학"],
              [1, 8, 1, "언어학"],
              [5, 7, 9, "미술학"]])

## 한 줄 코드
Tree = tree.DecisionTreeClassifier().fit(X[:,:-1], X[:,-1])

## 결과
student_0 = Tree.predict([[8, 6, 5]])
print(student_0)
student_1 = Tree.predict([[3, 7, 9]])
print(student_1)
```

이 코드의 실행 결과는 어떨까?

한 줄 코드 구현

이 코드의 데이터는 수학, 언어, 창의력의 세 가지 영역에서 학생 3명의 추정 실력 수준을(1~10 사이의 점수로) 설명한다. 또한 이 학생들의 학습 과목까지 알고 있다. 예를 들어 첫 번째 학생은 수학 점수가 높으며 컴퓨터 공학을 공부하고 있다. 두 번째 학생은 다른 능력보

다 언어 능력이 출중하며 언어학을 공부하고 있다. 세 번째 학생은 창의력이 높아 미술을 공부하고 있다.

이 한 줄 코드는 새로운 의사결정 트리 객체를 생성하고 `fit()` 함수를 이용해 레이블이 지정된 훈련 데이터(마지막 열이 데이터의 레이블)로 모델을 훈련한다. 내부적으로 이 작업은 수학, 언어, 창의력 등 각 피처에 대한 3개의 노드를 생성한다. `student_0`(수학 = 8, 언어 = 6, 창의력 = 5)의 클래스를 예측할 때 의사결정 트리는 컴퓨터 공학을 리턴한다. 이제 이 모델은 이런 피처 패턴(높음, 중간, 중간)이 첫 번째 클래스를 의미한다는 것을 학습했다. 반면 (3, 7, 9)를 입력하면 의사결정 트리는 (낮음, 중간, 높음)의 패턴이 세 번째 클래스라는 점을 학습했으므로 미술을 추천한다.

이 알고리즘은 비결정적이다. 다시 말하면 같은 코드를 두 번 실행하면 다른 결과가 나올 수 있다. 랜덤 생성기를 기반으로 동작하는 머신러닝 알고리즘은 보통 그렇게 동작한다. 이 경우에는 피처의 순서가 랜덤하게 정해지므로 최종 의사결정 트리의 피처 순서가 달라질 수 있다.

의사결정 트리는 사람이 읽을 수 있는 머신러닝 모델을 생성하는 직관적인 방법이다. 각 브랜치는 새로운 샘플 데이터의 한 피처를 기준으로 내릴 수 있는 선택을 표시한다. 트리의 리프는 최종 예측값(분류 또는 회귀)을 표현한다. 다음 절에서는 구체적인 머신러닝 알고리즘을 잠시 미뤄두고 머신러닝에서 중요한 개념 중 하나인 분산variance에 대해 알아본다.

Q 27 분산값이 가장 낮은 행 구하기

여러분은 빅데이터의 V 요소들, 즉 볼륨volume, 속도velocity, 다양성variety, 진실성veracity, 가치value에 대해 들어봤을 것이다. 분산variance은 또 다른 중요한 V 요소다. 분산은 데이터가 평균으로부터 벗어난 (제곱) 편차의 기댓값을 측정한다. 사실 분산은 금융 서비스, 날씨 예측, 이미지 처리 같은 관련 응용 분야에서 중요한 측정 지표다.

코딩 미션

분산은 1차원 또는 다차원 공간 내에서 데이터가 평균을 중심으로 얼마나 퍼져 있는지를 측정한다. 잠시 후에는 시각적 예시를 볼 수 있을 것이다. 사실 분산은 머신러닝에서 가장 중요한 속성 중 하나다. 분산은 보편적인 방식으로 데이터의 패턴을 포착하는데, 머신러닝은 전적으로 패턴 인식에 관한 것이다.

많은 머신러닝 알고리즘이 어떤 형태로든 분산에 의존한다. 예컨대 **편향-분산 트레이드오프** bias-variance trade-off는 머신러닝 분야에서는 잘 알려진 문제다. 정교한 머신러닝 모델은 데이터의 과적합overfitting 위험(높은 분산)을 감수하고 훈련 데이터를 매우 정확하게 표현한다(낮은 편향). 반면 단순한 모델은 일반화가 잘 되어 있지만(낮은 분산) 데이터를 정확하게 표현하지 못한다(높은 편향).

그렇다면 정확히 분산이란 무엇일까? 분산이란 평균값으로부터 데이터셋이 얼마나 퍼져 있는지를 잡아내는 간단한 통계적 속성이다. 그림 4-22는 낮은 분산과 높은 분산의 특성을 갖는 두 데이터셋의 형태를 보여준다.

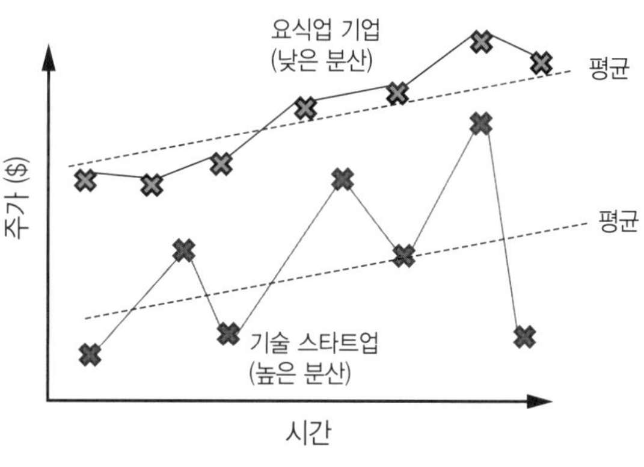

그림 4-22 두 기업의 주가 분산을 비교하는 그래프

이 예제는 두 기업의 주가를 보여준다. 기술 스타트업의 주가는 평균을 중심으로 크게 변동한다. 반면 요식업 기업의 주가는 꽤 안정적이며 변동폭이 평균값에서 크게 벗어나지 않는다. 다시 말하면 기술 스타트업은 높은 분산을, 요식업 기업은 낮은 분산을 보인다.

수학적으로 수치 값 집합 X의 분산 $var(X)$는 다음의 공식을 이용해 계산할 수 있다.

$$var(X) = \sum_{x \in X} (x - \bar{x})^2$$

이 때 값 $\bar{x}$는 X 데이터셋의 평균값이다.

한 줄 코드 브리핑

투자자들은 나이가 들면 투자 포트폴리오의 전반적인 위험을 줄이고자 한다. 지배적인 투자 철학에 따르면 투자 위험도를 낮추려면 낮은 분산을 보이는 주식에 투자해야 한다. 즉 안정적이고 예측 가능한 회사, 그리고 작은 기술 스타트업보다는 대기업에 투자해야 손실을 최소화할 수 있다.

예제 4-7의 한 줄 코드의 목적은 여러분의 포트폴리오에서 분산이 가장 낮은 주식을 찾아내는 것이다. 이 주식에 더 많이 투자하면 포트폴리오의 전체적인 분산을 낮출 수 있다.

그림 4-7 한 줄 코드로 가장 낮은 분산을 계산하는 방법

```
## 의존성
import numpy as np

## 데이터 (행: 주식 / 열: 주가)
X = np.array([[25,27,29,30],
              [1,5,3,2],
              [12,11,8,3],
              [1,1,2,2],
              [2,6,2,2]])

## 한 줄 코드
# 가장 낮은 분산을 보이는 주식을 찾는다
min_row = min([(i,np.var(X[i,:])) for i in range(len(X))], key=lambda x: x[1])

## 결과
print("가장 낮은 분산값을 가진 행: " + str(min_row[0]))
print("가장 낮은 분산값: " + str(min_row[1]))
```

이 코드의 실행 결과는 어떨까?

한 줄 코드 구현

늘 그랬듯이 먼저 한 줄 코드를 실행할 데이터부터 정의한다(예제 4-7의 상단부 참고). 넘파이 배열 X는 4개의 값(주가)을 가진 5개 행(포트폴리오의 주식당 한 행)으로 구성되어 있다.

목표는 가장 분산이 낮은 주식의 ID와 분산을 찾는 것이다. 그래서 이 한 줄 코드의 가장 바깥쪽 함수는 min() 함수다. min()함수를 튜플 (a, b)의 시퀀스에 대해 실행한다. 이 튜플의 값에서 a는 행의 인덱스(주식 인덱스)이며 b는 행의 분산을 의미한다.

튜플의 시퀀스에서 최솟값이 무엇이냐고 질문할 수 있다. 당연히 이 작업을 실행하기 전에 최솟값의 기준부터 올바르게 정의부터 해야 한다. 이를 위해 min() 함수의 key 매개변수를 사용한다. key 매개변수에는 시퀀스 값이 주어졌을 때 비교 가능한 객체 값을 리턴하는 함수가 전달된다. 다시 말하지만 우리의 시퀀스 값은 튜플이며 그중에서 분산(튜플의 두 번째 값)이 가장 낮은 튜플을 찾아야 한다. 분산은 튜플의 두 번째 값이므로 비교 대상으로 x[1]을 리턴해야 한다. 즉 튜플 중에 두 번째 값이 가장 낮은 튜플이 바로 우리가 찾는 값이다.

튜플값의 시퀀스를 만드는 방법을 알아보자. 리스트 컴프리헨션을 이용하면 모든 행 인덱스(주식)에 대한 튜플을 생성할 수 있다. 튜플의 첫 번째 값은 행 i의 인덱스다. 그리고 두 번째 값은 이 행의 분산이다. 슬라이싱과 함께 넘파이 var() 함수를 호출하면 행의 분산을 계산할 수 있다.

이 한 줄 코드의 실행 결과는 다음과 같다.

```
"""
가장 낮은 분산값을 가진 행: 3
가장 낮은 분산값: 0.25
"""
```

이 문제를 해결하는 대안이 있다는 점을 덧붙이고 싶다. 이 책이 파이썬 한 줄 코딩에 대한 책이 아니라면 이 한 줄 코드 대신 다음과 같은 코드를 사용할 것이다.

```
var = np.var(X, axis=1)
min_row = (np.where(var==min(var)), min(var))
```

첫 번째 줄은 열(axis=1)을 따라 넘파이 배열 X의 분산을 계산한다. 두 번째 줄에서는 튜플을 생성한다. 튜플의 첫 번째 값은 분산 배열에서 최솟값을 갖는 행의 인덱스다. 두 번째 값은 분산 배열에서 최솟값이다. 같은 분산(최솟값)을 가진 행이 여러 개 있을 수 있다는 점을 기억하자.

이 방법은 읽기가 더 수월하다. 그러므로 간결함과 가독성 사이에는 분명히 트레이드오프가 있다. 한 줄로 모든 것을 해결할 수 있다고 해서 반드시 그렇게 할 필요는 없다. 모든 것이 동일하다면 불필요한 정의, 주석 또는 중간 단계로 코드를 복잡하게 만드는 것보다는 간결하면서도 가독성 높은 코드를 작성하는 편이 훨씬 좋다.

이번 절에서는 분산에 대한 기본적인 내용을 학습했으므로 이제 기본적인 통계 계산을 알아볼 차례다.

Q 28 기본적인 통계 구현하기

데이터 과학자이자 머신러닝 엔지니어로서 여러분은 통계에 대한 기본 지식을 갖춰야 한다. 머신러닝 알고리즘 중 일부는 완전히 통계(예를 들면 베이지안 네트워크Bayesian network 같은)를 기반으로 하고 있다.

예를 들어 지표(평균, 분산, 표준 편차 등)로부터 기본적인 통계를 추출하는 것은 금융 데이터나 건강 데이터, 소셜미디어 데이터 같은 대규모 데이터셋을 분석하는 데 중요한 요소다. 머신러닝과 데이터 과학의 발전으로 인해 파이썬 기반 데이터 과학, 통계, 선형 대수학 등의 핵심인 넘파이의 사용법을 아는 것은 시장에서 더욱 중요해질 것이다.

이번 한 줄 코드에서는 넘파이를 이용해 기본적인 통계를 계산하는 방법을 알아본다.

코딩 미션

이번 절에서는 축을 따라 평균, 표준 편차, 분산을 계산하는 방법을 설명한다. 이 세 가지를 계산하는 방법은 매우 유사하다. 따라서 한 가지를 이해하면 나머지도 충분히 이해할 수 있다.

이번 절의 목표는 다음과 같다. 행이 서로 다른 기업을 의미하고 열이 일별 주가를 의미하는 주식 데이터를 저장한 넘파이 배열이 주어질 때 각 회사의 주가 평균과 표준 편차를 구하는 것이다(그림 4-23 참고).

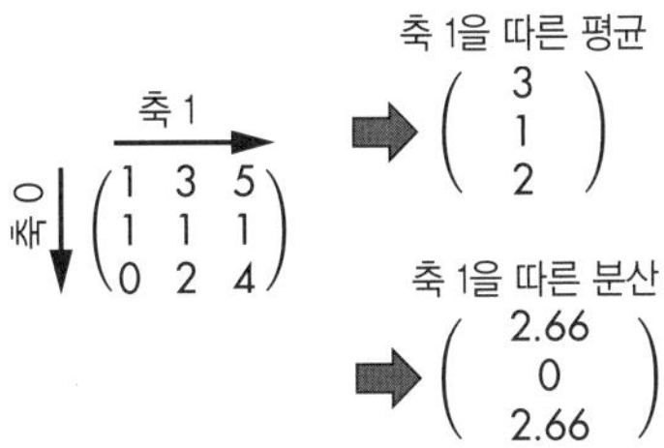

그림 4-23 축 1을 따른 평균과 분산

이 예제는 2차원 넘파이 배열을 보여주지만 실제로는 더 높은 차원의 배열을 다루는 경우가 많다.

간단한 평균, 분산, 표준 편차

넘파이로 이를 어떻게 구현할지 살펴보기에 앞서, 필요한 기초를 천천히 다져보자. 여러분은 넘파이 배열의 모든 값을 대상으로 간단한 평균, 분산, 표준 편차를 계산하려고 한다. 이번 장에서 이미 평균 및 분산 함수의 예제를 살펴봤다. 표준 편차는 간단히 말하면 분산의 제곱근이다. 다음 함수들을 사용해 이 값들을 쉽게 구할 수 있다.

```
import numpy as np
X = np.array([[1, 3, 5],
              [1, 1, 1],
              [0, 2, 4]])

print(np.average(X))
# 2.0

print(np.var(X))
# 2.4444444444444446

print(np.std(X))
# 1.5634719199411433
```

위 코드는 2차원 넘파이 배열 X에 대해 함수를 호출하고 있다. 그러나 넘파이는 배열을 평탄화flatten하고 그 배열에 대해 함수를 적용한다. 예를 들어 평탄화된 넘파이 배열 X의 평균은 다음과 같이 계산한다.

$$(1 + 3 + 5 + 1 + 1 + 1 + 0 + 2 + 4) / 9 = 18 / 9 = 2.0$$

축을 따라 평균, 분산, 표준 편차 계산하기

그러나 때로는 축을 따라 이러한 함수들을 적용해야 하는 경우도 있다. 이를 위해 평균, 분산 및 표준 편차 함수에 키워드 axis를 매개변수로 지정할 수 있다(axis 매개변수에 대한 자세한 설명은 3장을 참고하기 바란다).

한 줄 코드 브리핑

예제 4-8은 축을 따라 평균, 분산, 표준 편차를 계산하는 방법을 보여준다. 우리의 목표는 주식을 표현하는 행과 일별 주가를 표현하는 열을 가진 2차원 행렬에서 모든 주식에 대한 평균, 분산, 표준 편차를 계산하는 것이다.

예제 4-8 축을 따라 기본적인 통계를 계산하는 코드

```
## 의존성
import numpy as np

## 5개 회사의 주가 데이터
# (row=[price_day_1, price_day_2, ...])
x = np.array([[8, 9, 11, 12],
              [1, 2, 2, 1],
              [2, 8, 9, 9],
              [9, 6, 6, 3],
              [3, 3, 3, 3]])

## 한 줄 코드
avg, var, std = np.average(x, axis=1), np.var(x, axis=1), np.std(x, axis=1)

## 결과
print("평균: " + str(avg))
```

```
print("분산: " + str(var))
print("표준 편차: " + str(std))
```

이 코드의 실행 결과는 어떨까?

한 줄 코드 구현

이 한 줄 코드는 axis 키워드를 이용해 평균, 분산, 표준 편차를 계산할 때 따라야 할 축을 지정한다. 예를 들어 위 함수에 매개변수 axis=1을 지정하면 각 행은 하나의 값으로 집계된다. 따라서 결과 넘파이 배열의 차원이 하나 줄어들게 된다.

이 코드의 실행 결과는 다음과 같다.

```
"""
평균: [10.  1.5  7.   6.   3. ]
분산: [2.5  0.25  8.5  4.5  0. ]
표준 편차: [1.58113883 0.5   2.91547595 2.12132034 0.   ]
"""
```

다음 한 줄 코드를 살펴보기에 앞서, 더 높은 차원의 넘파이 배열에 같은 개념을 적용하는 방법을 보여주고자 한다.

고차원 넘파이 배열의 축을 따라 평균을 계산할 때는 axis 매개변수에 정의된 축을 따라 집계해야 한다. 다음 예제를 살펴보자.

```
import numpy as np
x = np.array([[[1,2], [1,1]],
              [[1,1], [2,1]],
              [[1,0], [0,0]]])

print(np.average(x, axis=2))
print(np.var(x, axis=2))
print(np.std(x, axis=2))

"""
```

```
[[1.5 1. ]
 [1.  1.5]
 [0.5 0. ]]
[[0.25 0.  ]
 [0.   0.25]
 [0.25 0.  ]]
[[0.5 0. ]
 [0.  0.5]
 [0.5 0. ]]
"""
```

여기에는 축 2(3장 참고, 가장 안쪽의 축)를 따라 평균, 분산, 표준 편차를 계산하는 세 가지 예시가 있다. 다시 말하면 축 2의 모든 값은 하나의 값으로 결합되어 결과 배열에서 축 2가 사라지게 된다. 이 세 가지 예시를 살펴보고 축 2가 정확히 어떻게 평균, 분산, 표준 편차 값으로 계산되는지 파악해보기 바란다.

요약하자면 (금융 데이터, 건강 데이터, 소셜 미디어 데이터 등) 다양한 데이터셋에서 기본적인 인사이트를 추출할 수 있어야 한다. 이번 절에서는 넘파이를 이용해 다차원 배열에서 빠르고 효율적으로 기본적인 통계를 추출하는 방법에 대해 설명했다. 지금까지 살펴본 방법은 다양한 머신러닝 알고리즘의 기본적인 전처리 단계에 활용될 수 있다.

Q 29 서포트 벡터 머신을 이용한 분류 구현하기

최근 들어 **서포트 벡터 머신**support-vector machine(SVM)은 고차원 공간에서까지 강력한 분류 성능을 보이면서 큰 인기를 얻었다. 놀랍게도 서포트 벡터 머신은 데이터 항목보다 차원(피처)이 더 많아도 잘 동작한다. 이 점이 분류 알고리즘에서 이례적인 이유는 **차원의 저주**curse of dimensionality 때문인데, 차원의 저주란 차원이 높아질수록 데이터가 극도로 희소해져 알고리즘이 데이터셋에서 패턴을 찾기 어려워지는 현상이다. 실력 있는 머신러닝 엔지니어가 되려면 서포트 벡터 머신의 기본 아이디어를 이해하는 것이 중요하다.

코딩 미션

분류 알고리즘은 어떻게 동작할까? 이런 알고리즘은 훈련 데이터를 사용해서 하나의 클래스와 다른 클래스의 데이터를 구분하는 **결정 경계**decision boundaries를 찾는 방식으로 동작한다 (137페이지의 '로지스틱 회귀 구현하기' 절에서는 시그모이드 함수의 확률이 임계값 0.5 이하인지 이상인지를 결정 경계로 활용했다).

분류를 개략적으로 살펴보기

그림 4-24는 일반적인 분류기의 예시를 보여준다.

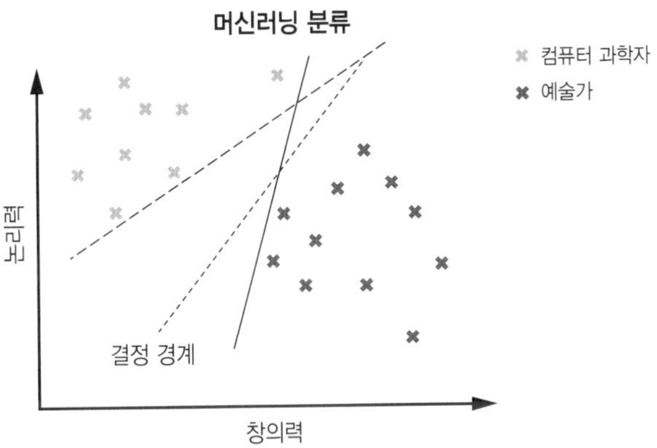

그림 4-24 컴퓨터 과학자와 예술가의 다양한 능력치

대학 진학을 희망하는 학생들을 위한 추천 시스템을 구축한다고 가정해보자. 앞서 살펴본 그림은 논리력과 창의력이라는 두 가지 영역에서 학생들의 능력에 따라 분류된 훈련 데이터를 시각화한 것이다. 어떤 학생들은 논리력이 뛰어난 반면 창의력이 다소 낮으며 그 반대의 성향을 보이는 학생들도 있다. 그래서 첫 번째 그룹은 **컴퓨터 과학자**로 분류하고 두 번째 그룹은 **예술가**로 분류한다.

새로운 학생을 분류하려면 머신러닝 모델은 컴퓨터 과학자와 예술가를 구별하기 위한 결정 경계를 찾아내야 한다. 대략적으로 학생들이 결정 경계 기준으로 어느 쪽에 위치하는지에 따라 분류하는 것이다. 예제의 경우는 왼쪽 영역에 해당하는 학생을 컴퓨터 과학자로, 오른쪽 영역에 해당하는 학생을 예술가로 분류한다.

2차원 공간에서 결정 경계는 하나의 선line이거나 (고차higher-order) 곡선이다. 선은 **선형 분류기**linear classifier라고 부르며 후자는 **비선형 분류기**nonlinear classifier라고 한다. 이번 절에서는 선형 분류기만 살펴보자.

그림 4-24는 데이터를 분류하는 세 개의 결정 경계를 보여주며 모두 유효한 경계다. 예제에서는 세 경계가 모두 훈련 데이터를 정확하게 분류하기 때문에 어떤 결정 경계가 더 나은지 판단할 수 없다.

최선의 결정 경계는 무엇일까?

서포트 벡터 머신SVM은 이 질문에 대해 독특하고 아름다운 해답을 제공한다. 최선의 결정 경계는 안전 마진을 최대로 제공한다는 주장이다. 다시 말하면 서포트 벡터 머신은 가장 가까운 데이터 포인트와 결정 경계 사이의 거리를 최대화한다. 목표는 결정 경계에 가까운 새 데이터 포인트의 오류를 최소화하는 것이다.

그림 4-25에서 예시를 살펴보자.

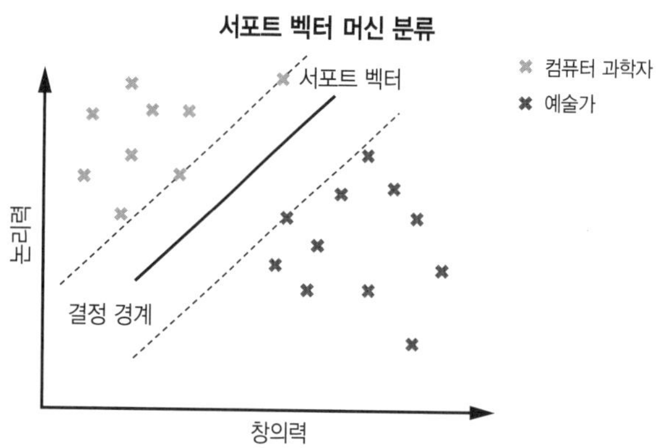

그림 4-25 서포트 벡터 머신은 마진을 최대화한다

서포트 벡터 머신 분류기는 서포트 벡터 사이의 영역이 가능한 두터워지게 하는 각각의 서포트 벡터를 찾는다. 여기서 서포트 벡터는 결정 경계와 평행한 두 점선 위에 놓인 데이터 지점들이다. 이 선들을 **마진**margin이라고 한다. 마진과 거리가 가장 먼 가운데 선이 바로 결정 경계다. 마진과 결정 경계 사이의 영역이 최대화됐기 때문에 새로운 데이터 지점을 분류할 때 **오류의 가능성이 최소화된다**. 이 아이디어는 많은 실제 문제에서 높은 분류 정확도를 보여준다.

한 줄 코드 브리핑

단 한 줄의 파이썬 코드로 서포트 벡터 머신SVM을 구현할 수 있을까? 예제 4-9를 살펴보자.

예제 4-9 SVM 분류를 수행하는 한 줄 코드

```
## 의존성
from sklearn import svm
import numpy as np

## 데이터: 학생의 점수 (수학, 언어, 창의력) --> 전공 과목
X = np.array([[9, 5, 6, "computer science"],
              [10, 1, 2, "computer science"],
              [1, 8, 1, "literature"],
              [4, 9, 3, "literature"],
              [0, 1, 10, "art"],
              [5, 7, 9, "art"]])

## 한 줄 코드
svm = svm.SVC().fit(X[:,:-1], X[:,-1])

## 결과
student_0 = svm.predict([[3, 3, 6]])
print(student_0)
student_1 = svm.predict([[8, 1, 1]])
print(student_1)
```

이 코드의 실행 결과를 예상해보자.

한 줄 코드 구현

이 코드는 파이썬에서 가장 기본적인 형태로 서포트 벡터 머신을 사용하는 방법을 보여준다. 훈련 데이터가 저장된 넘파이 배열의 행은 사용자를 의미하며 열은 피처(수학, 언어, 창의력 능력의 수준)를 의미한다. 마지막 열은 레이블(클래스)이다.

보유하고 있는 데이터가 3차원 데이터이므로 서포트 벡터 머신은 1차원 줄이 아니라 2차원 평면(선형 분리기linear separator)으로 데이터를 분리한다. 코드에서 볼 수 있듯이, 이전 예제처럼 단 2개가 아니라 3개의 클래스로 분리하는 것도 가능하다.

한 줄 코드 자체는 매우 직관적이다. 먼저 svm.SVC 클래스(SVC는 support-vector classification의 약자다)의 생성자를 이용해 모델을 생성한다. 그런 후 fit() 함수를 호출해 레이블이 지정된 훈련 데이터를 기반으로 훈련을 수행한다.

코드의 결과 부분을 보면 새로운 관측치에 대해 predict() 함수를 호출한다. student_0 학생은 수학=3, 언어=3, 창의력=6의 능력을 가지고 있으므로 서포트 벡터 머신은 이 학생의 능력이 art라는 레이블에 적합하다고 예측한다. 마찬가지로 student_1 학생은 수학=8, 언어=1, 창의력=1의 능력을 가지고 있다. 따라서 서포트 벡터 머신은 이 학생의 능력이 computer science 레이블에 적합하다고 예측한다.

이 한 줄 코드의 최종 실행 결과는 다음과 같다.

```
## 결과
student_0 = svm.predict([[3, 3, 6]])
print(student_0)
# ['art']

student_1 = svm.predict([[8, 1, 1]])
print(student_1)
## ['computer science']
```

결론적으로 서포트 벡터 머신은 훈련 데이터 벡터보다 더 많은 피처가 존재하는 고차원 공간에서도 잘 동작한다. **안전 마진**margin of safety을 최대화하는 아이디어는 이해하기 쉬울 뿐더러 **경계 사례**boundary case, 즉 안전 마진 내에 위치하는 벡터를 분류할 때 견실한 성능을 발휘한다. 이번 장의 마지막 절에서는 한발 물러나 분류의 메타 알고리즘인 랜덤 포레스트randome forest를 이용한 앙상블 학습을 살펴본다.

Q 30 랜덤 포레스트를 이용한 분류 구현하기

이제 머신러닝의 흥미로운 기법인 **앙상블 학습**ensemble learning에 대해 알아보자. 예측 정확도가 부족하지만 어떻게든 마감일을 지켜야 하는 경우를 대비한 팁을 하나 공개한다. 여러 예측(또는 분류) 머신러닝 알고리즘을 결합하는 메타 학습 접근 방식 시도해 보라는 것이다. 대부분의 경우 마지막 순간에 더 나은 결과를 제공할 것이다.

코딩 미션

앞 절에서 우리는 빠르게 결과를 볼 수 있는 여러 머신러닝 알고리즘을 살펴봤다. 하지만 각 알고리즘은 나름의 강점을 가지고 있다. 예를 들어 신경망 분류기는 복잡한 문제를 해결할 때 훌륭한 결과를 낸다. 하지만 데이터의 상세한 패턴을 기억하는 강력한 능력 때문에 데이터의 과적합을 유발하는 경향이 있다. 앙상블 학습을 분류 문제에 사용하면 어떤 머신러닝 기법이 가장 적합한지 사전에 알 수 없다는 문제를 부분적으로나마 극복할 수 있다.

동작 방식은 이렇다. 먼저 기본적인 머신러닝 알고리즘의 여러 유형이나 인스턴스로 구성된 메타 분류기를 생성한다. 다시 말하면 여러 모델을 훈련시킨다는 뜻이다. 하나의 관측치를 분류하기 위해 모든 모델에게 입력을 독립적으로 분류하도록 요청한다. 그런 후 주어진 입력값에 대해 가장 자주 리턴된 클래스를 **메타 예측**meta-prediction으로 리턴한다. 이것이 앙상블 학습 알고리즘의 최종 결과물이다.

랜덤 포레스트 Random forest는 특별한 종류의 앙상블 학습 알고리즘이다. 이 알고리즘은 의사결정 트리 학습에 중점을 둔다. 많은 나무로 숲이 구성되는 것처럼, 랜덤 포레스트는 많은 의사결정 트리로 구성된다. 각 의사결정 트리는 훈련 단계의 트리 생성 프로시저에 무작위성을 주입(예를 들어 어떤 트리 노드를 먼저 선택할 것인지 등)해서 구현된다. 이 결과 다양한 결정 트리가 만들어지는데, 이것이 정확히 우리가 원하는 바다.

그림 4-26은 다음 시나리오를 이용해 훈련된 랜덤 포레스트의 예측이 어떤 방식으로 동작하는지 보여준다. 시나리오상 앨리스Alice는 수학과 언어 능력이 높다. 앙상블은 세 개의 의사결정 트리로 구성되어 있다(랜덤 포레스트를 구성한다). 앨리스를 분류하기 위해 각 의사결정 트리에 앨리스의 분류를 요청한다. 의사결정 트리 중 2개가 앨리스를 컴퓨터 과학자로 분류했다. 이 클래스가 가장 빈번하게 리턴된 결과이므로 앨리스에 대한 분류의 최종 결과는 컴퓨터 과학자가 된다.

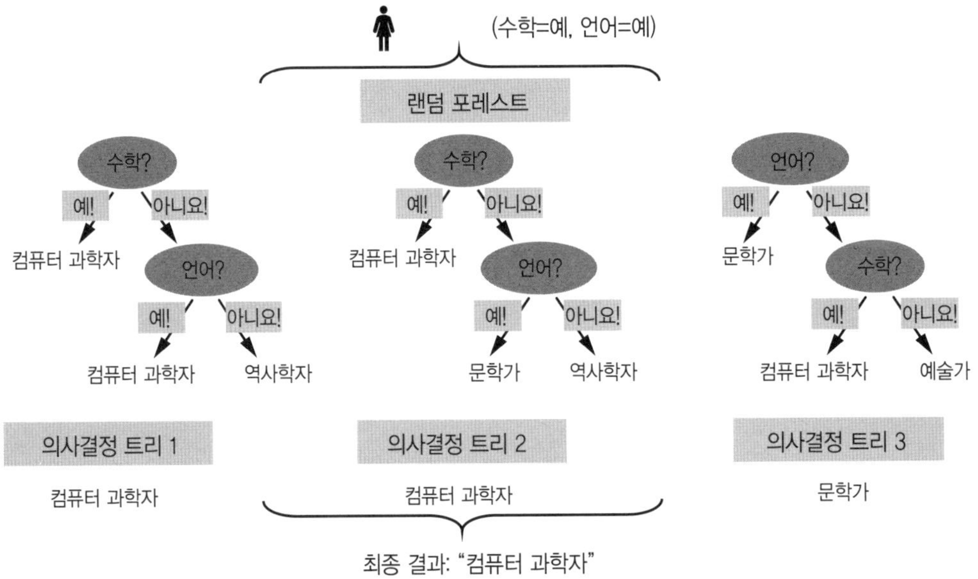

그림 4-26 랜덤 포레스트 분류기는 세 개의 의사결정 트리의 결과를 집계한다

한 줄 코드 브리핑

세 가지 영역(수학, 언어, 창의력)에서 학생의 능력 수준으로 학생을 분류하는 예시를 여기서도 적용해보자. 파이썬으로 앙상블 학습 방법을 구현하는 것이 복잡하다고 생각할지도 모르겠다. 하지만 풍부한 기능을 제공하는 사이킷런 라이브러리를 활용하면 그렇지 않다(예제 4-10 참고).

예제 4-10 랜덤 포레스트 분류기를 이용한 앙상블 학습

```
## 의존성
import numpy as np
from sklearn.ensemble import RandomForestClassifier

## 데이터: 학생의 점수 (수학, 언어, 창의력) --> 전공 분야
X = np.array([[9, 5, 6, "computer science"],
              [5, 1, 5, "computer science"],
              [8, 8, 8, "computer science"],
              [1, 10, 7, "literature"],
              [1, 8, 1, "literature"],
              [5, 7, 9, "art"],
```

```
              [1, 1, 6, "art"]])

## 한 줄 코드
Forest = RandomForestClassifier(n_estimators=10).fit(X[:,:-1], X[:,-1])

## 결과
students = Forest.predict([[8, 6, 5],
                           [3, 7, 9],
                           [2, 2, 1]])
print(students)
```


이 코드의 실행 결과는 어떨까?

한 줄 코드 구현

예제 4-10에서는 레이블이 지정된 훈련 데이터를 초기화한 후 RandomForestClassifier 클래스의 생성자를 이용해 랜덤 포레스트를 생성한다. 이 때 포레스트의 트리 수를 정의하는 n_estimators라는 하나의 매개변수를 전달한다. 다음으로 fit() 함수를 호출해서 이전 초기화에서 얻은 모델(빈 포레스트)에 데이터를 채운다. 이를 위해 입력 훈련 데이터는 배열 X에서 마지막 열을 제외한 나머지 열로 구성되며, 훈련 데이터의 레이블은 마지막 열에 정의된다. 앞서 예제와 마찬가지로 슬라이싱을 이용해 데이터 배열 X에서 해당 열을 추출한다.

이 코드의 분류 과정은 살짝 다르다. 단 하나가 아닌 여러 개의 관측치를 분류하는 방법을 보여주는 것이 목표였다. 이를 위해 여기서는 관측치당 하나의 행을 갖는 다차원 배열을 생성한다.

다음은 이 코드의 실행 결과다.

```
## 결과
students = Forest.predict([[8, 6, 5],
                           [3, 7, 9],
                           [2, 2, 1]])
print(students)
# ['computer science' 'art' 'art']
```

이 결과는 여전히 비결정적(코드를 실행할 때마다 결과가 달라질 수 있다)이라는 점에 주목하자. 랜덤 포레스트 알고리즘이 시점에 따라 다른 숫자를 리턴하는 난수 생성기에 의존하기 때문이다. random_state 매개변수에 정수값을 지정하면 이 호출이 결정적이 되도록 만들 수 있다. 예를 들어 랜덤 포레스트 생성자를 호출할 때 RandomForestClassifier(n_estimators=10, random_state=1)처럼 random_state=1 인수를 전달하면 된다. 이 경우 매번 랜덤 포레스트 분류기를 생성할 때마다 같은 난수를 사용하게 되므로 출력 결과도 같아진다.

요약하자면 이번 절에서는 분류 오류의 분산을 줄이기 위해 다양한 의사결정 트리의 출력을 활용하는 메타 접근 방식으로 분류를 실행하는 방법을 소개했다. 이는 여러 기반 모델을 하나의 메타 모델로 조합해 각 알고리즘의 강점을 활용하는 앙상블 학습의 한 버전이다.

> **노트** 두 가지 서로 다른 의사결정 트리는 오류의 분산을 높일 수 있다. 예를 들어 한 트리는 좋은 결과를 리턴하는데 다른 하나는 그렇지 않을 수 있다. 랜덤 포레스트를 이용하면 이런 상황이 발생할 가능성을 줄일 수 있다.

머신러닝에서는 이 아이디어의 변형을 흔히 볼 수 있다. 예측 정확도를 빠르게 높이고 싶다면 여러 머신러닝 모델을 실행하고 그 결과를 평가해 최적의 결과를 찾으면 된다(머신러닝 실무자들이 빠른 결과를 원할 때 사용하는 방법이다). 앙상블 학습은 어떤 면에서는 실제 머신러닝 파이프라인에서 전문가들이 종종 수행하는 작업, 즉 다양한 머신러닝 모델의 출력을 선택, 비교 및 결합하는 작업을 자동으로 수행한다. 앙상블 학습의 가장 큰 강점은 이 과정을 런타임에 각 데이터 값에 대해 개별적으로 수행할 수 있다는 점이다.

정리

이번 장에서는 머신러닝 분야에서 성공하는 데 기반이 되는 기본적인 머신러닝 알고리즘 10가지를 소개했다. 선형 회귀, KNN, 신경망 등 값을 예측하기 위한 회귀 알고리즘을 먼저 살펴봤다. 그다음 로지스틱 회귀, 의사결정 트리 학습, 서포트 벡터 머신SVM, 랜덤 포레스트 같은 분류 알고리즘을 배웠다. 추가로 다차원 데이터 배열의 기본 통계를 계산하는 방법과 비지도학습을 위한 K평균 알고리즘의 활용법을 살펴봤다. 이 알고리즘들과 기법들은 머신러닝 분야에서 가장 중요한 알고리즘에 속하는데, 머신러닝 엔지니어가 되고 싶다면 훨씬 많은 알고리즘을 공부해야 한다. 이런 공부는 가치가 있다. 미국에서 머신러닝 엔지니어는 억대 연봉을 받기 때문이다(웹 검색만 해봐도 알 수 있다!). 머신러닝을 더 공부하고 싶은 학생이라면 앤드류 응Andrew Ng의 훌륭한(게다가 무료인) 코세라Coursera 강의를 들어볼 것을 권한다. 인터넷 검색을 해보면 온라인 강의 자료를 찾을 수 있다.

다음 장에서는 효율적인 프로그래머가 되기 위해 가장 중요한(그리고 가장 저평가된) 기술 중 하나인 정규표현식regular expression에 대해 알아본다. 이번 장은 다소 개념적(여러분은 개념만 배웠을 뿐 대부분의 알고리즘은 사이킷런 라이브러리의 구현을 사용했다)이었지만 다음 장은 매우 기술적이다. 소매를 걷어붙이고 계속 책을 읽어보자!

5장

문자열 처리의 정석, 정규표현식

여러분이 사무실 근로자, 학생, 소프트웨어 개발자, 관리자, 블로거, 연구자, 저자, 카피라이터, 교사 또는 프리랜서라면 거의 매일 컴퓨터 앞에 앉아 지낼 것이다. 여러분의 일상적인 생산성을 단 몇 퍼센트만 향상시켜도, 수년에 걸쳐 수만 달러까지는 아니어도 수천 달러의 생산성을 높일 수 있으며 수백 시간의 여유 시간이 생길 수 있다.

이번 장에서는 숙련된 코더가 텍스트 데이터 작업 시 효율성을 높이는 데 도움이 되는, 다소 저평가된 기술인 정규표현식regular expression에 대해 설명한다. 정규표현식을 이용해 더 적은 노력, 시간, 에너지로 일상의 문제를 해결하는 10가지 방법을 살펴볼 것이다. 이번 장에서 다루는 정규표현식을 꼼꼼히 학습하기 바란다. 그만큼 시간을 들일 만한 가치가 있다!

Q 31 문자열에서 기본적인 텍스트 패턴 찾기

이번 절에서는 re 모듈이 제공하는 `re.findall()` 함수를 이용해 정규표현식을 사용하는 방법을 소개한다. 먼저 몇 가지 기본적인 정규표현식에 대해 설명한다.

코딩 미션

정규표현식(짧게 줄여 regex라고도 한다)은 보통 문자열의 일부와 일치하는 **패턴**을 검색하는 데 사용한다. 그림 5-1의 간단한 예시를 보면 셰익스피어의 『로미오와 줄리엣』에서 `Juliet`이라는 패턴을 검색하는 모습을 볼 수 있다.

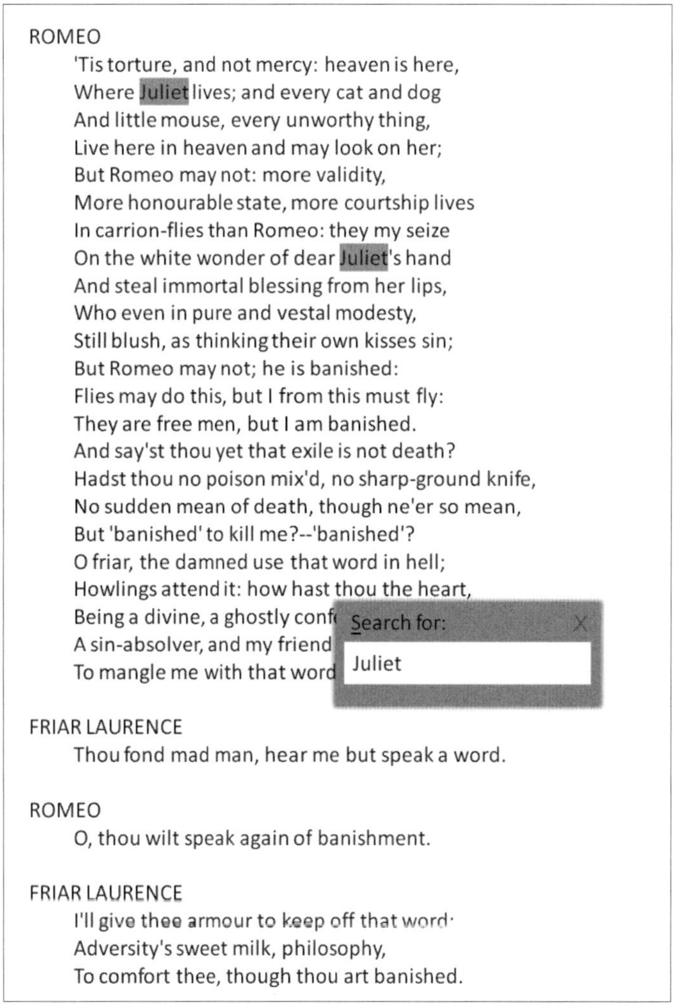
ROMEO
'Tis torture, and not mercy: heaven is here,
Where Juliet lives; and every cat and dog
And little mouse, every unworthy thing,
Live here in heaven and may look on her;
But Romeo may not: more validity,
More honourable state, more courtship lives
In carrion-flies than Romeo: they my seize
On the white wonder of dear Juliet's hand
And steal immortal blessing from her lips,
Who even in pure and vestal modesty,
Still blush, as thinking their own kisses sin;
But Romeo may not; he is banished:
Flies may do this, but I from this must fly:
They are free men, but I am banished.
And say'st thou yet that exile is not death?
Hadst thou no poison mix'd, no sharp-ground knife,
No sudden mean of death, though ne'er so mean,
But 'banished' to kill me?--'banished'?
O friar, the damned use that word in hell;
Howlings attend it: how hast thou the heart,
Being a divine, a ghostly conf
A sin-absolver, and my friend
To mangle me with that word

FRIAR LAURENCE
Thou fond mad man, hear me but speak a word.

ROMEO
O, thou wilt speak again of banishment.

FRIAR LAURENCE
I'll give thee armour to keep off that word:
Adversity's sweet milk, philosophy,
To comfort thee, though thou art banished.

그림 5-1 셰익스피어의 로미오와 줄리엣에서 단어 `Juliet`을 검색하는 모습

그림 5-1은 가장 기본적인 정규표현식이 단순한 문자열 패턴임을 보여준다. 문자열 `'Juliet'`은 완벽하게 유효한 정규표현식이다.

정규표현식은 놀랍도록 강력하며, 일반 텍스트 검색보다 훨씬 더 많은 작업을 수행할 수 있지만, 겨우 몇 가지 기본 명령만으로 구현되어 있다. 이 기본 명령어를 학습하면 복잡한 정규표현식을 이해하고 작성할 수 있게 될 것이다. 이번 절에서는 주어진 텍스트에서 간단한 문자열 패턴을 검색하는 기능을 확장할 수 있는 세 가지 가장 중요한 정규표현식 명령을 살펴본다.

마침표 정규표현식

먼저, **마침표 정규표현식**dot regex을 이용해 임의의 문자를 찾아내는 방법을 알아 둘 필요가 있다. 마침표 정규표현식은 (공백을 포함한) 모든 문자를 의미한다. **정확히 한** 문자라면 그 문자가 무엇이든 개의치 않고 찾아낼 수 있다.

```
import re

text = '''A blockchain, originally block chain,
is a growing list of records, called blocks,
which are linked using cryptography.
'''

print(re.findall('b...k', text))
# ['block', 'block', 'block']
```

이 예제는 re 모듈의 findall() 메서드를 사용한다. 이 메서드의 첫 번째 매개변수는 정규표현식이다. 즉 b 문자로 시작하고 그 뒤로 임의의 세 문자(...)가 있고 마지막 문자는 k로 끝나는 문자를 표현하는 정규표현식이다. 이 정규표현식 b...k는 단어 'block'과는 일치하지만 'boook', 'b erk', 'bloek' 같은 단어와도 일치한다. findall() 메서드의 두 번째 매개변수는 검색 대상 텍스트다. 문자열 변수 text는 결과에서 보듯이 정규표현식과 일치하는 단어 3개를 포함하고 있다.

별표 정규식

두 번째로, 문자 y로 시작하고 끝나며 그 사이에는 몇 개의 문자가 있어도 상관없는 단어를 찾는다고 가정해보자. 이런 단어는 어떻게 찾을 수 있을까? 이럴 때는 * 문자를 사용하는 별

표 정규표현식asterisk regex을 사용하면 된다. 마침표 정규표현식과 달리 별표 정규표현식은 단독으로 사용될 수 없으며, 다른 정규표현식의 의미를 바꿔버린다. 다음 예제를 살펴보자.

```
print(re.findall('y.*y', text))
# ['yptography']
```

별표 연산자는 정규표현식 바로 앞 문자에 적용된다. 이 예제의 경우 정규표현식 패턴은 문자 y로 시작하며 그 뒤로 임의의 개수의 문자(.*)가 따라오고 마지막에 y로 끝나는 단어를 표현하고 있다. 결과에서 보듯이 'cryptography'라는 단어 중에서 이 패턴에 일치하는 부분은 'yptography'이다.

'originally'와 'cryptography' 사이의 텍스트도 정규표현식 패턴 y.*y와 일치하는데 어째서 두 단어 사이에 있는 장문의 텍스트는 검색되지 않는지 궁금할 것이다. 그 이유는 마침표 연산자가 줄바꿈 문자를 제외한 나머지 문자에만 일치하기 때문이다. 변수 text에 저장된 문자열은 세 개의 줄바꿈 문자가 포함된 여러 줄의 문자열이다. 별표 연산자는 다른 정규표현식과 조합해 사용할 수도 있다. 예를 들어 정규표현식 abc*는 'ab', 'abc', 'abcc', 'abccdc' 등에 모두 일치한다.

1문자 이하 정규표현식

세 번째로, 물음표(?) 연산자를 사용해서 1개 또는 아예 일치하지 않는 문자열을 검색하는 **1문자 이하 정규표현식**zero-or-one regex을 알아 둘 필요가 있다. 별표 연산자와 마찬가지로 물음표 역시 다른 정규표현식의 의미를 바꿔버린다. 다음 예제를 살펴보자.

```
print(re.findall('blocks?', text))
# ['block', 'block', 'blocks']
```

물음표를 이용하는 1문자 이하 연산자는 정규표현식 바로 앞 문자에 적용된다. 예제의 경우 이 문자는 s다. 1문자 이하 정규표현식이 바꾸는 패턴은 선택적이다.

파이썬의 re 패키지에는 물음표를 사용하는 다른 경우도 있지만 1문자 이하 정규표현식과는 아무런 관련이 없다. 물음표는 *?처럼 별표 연산자와 결합해서 사용할 수 있다. 이렇게 하면 **넌그리디**nongreedy 패턴 매칭이 가능하다. 예를 들어 .*? 정규표현식을 사용하면 파이썬은 임의의 문자 수가 가장 적은 단어를 검색한다. 반면, 물음표 없이 별표 연산자만 사용하면 탐욕적으로(그리디하게) 최대한 많은 문자와 일치하는 결과를 찾는다.

예제를 살펴보자. HTML 문자열 '<div>hello world</div>'을 대상으로 <.*> 정규표현식을 이용해 검색하면 접두사 '<div>'만 검색하는 것이 아니라 '<div>hello world</div>' 문자열 전체를 리턴한다. '<div>' 부분만 검색하고 싶다면 <.*?> 정규표현식을 사용해야 한다.

```
txt = '<div>hello world</div>'

print(re.findall('<.*>', txt))
# ['<div>hello world</div>']

print(re.findall('<.*?>', txt))
# ['<div>', '</div>']
```

마침표, 별표, 물음표 연산자를 알게 됐으니 지금부터 살펴볼 한 줄 코드를 이해할 수 있을 것이다.

한 줄 코드 브리핑

이번에 살펴볼 코드의 입력은 문자열이며 코드의 목적은 p로 시작하고 r로 끝나며 중간에 e 문자가 적어도 하나는 들어간(그리고 다른 문자는 몇 개든 포함될 수 있는) 모든 패턴을 검색하는 것이다.

이런 식의 텍스트 검색은 상당히 빈번하게 사용된다. 특히 텍스트 처리, 음성 인식, 기계 번역 등의 업무 비중이 높은 회사(검색 엔진, 소셜 네트워크, 동영상 플랫폼 등)는 더 그렇다. 예제 5-1을 살펴보자.

예제 5-1 특정 구문을 검색하는 한 줄 코드

```
## 의존성
import re

## 데이터
text = 'peter piper picked a peck of pickled peppers'
```

```
## 한 줄 코드
result = re.findall('p.*?e.*?r', text)

## 결과
print(result)
```

이 코드는 텍스트 중에서 일치하는 모든 문구를 출력한다. 결과는 어떨까?

한 줄 코드 구현

정규표현식 검색 쿼리는 p.*?e.*?r이다. 이 정규표현식을 잘 나눠보자. 우리가 찾고자 하는 문구는 p로 시작하며 r로 끝나야 한다. 이 두 문자 중간에는 e라는 문자가 하나는 있어야 한다. 그 외에도 임의의 개수의 문자(공백이든 아니든)가 포함될 수 있다. 하지만 .*?와 같이 물음표를 사용하고 있으므로 파이썬은 시작과 끝 문자 사이의 임의의 문자 개수가 가장 적은 문구를 검색한다. 이 코드의 실행 결과는 다음과 같다.

```
## 결과
print(result)
# ['peter', 'piper', 'picked a peck of pickled pepper']
```

이 실행 결과를 그리디 정규표현식 p.*e.*r의 실행 결과를 비교해보자.

```
result = re.findall('p.*e.*r', text)
print(result)
# ['peter piper picked a peck of pickled pepper']
```

첫 번째 그리디 별표 연산자 .*는 종료되기 전에 거의 전체 문자열과 일치하는 결과를 찾는다.

Q 32 정규표현식으로 웹 수집기 작성하기

이전 절에서는 문자열에서 임의의 텍스트 패턴을 찾아내는 가장 강력한 방법인 정규표현식을 알아봤다. 이번 절에서는 실용적인 예제를 통해 정규표현식이 필요한 이유를 보여주고 관련 지식을 발전시켜 나갈 것이다.

코딩 미션

여러분이 프리랜서 소프트웨어 개발자라고 가정해보자. 여러분의 클라이언트는 핀테크 스타트업이며 최신의 암호화폐 기술을 활용해야 한다. 이 회사는 뉴스 웹 사이트의 HTML 소스 코드로부터 (예를 들면 'cryptocurrency', 'crypto-bot', 'crypto-crash'같이) 'crypto'라는 단어가 포함된 문장을 수집하는 웹 수집기를 만들기 위해 여러분을 고용했다.

여러분이 처음으로 시도한 코드는 다음과 같다.

```
import urllib.request

search_phrase = 'crypto'

with urllib.request.urlopen('https://www.wired.com/') as response:
    html = response.read().decode("utf8") # 문자열로 변환
    first_pos = html.find(search_phrase)
    print(html[first_pos-10:first_pos+10])
```

(urllib.request 모듈의) urlopen() 메서드는 지정한 URL로부터 HTML 소스 코드를 가져온다. 이 메서드는 바이트 배열을 리턴하므로 decode() 메서드를 이용해 문자열로 먼저 변환한다. 그런 다음 문자열 메서드 find()를 이용해 검색하고자 하는 문자열이 처음 발견된 위치를 얻어낸다. 그리고 (2장에서 살펴본) 슬라이싱을 이용해 찾아낸 위치 주변의 부분 문자열을 리턴한다. 그 결과로 다음의 문자열을 얻을 수 있다.

```
# ,r=window.crypto||wi
```

어이쿠. 원하는 결과가 아닌 것 같다. 보다시피 검색 구문이 상당히 모호하다. 'crypto'가 포함된 첫 번째 단어는 의미적으로 **암호화폐**cryptocunrrency와 무관해 보인다. 여러분의 웹 수집기가 거짓 양성false positive을 생성해 낸 것이다(즉 원래 의도와는 다른 문자열을 찾아낸 것이다). 어떻게 하면 이 문제를 해결할 수 있을까?

다행히 여러분은 방금 파이썬 책을 읽었으므로 해답은 명확하다. 정규표현식을 사용하는 것이다! 거짓 양성을 제거하고 'crypto'로 시작하며 'coin'이라는 단어로 끝나고 그 사이에 최대 30자의 임의의 문자가 들어있는 구문을 찾는 것이다. 다시 말하면 여러분의 검색 쿼리는 crypto + < 최대 30개의 임의의 문자> + coin이다. 다음 두 예시를 생각해보자.

- 'crypto-bot that is trading Bitcoin' – 적합
- 'cryptographic encryption methods that can be tracked easily with quantum computers' – 부적합

두 문자열 사이에 최대 30개까지의 임의의 문자를 허용하는 문제는 어떻게 해결할 수 있을까? 이는 단순한 문자열 검색의 범위를 벗어난다. 그렇다고 모든 문자열 패턴을 일일이 적용할 수도 없다. 패턴에 일치하는 문구의 수가 거의 무한대에 가깝기 때문이다. 예를 들어 검색 패턴은 'cryptoxxxcoin', 'crypto coin', 'crypto bitcoin', 'crypto is a currency. Bitcoin' 등은 물론 두 문자 사이에 최대 30자까지의 문자가 들어간 다른 모든 문자 조합과 일치해야 한다. 설령 알파벳이 26글자로 이뤄졌다 해도 이론적으로 우리의 요구조건과 일치하는 문자열의 개수는 26^{30}개, 즉 2,813,198,901,284,745,919,258,621,029,615,971,520,741,376개를 초과한다. 다음 예제에서는 검색 패턴과 일치하는 문자열의 개수가 엄청나게 많을 때 정규표현식 패턴을 이용해 텍스트를 검색하는 방법에 대해 배울 것이다.

한 줄 코드 브리핑

여기서는, 문자열이 주어졌을 때 'crypto'로 시작하며 'coin'이라는 단어로 끝나고 그 사이에 최대 30자의 임의의 문자가 들어있는 구문을 검색하게 될 것이다. 먼저 예제 5-2의 코드를 살펴보고 이 코드가 어떻게 문제를 해결하는지 설명해 보겠다.

예제 5-2 crypto(임의의 문자)coin 패턴을 검색하는 한 줄 코드

```
## 의존성
import re

## 데이터
text_1 = "crypto-bot that is trading Bitcoin and other currencies"
text_2 = "cryptographic encryption methods that can be cracked easily with
quantum computers"

## 한 줄 코드
pattern = re.compile("crypto(.{1,30})coin")

## 결과
print(pattern.match(text_1))
print(pattern.match(text_2))
```

이 코드는 두 문자열 변수 text_1과 text_2를 대상으로 검색을 수행한다. 검색 쿼리(패턴)는 이 문자열과 일치할까?

한 줄 코드 구현

먼저 파이썬의 표준 정규표현식 모듈인 re 모듈을 임포트한다. 이 한 줄 코드에서 중요한 부분은 검색 쿼리 crypto(.{1,30})coin을 컴파일하는 한 줄 코드에서 일어난다. 이 쿼리는 다양한 문자열을 검색할 때 사용할 수 있다. 이 쿼리는 다음의 특수 정규표현식 문자를 사용한다. 위에서부터 차근히 읽어보면 예제 5-2의 패턴 의미를 이해하게 될 것이다.

- ()는 내부의 어떤 정규표현식과도 일치한다.
- .는 임의의 문자와 일치한다.
- {1,30}은 바로 앞의 정규표현식이 최소 1회에서 최대 30회까지 출현하는 경우와 일치한다.
- (.{1,30})은 최소 1개에서 최대 30개 사이의 임의의 문자와 일치한다.
- crypto(.{1,30})coin은 'crypto'라는 단어, 최소 1개에서 최대 30개 사이의 임의의 문자, 그리고 'coin'이라는 문자의 세 부분으로 구성된 정규표현식과 일치한다.

우리가 흔히, 패턴이 **컴파일됐다**compiled라고 말하는 이유는 파이썬이 여러 위치에서 재사용할 수 있는 패턴 객체를 생성하기 때문이다. 마치 프로그램을 컴파일해서 여러 번 실행할 수 있는 것과 비슷하기 때문이다. 이제 컴파일된 패턴에 `match()` 함수를 호출하고 텍스트를 검색할 수 있게 됐다. 이 코드의 실행 결과는 다음과 같다.

```
## 결과
print(pattern.match(text_1))
# <re.Match object; span=(0, 34), match='crypto-bot that is trading Bitcoin'>

print(pattern.match(text_2))
# None
```

문자열 변수 `text_1`은 패턴과 일치하지만(결과에 `match` 객체가 리턴됐다) `text_2` 변수는 그렇지 않다(결과가 `None`으로 표시된다). 첫 번째 일치된 객체를 텍스트로 표현한 결과가 그다지 보기 좋지는 않지만 `'crypto-bot that is trading Bitcoin'`이라는 문자열이 정규표현식과 일치한다는 점은 확실하게 알 수 있다.

Q33 HTML 문서의 하이퍼링크 분석하기

지금까지 여러분은 정규표현식 패턴 `.{x,y}`를 이용해 문자열에서 다수의 패턴을 검색하는 방법에 대해 알아봤다. 이번 절에서는 한 발 더 나아가 훨씬 더 많은 정규표현식을 살펴본다.

코딩 미션

정규표현식을 더 많이 알수록 실제 세계의 문제를 더 빠르고 간결하게 해결할 수 있다. 그렇다면 가장 중요한 정규표현식은 무엇일까? 이번 장에서 사용하게 될 다음 정규표현식들을 주의 깊게 살펴보자. 이미 살펴봤던 것들은 간단한 반복 학습이라고 생각해 주기 바란다.

- 마침표 정규표현식 `.`은 임의의 한 문자를 의미한다.
- 별표 정규표현식 `<pattern>*`은 정규표현식 `<pattern>`이 임의의 횟수만큼 일치하는 경우를 의미한다. 일치하는 인스턴스가 없는 경우도 포함된다는 데 유의한다.

- 최소 1문자 이상 정규표현식 <pattern>+은 <pattern>이 임의의 횟수만큼 일치하는 경우를 의미하지만 최소 한 번 이상 일치해야 한다는 것을 의미한다.
- 1문자 이하 정규표현식 <pattern>?은 <pattern>이 한 번 일치하거나 아예 일치하지 않는 경우를 의미한다.
- 넌그리디 정규표현식 *?은 전체 정규표현식과 일치하는 것 중 가장 적은 임의의 문자가 일치하는 경우를 의미한다.
- <pattern>{m} 정규표현식은 <pattern>이 정확히 m번 일치하는 경우를 의미한다.
- <pattern>{m,n} 정규표현식은 <pattern>이 m번 이상 n번 이하 일치하는 경우를 의미한다.
- <pattern_1>|<pattern_2> 정규표현식은 <pattern_1>이나 <pattern_2>와 일치하는 경우를 의미한다.
- <pattern_1><pattern_2> 정규표현식은 <pattern_1> 다음에 <pattern_2>가 오는 패턴과 일치하는 경우를 의미한다.
- (<pattern>) 정규표현식은 <pattern>과 일치한다. 괄호는 정규표현식을 그룹화해서 실행 순서를 제어할 수 있다(예를 들어 (pattern_1><pattern_2>)|<pattern_3>는 <pattern_1>(<pattern_2>|<pattern_3>)과 다르다). 또한 괄호 정규표현식은 매칭 그룹matching group을 생성한다. 매칭 그룹은 다음 절에서 설명한다.

간단한 예제를 살펴보자. 현재 정규표현식 b?(.a)*를 선언했다고 가정해보자. 이 정규표현식에는 어떤 패턴이 일치할까? 이 정규표현식은 0개나 1개의 b로 시작하고 문자 a로 끝나는 2개의 문자 시퀀스가 임의의 개수만큼 있는 모든 패턴과 일치한다. 따라서 'bcacaca', 'cadaea', ''(빈 문자열), 'aaaaa' 등의 문자열이 이 정규표현식과 일치한다.

다음 한 줄 코드를 살펴보기에 앞서 언제 어떤 **정규표현식 함수**regex function를 사용해야 하는지에 대해 빠르게 살펴보자. 가장 중요한 세 가지 정규표현식 함수는 re.match(), re.search(), re.findall() 함수다. 이미 이 세 함수 중 두 가지는 살펴봤지만 이번 예제를 통해 좀 더 철저히 살펴보자.

```
import re

text = '''
```

```
"One can never have enough socks", said Dumbledore.
"Another Christmas has come and gone and I didn't
get a single pair. People will insist on giving me books."
Christmas Quote
'''

regex = 'Christ.*'

print(re.match(regex, text))
# None

print(re.search(regex, text))
# <re.Match object; span=(62, 102), match="Christmas has come and gone and I
didn't">

print(re.findall(regex, text))
# ["Christmas has come and gone and I didn't", 'Christmas Quote']
```

이 세 함수의 입력은 모두 정규표현식과 검색할 대상 문자열이다. match()와 search() 함수는 매치match 객체를 리턴한다(정규표현식과 일치하는 문자열이 없으면 None을 리턴한다). 매치 객체는 일치한 문자열의 위치와 더 상세한 메타 정보를 제공한다. match() 함수는 문자열에서 정규식과 일치하는 패턴을 찾지 못했다(None을 리턴). 왜일까? 이 함수는 문자열의 **시작 부분**에서만 패턴을 찾기 때문이다. 반면 search() 함수는 문자열의 **어디든** 정규표현식이 처음 등장하는 곳을 검색한다. 그래서 "Christmas has come and gone and I didn't" 문자열이 일치한다는 것을 알아낸다.

findall() 함수는 가장 직관적인 결과를 출력하지만 이후의 처리에 있어서는 유용성이 가장 떨어진다. findall() 함수의 결과는 매치 객체가 아니라 문자열 시퀀스다. 따라서 일치하는 문자열의 정확한 위치 정보는 제공하지 않는다. 그렇지만 findall() 함수도 나름의 쓸모가 있다. match() 함수나 search() 함수와 달리 findall() 함수는 일치하는 패턴을 모두 검색하므로 텍스트 내에서 패턴이 일치하는 횟수(예를 들어 '로미오와 줄리엣'에서 'Juliet'이라는 단어가 몇 번 등장하는지 또는 암호화폐에 대한 글에서 'crypto'라는 단어가 몇 번 등장하는지 등)를 알고 싶을 때 유용하다.

한 줄 코드 브리핑

회사에서 웹 페이지를 크롤링해 finxter.com 도메인으로 연결되는 링크가 포함되어 있는지 확인하는 작은 웹 봇을 만들어 달라는 요청을 받았다고 가정해 보자. 이외에도 하이퍼링크 설명에 'test'나 'puzzle' 같은 문자열이 포함되어 있는지 확인해 달라는 요청도 받았다. HTML에서 하이퍼링크는 <a></a> 태그로 둘러싸여 있다. 하이퍼링크 자체는 href 속성값으로 정의된다. 따라서 더 정확히 설명하면 목표는 예제 5-3에 서술된 다음 문제를 해결하는 것이다. 즉 문자열이 주어졌을 때 finxter.com을 가리키고 있으며 링크 설명에 'test'나 'puzzle'이라는 단어가 포함된 모든 하이퍼링크를 찾는 것이다.

예제 5-3 웹 페이지의 링크를 분석하는 한 줄 코드

```
## 의존성
import re

## 데이터
page = '''
<!DOCTYPE html>
<html>
<body>

<h1>My Programming Links</h1>
<a href="https://app.finxter.com/">test your Python skills</a>
<a href="https://blog.finxter.com/recursion/">Learn recursion</a>
<a href="https://nostarch.com/">Great books from NoStarchPress</a>
<a href="http://finxter.com/">Solve more Python puzzles</a>
</body>
</html>
'''

## 한 줄 코드
practice_tests = re.findall("(<a.*?finxter.*?(test|puzzle).*?>)", page)

## 결과
print(practice_tests)
```

이 코드는 정규표현식이 일치하는 곳이 두 군데 있다는 것을 발견한다. 어디일까?

한 줄 코드 구현

데이터는 여러 개의 하이퍼링크 목록(태그 환경 `<a href="">링크 텍스트</a>`)을 가진 간단한 HTML 웹 페이지(여러 줄 문자열로 저장된)다. 한 줄 코드는 `re.findall()` 함수를 이용해서 정규표현식(`<a.?finxter.?(test|puzzle).*?>`)을 확인한다. 그러면 정규표현식은 다음의 제약 조건을 가진 태그 환경 `<a...>`를 모두 검색한다.

여는 태그 다음에 임의의 개수의 문자(다른 HTML 태그까지 "침범"하지 않도록 비탐욕적으로(넌그리디하게) 하나의 태그 안에서만 검색을 수행한다)가 나오고 이어서 'finxter' 문자열이 나온다. 그다음에는 임의의 개수의 문자가 넌그리디하게 최소 개수로 일치하고, 이어서 'test'나 'puzzle'이 하나라도 포함돼 있다. 또 다시 임의의 개수의 문자가 넌그리디하게 최소 개수로 일치하고 닫는 태그(>)가 뒤따른다. 이렇게 해서 해당하는 문자열을 가진 하이퍼링크 태그를 모두 찾을 수 있다. 이 정규표현식은 링크 자체 내에 'test'나 'puzzle'이 포함된 태그까지 일치에 포함시킨다는 점에 유의한다. 또한 여러 개의 중첩된 태그에 둘러싸인 매우 긴 문자열과 일치하는 것을 방지하기 위해 넌그리디 '.*?' 별표 연산자만 이용해서 항상 최소한도로 일치하는 패턴을 찾는다는 점에도 주목한다.

이 한 줄 코드의 실행 결과는 다음과 같다.

```
## 결과
print(practice_tests)
# [('<a href="https://app.finxter.com/">test your Python skills</a>', 'test'),
#  ('<a href="http://finxter.com/">Solve more Python puzzles</a>', 'puzzle')]
```

이 예제의 정규표현식과 일치하는 하이퍼링크는 두 개이므로 한 줄 코드의 실행 결과는 두 요소를 가진 리스트다. 하지만 각 요소는 하나의 문자열이 아니라 문자열의 튜플이다. 이는 앞서 코드 예제에서 살펴봤던 `findall()` 함수의 실행 결과와 다르다. 그 이유는 뭘까? 리턴 타입은 튜플의 리스트이며, 괄호로 둘러싸인 각 매칭 그룹마다 하나의 튜플 값이 있다. 예를 들어 정규표현식 `(test|puzzle)`은 매칭 그룹을 생성하기 위해 괄호 표기를 사용한다. 정규표현식에서 매칭 그룹을 사용하면 `re.findall()` 함수는 매칭된 각 그룹마다 하나의 튜플 값을 추가한다. 튜플 값은 이 특정 그룹과 일치하는 부분 문자열이다. 예를 들어 우리의 예시에서는 'puzzle'이라는 부분 문자열이 그룹 `(test|puzzle)`과 일치한다. 이 개념을 더 명확히 이해하기 위해 매칭 그룹이라는 주제를 좀 더 깊이 다뤄보자.

Q 34 문자열에서 통화 추출하기

이번 한 줄 코드는 정규표현식을 사용하는 또 다른 실용적인 애플리케이션이다. 여기서는 금융 분석가로 역할을 바꿔보자. 여러분의 회사는 다른 회사를 인수하려 하며 여러분이 그 회사에 대한 보고서를 확인하는 업무를 맡게 됐다. 여러분은 자산과 관련된 숫자에 특히 관심이 있다. 이제 문서 전체를 스스로 읽어볼 수도 있겠지만 그 작업은 꽤나 지루할 것이고 이런 일에 여러분의 시간을 허비하고 싶지 않다. 그래서 파이썬 스크립트를 하나 작성해 보기로 마음먹었다. 이 스크립트를 작성하는 가장 좋은 방법은 무엇일까?

코딩 미션

다행히 여러분은 이미 정규표현식에 대해 알고 있으므로 장황하고 오류가 발생하기 쉬운 파이썬 스크립트를 작성하는 대신, 정규표현식을 이용해 깔끔하게 해결하고자 한다. 현명한 선택이다. 하지만 이 문제를 해결하기에 앞서 정규표현식에 대한 개념을 세 가지 더 살펴보자.

첫째로, 조만간 여러분은 정규표현식 언어에서 특수 문자로도 사용되는 특수 문자와 일치하는지 확인하고 싶을 수 있다. 이런 경우 \ 접두사를 이용해 특수 문자의 의미를 이스케이프escape해야 한다. 예를 들어 보통은 정규표현식 그룹에 사용되는 괄호 '(' 문자와 일치하는 문자를 찾으려면 정규표현식 \(처럼 이스케이프를 적용해야 한다. 이렇게 하면 정규표현식 문자 '('의 특수한 의미가 사라지게 된다.

둘째로, 대괄호([])는 일치시킬 특정 문자의 범위를 지정하는 데 사용한다. 예를 들어 정규표현식 [0-9]는 '0', '1', '2', ..., '9' 중 하나를 의미한다. 또 다른 예시로 [a-e]는 'a', 'b', 'c', 'd', 'e' 중 하나를 의미한다.

셋째로 앞서 한 줄 코드에서 살펴봤듯이 괄호 정규표현식 (<pattern>)은 **그룹**group을 의미한다. 모든 정규표현식은 하나 혹은 그 이상의 그룹을 가질 수 있다. 그룹이 정의된 정규표현식에 re.findall() 함수를 호출하면 일치하는 문자열 전체가 아니라 일치하는 그룹만 각 그룹에 대해 하나씩 문자열 튜플로 리턴된다. 예를 들어 'helloworld'라는 문자열에 대해 hello(world)라는 정규표현식을 호출하면 문자열 전체가 일치하지만 일치하는 그룹 world만 리턴된다. 반면 정규표현식에서 (hello(world))처럼 두 개의 그룹이 중첩되면

re.findall() 함수의 결과는 일치하는 모든 그룹 ('helloworld', 'world')가 하나의 튜플로 리턴된다. 다음 코드를 통해 중첩된 그룹을 완전히 이해해 보자.

```
string = 'helloworld'

regex_1 = 'hello(world)'
regex_2 = '(hello(world))'

res_1 = re.findall(regex_1, string)
res_2 = re.findall(regex_2, string)

print(res_1)
# ['world']
print(res_2)
# [('helloworld', 'world')]
```

이로써 다음 코드를 이해하는 데 필요한 모든 것을 살펴봤다.

한 줄 코드 브리핑

다시 정리하자면, 기업 보고서 중에서 통화와 관련된 숫자를 모두 찾아야 한다. 좀 더 구체적으로 말하면 여러분의 목표는 주어진 문자열 내에서 달러 통화를 표현하는 값의 목록을 모두 찾아내는 것이다. 이 값에는 소수점이 포함될 수도 있고 그렇지 않을 수도 있다. 즉 **$10**, **$10.**, **$10.00021** 등의 문자열을 모두 찾아내는 것이다. 한 줄의 코드로 이 문제를 효과적으로 해결할 수 있을까? 예제 5-4를 살펴보자.

예제 5-4 텍스트 내에서 통화 금액을 모두 찾아내는 한 줄 코드

```
## 의존성
import re

## 데이터
report = '''
If you invested $1 in the year 1801, you would have $18087791.41 today.
This is a 7.967% return on investment.
But if you invested only $0.25 in 1801, you would end up with $4521947.8525.
'''
```

```
## 한 줄 코드
dollars = [x[0] for x in re.findall('(\$[0-9]+(\.[0-9]*)?)', report)]

## 결과
print(dollars)
```


이 코드의 실행 결과는 어떻게 될까?

한 줄 코드 구현

보고서에는 다양한 형식으로 네 가지 달러 값이 포함되어 있다. 정규표현식을 개발하는 이유는 이 값들을 모두 찾아내기 위함이다. 여러분은 다음의 패턴과 일치하는 정규표현식 `(\$[0-9]+(\.[0-9]*)?)`을 설계했다. 첫째, 달러 기호 `$`(이 값은 특별한 정규표현식 문자이므로 이스케이프를 적용했다)와 일치한다. 둘째, 0과 9 사이의 임의의 숫자 개수와 일치한다(최소 한 자리). 셋째, (역시 이스케이프를 적용한) 마침표 문자 뒤의 임의의 개수의 소수 값과 일치한다(이 마지막 항목은 1문자 이하 정규표현식 ?이 사용됐으므로 선택적이다).

또한 리스트 컴프리헨션을 이용해 세 개의 매치 결과 중 첫 번째 튜플값만 추출한다. 다시 말하지만 `re.findall()` 함수의 기본 실행 결과는 튜플의 리스트이며, 각 일치된 패턴마다 하나의 튜플이 생성되고, 일치된 패턴 내의 각 그룹마다 하나의 튜플 값이 생성된다.

```
[('$1', ''), ('$18087791.41', '.41'), ('$0.25', '.25'), ('$4521947.8525', '.8525')]
```

우리는 튜플의 첫 번째 값인 전체가 포함된 그룹에만 관심이 있다. 리스트 컴프리헨션을 이용해 나머지 값을 제거하면 다음과 같은 결과를 얻게 된다.

```
## 결과
print(dollars)
# ['$1 ', '$18087791.41', '$0.25', '$4521947.8525']
```

강력한 정규표현식의 기능을 활용하지 않으면 간단한 파서의 구현조차 어렵고 오류가 발생하기 쉽다는 점을 재차 강조할 필요가 있다.

Q 35 안전하지 않은 HTTP URL 검색하기

이번 한 줄 코드는 웹 개발자가 자주 당면할 수 있는 작지만 꽤나 시간이 걸리는 문제를 해결하는 방법을 보여준다. 여러분이 프로그래밍 블로그를 소유하고 있는데, 웹 사이트를 안전하지 않은 http 프로토콜에서 (좀 더) 안전한 https 프로토콜로 옮겼다고 가정해 보자. 하지만 여러분이 예전에 작성했던 게시글은 여전히 오래된 URL을 가리키고 있다. 이 오래된 URL이 등장하는 경우를 모두 찾으려면 어떻게 해야 할까?

코딩 미션

이전 절에서 우리는 대괄호를 이용해 임의의 문자 범위를 지정하는 방법에 대해 알아봤다. 예를 들어 [0-9] 정규표현식은 0에서 9 사이의 숫자 중 하나와 일치한다. 하지만 대괄호는 이보다 훨씬 더 강력하다. 대괄호 안에 임의의 문자를 조합해서 정확히 어떤 문자가 포함돼야 하는지, 어떤 문자가 포함되지 말아야 하는지 지정할 수 있다. 예를 들어 정규표현식 [0-3a-c]+는 '01110'과 '01c22a'와는 일치하지만 '443'과 '00cd'와는 일치하지 않는다. 또한 ^ 기호를 이용해서 포함되지 **말아야 할** 문자를 지정할 수 있다. 정규표현식 [^0-3a-c]+는 '4444d'와 'Python'과는 일치하지만 '001'과 '01c22a'와는 일치하지 않는다.

한 줄 코드 브리핑

이 코드의 입력값은 (여러 줄의) 문자열이며 http://로 시작하는 유효한 URL을 모두 찾아낸다. 하지만 최상위 도메인이 없는 유효하지 않은 URL은 고려하지 않는다(발견된 URL 내에 최소 하나의 .이 있어야 한다). 예제 5-5를 살펴보자.

예제 5-5 유효한 http:// URL을 찾아내는 한 줄 코드

```
## 의존성
import re

## 데이터
article = '''
The algorithm has important practical applications
http://blog.finxter.com/applications/
```

```
in many basic data structures such as sets, trees,
dictionaries, bags, bag trees, bag dictionaries,
hash sets, https://blog.finxter.com/sets-in-python/
hash tables, maps, and arrays. http://blog.finxter.com/
http://not-a-valid-url
http:/bla.ba.com
http://bo.bo.bo.bo.bo.bo/
http://bo.bo.bo.bo.bo.bo/333483--33343-/
'''

## 한 줄 코드
stale_links = re.findall('http://[a-z0-9_\-.]+\.[a-z0-9_\-/]+', article)

## 결과
print(stale_links)
```

다시 말하지만 이 코드의 결과를 확인하기에 앞서 코드의 실행 결과를 스스로 예상해 보자.

한 줄 코드 구현

우리는 이 정규표현식을 통해 여러 줄 문자열(아마도 오래된 블로그 게시글일 것이다)을 분석해 http://로 시작하는 모든 URL을 찾는다. 정규표현식은 (소문자) 문자와 숫자, 밑줄, 하이픈, 마침표 등이 하나 이상 있을 것으로 예상한다(예를 들면 ([a-z0-9_\-\.]+)). 이때 하이픈(-)은 보통 대괄호 안에서 범위를 지정할 때 사용하므로 이스케이프 처리를 해줘야 한다. 마찬가지로 마침표(.) 역시 임의의 문자가 아니라 마침표 문자를 검색하도록 하기 위해 이스케이프 처리가 필요하다. 이 코드의 실행 결과는 다음과 같다.

```
## Results
print(stale_links)
# ['http://blog.finxter.com/applications/',
#  'http://blog.finxter.com/',
#  'http://bo.bo.bo.bo.bo.bo/',
#  'http://bo.bo.bo.bo.bo.bo/333483--33343-/']
```

결과에서 보듯이 4개의 URL을 더 안전한 HTTPS 프로토콜로 바꿔줘야 한다.

이 시점에서 우리는 이미 정규표현식의 가장 중요한 기능을 모두 살펴봤다. 하지만 수많은 예제를 실습하고 공부해야만 깊은 이해 수준에 도달할 수 있으며, 정규표현식도 예외는 아니다. 정규표현식을 활용하는 실용적인 예제를 몇 가지 더 살펴보자.

Q 36 사용자가 입력한 시간의 유효성 검증하기(1)

사용자 입력 형식의 정확성을 확인하는 방법을 알아보자. 사용자의 수면 시간을 토대로 건강 통계를 계산하는 웹 애플리케이션을 개발 중이라고 가정해 보자. 사용자는 취침 시간과 기상 시간을 직접 입력한다. 이때 올바른 시간 형식은 12:45 같은 형식이지만 웹봇이 사용자 입력 필드에 스팸을 보내는 바람에 수많은 '오염된' 데이터가 서버에 불필요한 처리 오버헤드를 유발하고 있다. 이 문제를 해결하기 위해 입력이 백엔드 애플리케이션에서 추가 처리할 가치가 있는지 판단하는 시간 형식 검사기를 작성하고자 한다. 정규표현식을 이용하면 몇 분 만에 이런 코드를 작성할 수 있다.

코딩 미션

이전 몇 개 절에서 re.search(), re.match(), re.findall() 함수에 대해 배웠는데, 이 함수들이 정규표현식 함수의 전부는 아니다. 이번 절에서는 이름에서 알 수 있듯이 정규표현식이 전체 문자열과 일치하는지 확인하는 re.fullmatch(정규표현식, 문자열) 함수를 사용한다.

더불어 정규표현식 *pattern*의 인스턴스가 *m*개 이상 *n*개 이하인지 확인하는 *pattern{m,n}* 정규표현식 문법을 사용한다. 이 구문은 *pattern*이 가장 많이 출현하는 패턴과 일치시키려고 한다는 데 유의한다. 다음 예제를 살펴보자.

```
import re

print(re.findall('x{3,5}y', 'xy'))
# []
print(re.findall('x{3,5}y', 'xxxy'))
# ['xxxy']
print(re.findall('x{3,5}y', 'xxxxxy'))
# ['xxxxxy']
```

```
print(re.findall('x{3,5}y', 'xxxxxxy'))
# ['xxxxxy']
```

이 코드는 괄호를 이용하고 있으므로 x 문자가 3개 미만이거나 5개를 초과하는 부분 문자열과는 일치하지 않는다.

한 줄 코드 브리핑

우리의 목표는 문자열 매개변수를 전달받아 그 문자열이 (시간) 형식 *XX*:*XX*인지 검사하는 input_ok 함수를 작성하는 것이다. 여기서 *X*는 0에서 9 사이의 숫자여야 한다. 예제 5-6을 살펴보자. 지금은 12:86처럼 의미적으로는 올바르지 않은 시간 형식을 허용하지만 다음 한 줄 코드는 이런 문제를 해결한다.

예제 5-6 사용자의 입력이 보편적인 시간 형식 XX:XX인지 확인하는 한 줄 코드

```
## 의존성
import re

## 데이터
inputs = ['18:29', '23:55', '123', 'ab:de', '18:299', '99:99']

## 한 줄 코드
input_ok = lambda x: re.fullmatch('[0-9]{2}:[0-9]{2}', x) != None

## 결과
for x in inputs:
    print(input_ok(x))
```

진행하기에 앞서, 이 여섯 번의 함수 호출 결과가 어떻게 될지 한번 예측해 보자.

한 줄 코드 구현

데이터는 웹 애플리케이션의 프론트엔드에서 전달된 여섯 개의 입력 문자열로 구성되어 있다. 이 데이터의 형식은 올바를까? 이를 확인하기 위해 하나의 입력 매개변수 x와 불리언 리턴 값을 가진 람다 정규표현식을 이용해 input_ok 함수를 구현했다. 이제 fullmatch(정규

표현식, x) 함수와 시간 형식 정규표현식을 이용해 입력 매개변수 x가 올바른 형식인지 확인한다. 만일 형식이 맞지 않는다면 결과는 None 값이 되고 불리언 리턴 값은 False가 된다. 그렇지 않으면 불리언 출력은 True가 된다.

정규표현식은 [0-9]{2}:[0-9]{2}처럼 간단하다. 이 패턴은 0에서 9 사이의 숫자 2개로 시작하고 그 뒤에 콜론(:)이 오고, 그다음으로 0에서 9 사이의 숫자 2개로 끝난다. 따라서 예제 5-6의 실행 결과는 다음과 같다.

```
## 결과
for x in inputs:
    print(input_ok(x))

'''
True
True
False
False
False
True
'''
```

input_ok 함수는 시간 입력이 올바른 형식인지 정확하게 식별한다. 이 한 줄 코드는 매우 실용적인 작업을 올바른 도구를 활용해서 몇 초만에 성공적으로 끝낼 수 있다는 점을 보여준다. 정규표현식이 아니라면 이 작업에 여러 줄의 코드와 더 많은 노력이 필요했을 것이다.

Q 37 사용자가 입력한 시간의 유효성 검증하기(2)

이번 절에서는 이전 절에서 발견했던 문제를 해결하기 위해 사용자 입력의 시간 형식을 검증하는 코드를 좀 더 깊이 파헤쳐본다. 99:99같이 잘못된 시간 입력이 올바른 입력으로 간주되지 않아야 하는 것이다.

코딩 미션

이 문제를 해결하는 데 유용한 전략은 계층적으로 처리하는 것이다. 문제의 핵심만 남기고 단순화된 버전부터 먼저 해결한다. 그런 다음 구체적인 (그리고 더 복잡한) 문제에 초점을 맞춰 해결책을 개선한다. 이번 절에서는 이전 해결책을 중요한 측면에서 개선한다. 새로운 방식은 99:99나 28:66같이 올바르지 않은 시간 값을 허용하지 않는다. 따라서 문제는 좀 더 구체적이지만(그리고 더 복잡하지만) 이전 방법의 일부를 재사용할 수 있다.

한 줄 코드 브리핑

우리의 목표는 input_ok 함수가 문자열 매개변수를 전달받아 그 문자열이 *XX*:*XX*(시간) 형식인지 검사하는 것이다. 이때 *X*는 예제 5-7에서 보듯이 0에서 9 사이의 숫자여야 한다. 게다가 주어진 시간은 24시간 형식으로 00:00에서 23:59 사이의 값이어야 한다.

예제 5-7 사용자 입력이 시간 형식 XX:XX이고 올바른 24시간 형식인지 확인하는 한 줄 코드

```
## 의존성
import re

## 데이터
inputs = ['18:29', '23:55', '123', 'ab:de', '18:299', '99:99']

## 한 줄 코드
input_ok = lambda x: re.fullmatch('([01][0-9]|2[0-3]):[0-5][0-9]', x) != None

## 결과
for x in inputs:
    print(input_ok(x))
```

이 코드는 여섯 줄의 결과를 출력한다. 어떤 결과일까?

한 줄 코드 구현

이번 절의 소개에서도 언급했듯이, 이전 한 줄 코드의 해결책을 재사용해서 이 문제를 쉽게 해결할 수 있다. 코드는 그대로 유지하고 정규표현식만 ([01][0-9]|2[0-3]):[0-5][0-9]로

수정했다. 앞부분 ([01][0-9]|2[0-3])은 하루 중의 시간과 일치하는 그룹이다. 여기서 OR 연산자(|)를 사용해서 00시부터 19시까지의 시간과 20시부터 23시까지의 시간을 구분한다. 뒷부분 [0-5][0-9]는 00분부터 59분까지의 분에 해당한다. 그래서 결과는 다음과 같다.

```
## 결과
for x in inputs:
    print(input_ok(x))

'''
True
True
False
False
False
False
'''
```

출력의 여섯 번째 줄은 시간 값 99:99에 대한 것으로 이제는 더 이상 유효한 입력으로 간주되지 않는다는 점에 주목하자. 이 한 줄 코드는 정규표현식을 이용해 애플리케이션의 사용자 입력이 의미적인 요구사항을 만족하는지 확인하는 방법을 보여준다.

Q 38 문자열에서 중복을 검사하기

이번 한 줄 코드는 정규표현식의 흥미로운 기능을 소개한다. 이미 일치된 부분을 같은 정규표현식에서 나중에 재사용하는 기능이다. 이 강력한 기능을 활용하면 중복된 문자를 가진 문자열을 검사하는 등 새로운 문제를 해결할 수 있다.

코딩 미션

이번에는 시간이 지남에 따라 특정 단어의 사용법이 어떻게 바뀌어 가는지 분석하는 컴퓨터 언어 연구자로 변신해 보자. 이미 출간된 도서를 활용해 단어의 사용 방식을 분류하고 추적한다. 교수님이 단어에서 중복 문자를 사용하는 경우가 더 빈번해지는 추세가 있는지 분석해 달라고 요청했다. 예를 들어 'hello'에는 'l' 문자가 중복돼 있으며 'spoon'에는 'o' 문자가 중복돼 있다. 하지만 'mama'는 중복 문자 'a'를 가진 단어로 간주되지 않는다.

이 문제에 대한 초보적인 해결책은 가능한 모든 중복 문자 'aa', 'bb', 'cc', 'dd', ..., 'zz'를 열거하고 이들을 OR 정규표현식으로 결합하는 것이다. 하지만 이 방법은 지루하며 일반화하기가 쉽지 않다. 교수가 마음을 바꿔서 최대 한 개의 문자가 중간에 끼어 있는 반복 문자를(예를 들어 이제 'mama'까지 중복으로 봐야 할 경우) 확인해 달라고 하면 어떻게 되겠는가?

하지만 걱정 말자. 정규표현식의 명명된 그룹이라는 기능을 알고 있다면 간단하고 깔끔하면서도 효율적으로 문제를 해결할 수 있다. 여러분은 이미 (...)와 같이 괄호를 이용해 그룹을 선언하는 방법에 대해 학습했다. 이름에서 알 수 있듯이 **명명된 그룹**named group은 단순히 이름이 붙여진 그룹이다. 예를 들어 (?P<name>...)처럼 ...라는 패턴에 name이라는 이름을 지정해 그룹화할 수 있다. 일단 명명된 그룹을 정의하면 (?P=name) 문법을 이용해 정규표현식 어디에서도 그 그룹을 활용할 수 있다. 다음 예제를 살펴보자.

```
import re

pattern = '(?P<quote>[\'"]).*(?P=quote)'
text = 'She said "hi"'
print(re.search(pattern, text))
# <re.Match object; span=(9, 13), match='"hi"'>
```

이 코드는 작은따옴표 또는 큰따옴표로 둘러싸인 문자열을 검색한다. 이를 위해서는 먼저 정규표현식 [\'"]을 이용해 시작하는 따옴표를 찾아야 한다(이때 파이썬이 작은따옴표를 문자열의 끝으로 인식할 수 있으므로 이를 피하기 위해 작은따옴표를 \'처럼 이스케이프 처리해야 한다). 그런 후에는 같은 그룹을 이용해 닫는 따옴표를 검색할 수 있다.

코드를 살펴보기에 앞서 정규표현식 \s로 임의의 공백 문자를 검색할 수 있다는 점에 주목하자. 또한 [^Y] 문법을 이용하면 집합 Y에 포함되지 않은 문자를 검색할 수도 있다. 이번 문제를 해결하기 위해 알아야 할 내용은 이것이 전부다.

한 줄 코드 브리핑

예제 5-8에 설명된 문제에 대해 생각해 보자. 주어진 문자열에서 중복 문자를 가진 단어를 모두 찾는 것이다. 여기서 단어의 정의는 공백이 아닌 일련의 문자열로서, 임의 개수의 공백으로 구분된다.

예제 5-8 중복 문자를 찾는 한 줄 코드

```
## 의존성
import re

## 데이터
text = '''
It was a bright cold day in April, and the clocks were
striking thirteen. Winston Smith, his chin nuzzled into
his breast in an effort to escape the vile wind, slipped
quickly through the glass doors of Victory Mansions,
though not quickly enough to prevent a swirl of gritty
dust from entering along with him.
-- George Orwell, 1984
'''

## 한 줄 코드
duplicates = re.findall('([^\s]*(?P<x>[^\s])(?P=x)[^\s]*)', text)

## 결과
print(duplicates)
```

이 코드가 찾아내는 중복 문자는 어떤 것들이 있을까?

한 줄 코드 구현

정규표현식 (?P<x>)[^\s])는 x라는 이름의 새로운 그룹을 정의한다. 이 그룹은 공백 문자가 아닌 임의의 한 문자로 구성된다. (?P=x) 정규표현식은 명명된 그룹 x 바로 뒤에 정의돼 있다. 이 정규표현식은 단순히 그룹 x와 일치했던 것과 동일한 문자를 찾는다. 이제 중복된 문자를 찾은 것이다! 그러나 목적은 중복된 문자를 찾는 것이 아니라 중복된 문자를 가진 단어를 찾는 것이다. 따라서 중복 문자의 앞과 뒤에서 [^\s]*로 공백이 아닌 임의의 개수의 문자를 찾아야 한다.

예제 5-8의 결과는 다음과 같다.

```
## 결과
print(duplicates)
'''
[('thirteen.', 'e'), ('nuzzled', 'z'), ('effort', 'f'),
('slipped', 'p'), ('glass', 's'), ('doors', 'o'),
('gritty', 't'), ('--', '-'), ('Orwell,', 'l')]
'''
```


이 정규표현식은 텍스트에서 중복 문자를 가진 모든 단어를 찾는다. 예제 5-8의 정규표현식에는 두 개의 그룹이 있으므로 re.findall() 함수가 리턴하는 각 요소는 일치하는 그룹의 튜플로 구성돼 있다. 이 동작은 이미 이전 절에서 확인한 바 있다.

이번 절에서는 명명된 그룹이라는 강력한 도구로 정규표현식을 개선했다. 공백이 아닌 임의의 문자를 찾아내는 \s 기능과 일치하지 않는 문자를 찾아내는 [^...] 연산자 등 두 가지 기능과 조합해서 파이썬 정규표현식을 더욱 능숙하게 사용할 수 있게 됐다.

Q 39 단어의 반복 찾아내기

이전 절에서는 명명된 그룹에 대해 학습했다. 이번 절의 목적은 이 강력한 기능을 활용하는 고급 기법을 보여주는 것이다.

코딩 미션

나는 지난 몇 년간 연구원으로 지내면서 연구 논문을 쓰고 읽고 편집하는 데 많은 시간을 할애했다. 연구 논문을 편집하다 보면 내가 동일한 단어를 반복적으로(그것도 텍스트 내에서 너무 가까운 거리에서) 사용한다고 불평하는 동료의 핀잔을 듣곤 했다. 자신의 글을 프로그래밍적으로 확인할 수 있는 도구가 있다면 도움이 되지 않을까?

한 줄 코드 브리핑

특수 문자 없이 공백으로 구분된 소문자 단어로 구성된 문자열이 주어진다. 이 문자열에서 첫 단어와 마지막 단어가 같으며(반복되며) 그 사이에 최대 10개의 단어가 포함된 부분 문자열을 찾아보자. 예제 5-9를 살펴보자.

예제 5-9 반복 단어를 찾는 한 줄 코드

```
## 의존성
import re

## 데이터
text = 'if you use words too often words become used'

## 한 줄 코드
style_problems = re.search('\s(?P<x>[a-z]+)\s+([a-z]+\s+){0,10}(?P=x)\s', ' ' +
text + ' ')

## 결과
print(style_problems)
```

이 코드가 반복 단어를 찾아냈을까?

한 줄 코드 구현

다시 말하지만, 주어진 텍스트가 공백으로 구분된 소문자 단어로만 구성돼 있다고 가정한다. 이제 정규표현식을 이용해 텍스트를 검색한다. 처음에는 복잡해 보이겠지만 부분별로 나눠보자.

```
'❶\s(?P<x>[a-z]+)\s+❷([a-z]+\s+){0,10}❸(?P=x)\s'
```

이 정규표현식은 먼저 하나의 공백 문자로 시작한다. 이는 (단어의 접미사가 아니라) 완전한 단어로 시작하는 것을 보장하기 위해 중요하다. 그런 다음 `'a'` 부터 `'z'` 사이의 하나 이상의 소문자로 구성된 부분을 명명된 그룹 `'x'`로 정의하고 그 뒤로는 하나 이상의 공백 문자가 따라야 한다❶.

0개부터 10개까지의 단어가 이어지는데, 각 단어는 하나 이상의 'a'부터 'z'까지의 소문자로 구성되고, 이어서 하나 이상의 공백 문자가 따른다❷.

마지막으로 명명된 그룹 'x'가 다시 나타나며, 그 뒤로 공백 문자가 있는지 확인해 (단어의 접두사가 아니라) 완전한 단어 하나인지 확인한다❸.

이 코드의 실행 결과는 다음과 같다.

```
## 결과
print(style_problems)
# <re.Match object; span=(12, 35), match=' words too often words '>
```

이로써 좋지 않은 글쓰기 스타일로 간주될 수 있는 (또는 그렇지 않을 수도 있는) 부분 문자열을 찾아냈다.

이 한 줄 코드에서는 중복 단어를 찾는 문제를 핵심만 남기고 단순화해서 쉬운 버전을 해결해 봤다. 현실적으로는 특수문자, 소문자와 대문자의 조합, 숫자 등 더 복잡한 경우를 고려해야 한다는 점을 알아두자. 아니면 뭔가 사전 처리를 통해 특수문자 없이 공백으로 구분된 소문자 단어로 구성된 원하는 형태로 텍스트를 변환할 수 있다.

연습문제 5-1

문장을 구조화하는 특수문자(마침표, 콜론, 콤마 등)를 더 많이 허용하도록 파이썬 스크립트를 작성해보자.

해답은 부록에

Q 40 여러 줄 문자열에서 정규표현식 패턴 수정하기

마지막 정규표현식 한 줄 코드에서는 텍스트 일부가 일치하는지 찾는 것이 아니라 텍스트를 수정하는 방법에 대해 알아보겠다.

코딩 미션

주어진 텍스트에서 특정 정규표현식 패턴을 모두 새로운 문자열로 바꾸려면 re.sub(regex, replacement, text) 함수를 사용한다. 이렇게 하면 수작업 없이 대규모 텍스트 기반을 빠르게 편집할 수 있다.

이전 절에서는 텍스트에서 등장하는 패턴을 찾는 방법을 배웠다. 그런데 또 다른 패턴이 일치할 경우 해당 패턴을 무시하고 싶다면 어떻게 해야 할까? **부정형 전방탐색**negative lookahead 정규표현식 패턴 A(?!X)는 정규표현식 X가 뒤에 나오지 않을 때만 정규표현식 A가 일치하는 것으로 검색한다. 예를 들어 정규표현식 not (?!good)은 문자열 'this is not great'에는 일치하지만 'this is not good' 문자열에는 일치하지 않는다.

한 줄 코드 브리핑

우리의 데이터는 문자열이며 우리가 해야 할 작업은 'Alice Wonderland'처럼 작은따옴표로 둘러싸인 경우는 제외하고 Alice Wonderland라는 단어를 모두 Alice Doe로 바꾸는 것이다. 예제 5-10을 살펴보자.

예제 5-10 텍스트 내에서 패턴을 교체하는 한 줄 코드

```
## 의존성
import re

## 데이터
text = '''
Alice Wonderland married John Doe.
The new name of former 'Alice Wonderland' is Alice Doe.
Alice Wonderland replaces her old name 'Wonderland' with her new name 'Doe'.
Alice's sister Jane Wonderland still keeps her old name.
'''

## 한 줄 코드
updated_text = re.sub("Alice Wonderland(?!')", 'Alice Doe', text)

## 결과
print(updated_text)
```

이 코드를 실행하면 수정된 텍스트를 출력한다. 수정된 텍스트는 어떤 형태일까?

한 줄 코드 구현

Alice Wonderland를 모두 Alice Doe로 바꾸지만 작은따옴표로 둘러싸인 단어는 제외하고자 한다. 이런 경우 부정형 전방탐색을 사용한다. 여기서는 닫는 따옴표가 존재하는지 여부만 검사하고 있음을 알아두자. 예를 들어 여는 따옴표는 **있지만** 닫는 따옴표가 **없다면** 이 단어도 교체될 것이다. 이는 일반적으로 바람직하지 않을 수도 있지만, 예제 문자열에서는 원하는 대로 변경된다.

```
## 결과
print(updated_text)
'''
Alice Doe married John Doe.
The new name of former 'Alice Wonderland' is Alice Doe.
Alice Doe replaces her old name 'Wonderland' with her new name 'Doe'.
Alice's sister Jane Wonderland still keeps her old name.
'''
```

'Alice Wonderland'처럼 작은따옴표로 둘러싸인 원래 이름은 바뀌지 않았음을 알 수 있다. 코드가 의도대로 동작한 것이다.

정리

이번 장에서는 상당히 많은 부분을 다뤘다. 주어진 문자열 내에서 패턴을 찾아내는 정규표현식에 대해 알아봤다. 특히 re.compile(), re.match(), re.search(), re.findall(), re.sub() 등 다양한 함수에 대해 학습했다. 이 함수들을 조합하면 정규표현식이 필요한 경우를 상당 부분 처리할 수 있다. 정규표현식을 실제로 적용해 보면서 다른 함수들까지 익힐 수 있다.

또한 여러 기본적인 정규표현식을 학습했고 이들을 조합해 (그리고 재조합해) 더 복잡한 정규표현식을 만들 수 있게 됐다. 공백, 이스케이프 적용 문자, 그리디/넌그리디 연산자, 그룹화와 명명된 그룹, 부정형 전방탐색 등에 대해서도 학습했다. 마지막으로 문제를 너무 일찍 일반화하는 것보다는 원래 문제를 단순화해서 해결하는 편이 더 낫다는 점을 알게 되었다.

이제 남은 일은 새로운 정규표현식 기술을 실전에 활용해 보는 것이다. 정규표현식에 익숙해지는 방법은 여러분이 선호하는 텍스트 편집기에서 정규표현식을 사용해 보는 것이다. (노트패드++를 포함한) 대부분의 텍스트 및 코드 편집기에는 강력한 정규표현식 기능이 탑재돼 있다. 또한 텍스트 기반 데이터를 다룰 때(예를 들어 이메일, 블로그, 책, 코드 등을 작성할 때), 정규표현식 활용을 고려해 보자. 정규표현식은 여러분의 삶을 더 편하게 만들어주며 지루한 작업에 드는 시간을 상당히 절약할 줄 것이다.

다음 6장에서는 코딩의 꽃인 알고리즘에 대해 알아본다.

6장

파이썬을 활용한 알고리즘 구현

알고리즘은 오래된 개념이다. **알고리즘**algorithm은 명령의 집합일 뿐이며 요리 레시피와도 같다. 하지만 알고리즘이 사회에서 차지하는 **역할**은 급격하게 중요해지고 있다. 컴퓨터가 우리 삶에서 더욱 큰 영역을 차지하게 되면서 알고리즘과 알고리즘에 의한 의사결정은 어디에나 존재하게 됐다.

2018년의 한 연구에서는 "데이터는 우리 세계에 대한 관찰의 형태로 현대 사회에 스며들고 있다... 그 결과 이러한 정보는 정보에 입각한 의사 결정을 내리는 데 활용될 수 있으며 경우에 따라서는 그런 의사 결정을 완전히 자동화하는 것까지 가능하다... 이런 알고리즘은 인간의 의사결정과 상호작용할 가능성이 높아 보이며, 이는 알고리즘이 사회적으로 수용되고 이를 통해 널리 사용되기 위해 필요한 발전 과정이다."라고 강조한 바 있다.

노트 이 연구에 대한 더 자세한 정보는 S. C. 올리헤헤(Olihehe)와 P.J. 울프(Wolfe)의 논문 「사회 속 알고리즘의 확산: 함의, 영향, 형식(The Growing Ubiquity of Algorithms in Society: Implications, Impacts, and Innovations)」(https://royalsocietypublishing.org/doi/full/10.1098/rsta.2017.0364#d2696064e1)을 참고하기 바란다.

사회가 자동화, 인공지능, 유비쿼터스 컴퓨팅 등 중요한 트렌드를 겪으면서 알고리즘을 이해하는 사람들과 그렇지 못한 사람들 사이의 사회적 격차가 빠르게 벌어지고 있다. 예를 들어 물류 부문은 자율주행 자동차와 트럭의 증가로 자동화로 향하는 추세를 겪고 있으며 전업 운전사는 알고리즘이 자신의 일자리를 대체하는 현실에 직면해 있다.

21세기에 요구되는 기술과 직업의 지형이 끊임없이 변화하면서, 젊은이들에게 기본적 알고리즘을 이해하고, 통제하고, 다루는 것은 필수가 됐다. 유일하게 변하지 않는 것은 변화 그 자체뿐이지만, 알고리즘과 그 이론의 개념과 기초는 향후 다가올 많은 변화가 구축되는 토대가 된다. 즉 알고리즘을 잘 이해한다면 앞으로 수십 년 동안 성공할 수 있는 준비를 갖추게 될 것이다.

이번 장의 목표는 알고리즘에 대한 이해를 높이는 것이며, 이론보다는 개념과 실제 구현에 대한 균형 잡힌 이해와 직관에 더 중점을 둔다. 알고리즘 이론이 실제 구현이나 개념의 이해만큼 중요하지만 이론에 집중하는 훌륭한 책들은 이미 많이 나와 있다. 이번 6장을 읽고 나면 컴퓨터 과학에서 가장 인기 있는 알고리즘을 직관적으로 이해하고 실제로 파이썬으로 구현할 수 있는 능력을 향상시킬 수 있을 것이다. 이를 통해 다가올 기술 혁신에 대비한 강력한 기반을 갖출 수 있다.

노트 알고리즘 이론을 더 알고 싶다면 토마스 콜맨(Thomas Cormen) 등이 공동 저술한 『Introduction to Algorithms』(4판: 한빛아카데미, 2024)가 훌륭한 길잡이가 돼줄 것이다.

좋은 일자리를 찾고 싶어 하는 프로그래머와 관련된 간단한 문제를 해결하는 작은 알고리즘부터 시작해보자.

41 람다 함수와 정렬로 애너그램 찾아내기

애너그램Anagram이란 컴퓨터 공학 어휘력과 간단한 알고리즘 개발 역량을 테스트하기 위해 프로그래밍 면접에서 자주 활용되는 주제다. 이번 절에서는 파이썬으로 애너그램을 찾아내는 간단한 알고리즘을 배워보자.

코딩 미션

완전히 같은 문자로 구성되고 첫 번째 단어의 모든 문자가 두 번째 단어에서도 정확히 한 번씩 사용되는 두 단어를 **애너그램**이라고 한다. 그림 6-1과 다음 예제를 통해 애너그램이 어떤 것인지 이해할 수 있을 것이다.

- "listen" → "silent"
- "funeral " → "real fun"
- "elvis" → "lives"

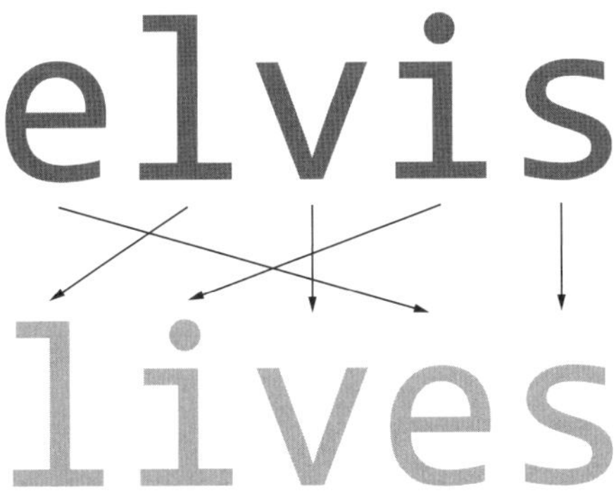

그림 6-1 elvis라는 단어는 lives라는 단어의 애너그램이다

이제 이 문제를 작업하고 두 단어가 애너그램인지 파악하는 파이썬다운 간결한 해결책을 도출할 것이다. 코딩을 시작해보자.

한 줄 코드 브리핑

우리의 목표는 두 개의 문자열 `x1`과 `x2`를 매개변수로 전달받아 두 단어가 애너그램일 경우 `True`를 리턴하는 `is_anagram()` 함수를 작성하는 것이다. 계속 읽기 전에 잠깐 시간을 내어 이 문제에 대해 생각해 보자. 파이썬으로 이 함수를 어떻게 구현할 수 있을까? 예제 6-1은 그 방법 중 하나를 보여준다.

예제 6-1 두 문자열이 애너그램인지 확인하는 한 줄 코드

```
## 한 줄 코드
❶ is_anagram = lambda x1, x2: sorted(x1) == sorted(x2)

## 결과
print(is_anagram("elvis", "lives"))
print(is_anagram("elvise", "livees"))
print(is_anagram("elvis", "dead"))
```

이 코드가 출력하는 세 줄의 결과는 어떤 모습일까?

한 줄 코드 구현

정렬된 문자 시퀀스가 같다면 두 문자열을 애너그램이라고 할 수 있으므로 우리가 택한 방법은 두 문자열을 정렬하고 문자 단위로 비교하는 것이다. 그 정도로 쉬운 방법이며, 외부 의존성도 필요하지 않다. 여기서는 간단히 두 매개변수 x1과 x2를 갖는 람다 함수(1장 참고)를 이용해 is_anagram() 함수❶를 정의했다. 이 함수는 sorted(x1) == sorted(x2) 표현식의 결과를 리턴한다. 이 표현식은 정렬된 문자열 두 개가 같은 문자로 구성되어 있으면 True를 리턴한다. 정렬된 두 문자 시퀀스의 출력 결과는 다음과 같다.

```
print(sorted("elvis"))
# ['e', 'i', 'l', 's', 'v']

print(sorted("lives"))
# ['e', 'i', 'l', 's', 'v']
```

두 문자열 'elvis'와 'lives'는 모두 같은 문자로 구성되어 있으므로 정렬된 리스트는 동일하다. print 문 세 줄의 실행 결과는 다음과 같다.

```
## 결과
print(is_anagram("elvis", "lives")) # True
print(is_anagram("elvise", "livees")) # True
print(is_anagram("elvis", "dead")) # False
```

숙련된 코더를 위해 작은 참고사항을 하나 알려주자면, 파이썬의 경우 n개의 요소로 구성된 시퀀스를 정렬할 때의 런타임 복잡도는 점근적으로 $n\ log(n)$ 함수처럼 증가한다. 이는 각 문자가 두 문자열에 모두 존재하는지 확인하고 그럴 경우 해당 문자를 제거하는 초보적인 해법보다 이 한 줄 코드 알고리즘이 훨씬 더 효과적이라는 뜻이다. 초보적인 알고리즘의 런타임 복잡도는 점근적으로 2차 함수 n**2처럼증가한다.

하지만 **히스토그래밍**histogramming이라는 또 다른 효율적인 방법이 있다. 이 방법은 두 문자열을 구성하는 모든 문자의 수를 세는 히스토그램[1]을 만들고 두 히스토그램을 비교하는 방법이다. 알파벳의 글자 수는 고정돼 있으므로 히스토그래밍의 런타임 복잡도는 선형적이다. 점근적으로 함수 n처럼 증가한다. 연습삼아 한 번 구현해 보기 바란다!

Q 42 람다 함수와 음수 슬라이싱으로 팰린드롬 찾기

이번 절에서는 면접 질문에서 자주 사용되는 또 다른 컴퓨터 공학 용어인 팰린드롬palindrome을 소개한다. 한 줄 코드를 이용해 두 단어가 서로의 팰린드롬인지 확인해 보자.

코딩 미션

먼저, 팰린드롬이 뭘까? **팰린드롬**이란 앞으로 읽을 때나 뒤로 읽을 때 똑같이 읽히는 문자열을 의미한다(회문(回文)이라고도 부름). 공백을 제거해 보면 다음 몇 가지 문장은 앞뒤로 읽어도 똑같다.

- "Mr Owl ate my metal worm"
- "Was it a car or a cat I saw?"
- "Go hang a salami, I'm a lasagna hog"
- "Rats live on no evil star"
- "Hannah"
- "Anna"

1 한 변수에 대한 몇 가지 데이터 포인트의 빈도 분포를 나타내는 그래프 – 옮긴이

- “Bob”
- “다시 합창합시다”
- “소주 만 병만 주소”

이 한 줄 코드 해법은 슬라이싱에 대한 기본적인 이해를 필요로 한다. 2장에서도 살펴봤듯이 슬라이싱은 파이썬에만 존재하는 개념으로 리스트나 문자열 같은 시퀀스 타입으로부터 일정 범위의 값을 추출하기 위한 것이다. 슬라이싱은 `[start:stop:step]`같이 간단한 표현으로 `start`의 인덱스(포함)부터 시작해 `stop` 인덱스(제외)에서 끝나는 시퀀스를 잘라낸다. 세 번째 매개변수인 `step`은 단계의 크기를 정의한다. 즉 슬라이스가 원래의 시퀀스에서 몇 개의 문자를 건너뛰고 다음 문자를 선택할 것인지 결정한다(예를 들어 step=2라면 슬라이스는 두 문자마다 한 문자씩만 선택할 것이다). 음수 스탭 크기를 지정하면 문자열을 역순으로 처리한다.

파이썬으로 짧고 간결한 해결책을 구현하기 위해 알아야 할 내용은 이것이 전부다.

한 줄 코드 브리핑

문자열이 주어질 때 이 문자열의 역순 시퀀스가 원래 시퀀스와 동일한지 확인해서 그 문자열이 팰린드롬인지 확인하고자 한다. 예제 6-2에서 이 문제를 해결하는 코드를 볼 수 있다.

예제 6-2 문자열이 팰린드롬인지 확인하는 한 줄 코드

```
## 한 줄 코드
is_palindrome = lambda phrase: phrase == phrase[::-1]

## 결과
print(is_palindrome("anna"))
print(is_palindrome("kdljfasjf"))
print(is_palindrome("rats live on no evil star"))
```

한 줄 코드 구현

이 간단한 한 줄 코드는 외부 라이브러리에 전혀 의존하지 않는다. 테스트할 문자열인 단일 매개변수 phrase를 받아들이는 람다 함수를 정의하는데, 이 함수는 문자 시퀀스를 역순으로 뒤집었을 때 문자 시퀀스에 변화가 없는지 알려주는 불리언 값을 리턴한다. 문자 시퀀스를 뒤집기 위해 슬라이싱을 사용한다(2장 참고).

한 줄 코드의 결과는 다음과 같다.

```
## 결과
print(is_palindrome("anna")) # True
print(is_palindrome("kdljfasjf")) # False
print(is_palindrome("rats live on no evil star")) # True
```

첫 번째와 세 번째 문자열은 팰린드롬이지만 두 번째 문자열은 아니다. 다음으로 컴퓨터 과학에서 보편화된 또 다른 개념인 순열에 대해 알아보자.

Q 43 재귀적 팩토리얼 함수를 사용해 순열 개수 계산하기

이번 절에서는 데이터셋에서 가능한 순열의 최대 개수를 찾기 위해 간단하면서도 효과적인 방법으로 팩토리얼factorial을 계산하는 한 줄 코드를 살펴본다.

코딩 미션

다음 문제를 생각해 보자. 잉글랜드 프리미어 리그에는 20개의 팀이 경쟁하고 있으며 시즌이 마무리되면 각 팀은 1위에서 20위까지 순위가 결정된다. 20개의 고정된 팀이 주어졌을 때, 이러한 순위의 가능한 버전이 몇 가지 존재하는지 계산할 수 있다. 여기서 중요한 것은 한 팀이 달성할 수 있는 순위가 몇 개인지가 아니라(당연히 20개일 것이다) 모든 팀의 가능한 순위 조합이 총 몇 개인지 묻는 것이다. 그림 6-2는 가능한 순위 중 세 가지만 골라 보여준다.

그림 6-2 잉글랜드 프리미어 리그의 축구팀 순위 중 가능한 세 가지 순위

컴퓨터 과학 용어로 각각의 순위를 **순열**permutation이라고 부르는데, 순열이란 집합 요소가 특정한 순서로 배열된 것으로 정의된다. 우리의 목적은 주어진 집합에서 가능한 순열의 개수를 찾는 것이다. 순열의 개수는 베팅betting 애플리케이션, 경기 예측, 게임 분석과 관련된 프로그램에서 특히 중요한 개념이다. 예를 들어 100개의 서로 다른 각 순위가 실제 순위가 될 확률이 초기에 동일하다면, 특정한 순위가 실제 순위가 될 확률은 1/100 = 1퍼센트다. 이는 게임 예측 알고리즘의 기본 확률(**선험 확률**priori probability)로 사용될 수 있다. 이러한 가정 하에 무작위로 예측된 순위가 한 시즌 후의 실제 순위와 일치할 수 있는 확률은 1퍼센트다.

n개의 요소를 가진 집합의 순열 개수를 계산하려면 팩토리얼 함수 $n!$을 이용하면 된다. 왜 그래야 하는지는 지금부터 설명한다. 먼저 팩토리얼은 다음과 같이 정의한다.

$$n! = n \times (n - 1) \times (n - 2) \times ... \times 1$$

예를 들어보자.

$$1! = 1$$

$$3! = 3 \times 2 \times 1 = 6$$

$$10! = 10 \times 9 \times 8 \times 7 \times 6 \times 5 \times 4 \times 3 \times 2 \times 1 = 3{,}628{,}800$$

$$20! = 20 \times 19 \times 18 \times . . . \times 3 \times 2 \times 1 = 2{,}432{,}902{,}008{,}176{,}640{,}000$$

이 계산이 어떻게 가능한지 살펴보자. 먼저 10개의 요소를 가진 집합 $S = \{s0, s1, s2, ..., s9\}$와 10개의 칸 $B = \{b0, b1, b2, ..., b9\}$가 주어졌다고 가정해 보자. 여러분은 S로부터 정확히 하나의 요소를 각 칸에 넣으면 된다. 앞서 축구 리그 예시에서는 20개의 팀이 요소이며 20개의 순위표가 칸이다. S의 특정 순열을 하나 구하려면 단순히 모든 요소를 모든 칸에 넣으면 된다. 그러므로 요소를 칸에 배치하는 서로 다른 방법의 숫자가 바로 S의 요소로 이루어진 순열의 전체 개수가 된다.

다음 알고리즘은 10개의 요소를 가진 집합(10개의 칸에 넣어야 한다)에 대한 순열의 개수를 결정한다.

1. 집합 S에서 첫 번째 요소를 가져온다. 현재 **10개의 칸이 비어 있으므로** 요소를 담을 수 있는 **10개의 선택지**가 있다. 이제 하나의 요소를 한 칸에 넣는다.
2. 이제 한 칸이 채워졌다. 집합에서 두 번째 요소를 가져온다. 이제 **빈 칸**은 **9개**이므로 남은 **선택지는 9개**다.
3. 마지막으로 10번째(마지막) 요소를 집합에서 가져온다. 9개의 칸은 이미 채워져 있다. 따라서 **하나의 칸만** 비어 있으므로 남은 **선택지는 1개**인 셈이다.

따라서 총 $10 \times 9 \times 8 \times 7 \times 6 \times 5 \times 4 \times 3 \times 2 \times 1 = 10!$개의 선택지를 가진 셈이다. 요소를 칸에 배치하는 각각의 가능성이 집합 요소의 순열 중 하나에 해당된다. 따라서, n개 요소의 순열의 수는 $n!$이다.

재귀적으로 팩토리얼 함수는 다음과 같이 정의될 수도 있다.

$$n! = n \times (n - 1)!$$

이 재귀의 기저 사례base case는 다음과 같이 정의된다.

$$1! = 0! = 1$$

이 기저 사례에서 알 수 있는 것은 1개의 요소를 가진 집합의 순열은 1개이며 0개의 요소를 가진 집합도 순열도 1개라는 점이다(0개의 요소를 0개의 칸에 넣는 방법은 하나뿐이다).

한 줄 코드 브리핑

예제 6-3의 한 줄 코드는 *n*개 요소를 가진 집합의 순열의 개수 *n!*을 계산한다.

예제 6-3 팩토리얼 함수를 재귀적으로 구현한 한 줄 코드

```
## 데이터
n= 5

## 한 줄 코드
factorial = lambda n: n * factorial(n-1) if n > 1 else 1

## 결과 Result
print(factorial(n))
```

이 코드의 실행 결과를 스스로 예상해 보자.

한 줄 코드 구현

이 코드는 팩토리얼 함수를 재귀적으로 구현한다. 빠르게 재귀에 대한 개념을 잡아보자. 스티븐 호킹Stephen Hawking은 재귀를 설명하는 간결한 방법을 제시했다. "재귀를 이해하려면, 먼저 재귀를 이해해야 한다".

메리엄웹스터 사전에서는 재귀를 "함수가 특정 조건이 충족될 때까지 자신을 한 번 이상 호출하는 컴퓨터 프로그래밍 기법으로, 조건이 충족되면 마지막 호출부터 처음 호출까지 역순으로 각 반복의 나머지 부분이 처리된다"라고 정의한다. 이 정의의 핵심은 **재귀 함수**recursive function로서, 단순히 자기 자신을 호출하는 함수를 의미한다. 하지만 계속 자기 자신을 호출하는 함수는 영원히 멈추지 않을 것이다.

이런 이유로 특정한 기저 사례를 정해야 한다. 기저 사례가 충족되면 마지막 함수 호출이 종료되고 그 결과를 끝에서 두 번째로 호출된 함수에게 전달한다. 끝에서 두 번째로 호출된

함수의 실행 결과는 끝에서 세 번째로 호출된 함수에게 전달되는 식이다. 이로 인해 결과가 더 높은 재귀 수준으로 전파되는 연쇄 반응이 일어나 결국 첫 번째 호출된 함수가 최종 결과를 리턴하게 된다. 몇 줄의 설명으로는 개념을 이해하기 쉽지 않겠지만 계속 집중해 주기 바란다. 다음에 살펴볼 한 줄 코드 예제를 통해 계속 설명해 보겠다.

보통 재귀 함수 *f*는 네 단계로 구현한다.

1. 원래의 문제를 더 작은 문제의 인스턴스로 분리한다.
2. 더 작은 문제의 인스턴스를 함수 *f*의 입력으로 사용한다(이후 작아진 입력값을 더 작은 문제인 인스턴스로 분리하는 식으로 계속 진행).
3. **기저 사례**를 정의한다. 기저 사례는 함수 *f*를 더 이상 호출하지 않고도 직접 해결할 수 있는 가장 작은 입력값이다.
4. 얻어진 더 작은 문제의 결과를 다시 조합해 더 큰 문제를 해결할 수 있는 방법을 지정한다.

이 코드에서는 하나의 매개변수 `n`을 갖는 `factorial`이라는 이름의 람다 함수를 정의했다. 결국 여러분은 `factorial(n)` 호출의 결과를 계산하기 위해 `factorial(n-1)` 함수를 호출한다. `n` 값은 프리미어 리그의 소속 팀의 개수(`n=20`)이거나 예제 6-3처럼 다른 값(`n=5`)일 수 있다.

대략적으로 설명하면 더 간단한 문제를 해결하는 `factorial(n-1)` 함수 호출의 결과에 입력 매개변수인 `n`에 곱해서 더 어려운 문제인 `factorial(n)`을 해결한다. 그리고 재귀 기저 사례인 `n <= 1`에 도달하면 `factorial(1) = factorial(0) = 1`이라는 하드코딩된 해결책을 리턴한다.

이 알고리즘은 먼저 문제를 철저히 이해함으로써 단순하고 간결하며 효과적인 해결책을 찾을 수 있다는 점을 보여준다. 가장 간단한 해결법을 선택하는 것은 자신만의 알고리즘을 만들 때 가장 중요한 사항 중 하나다. 초보자는 어수선하고 필요 이상으로 복잡한 코드를 작성하는 경우가 많다.

이 경우 재귀 함수를 이용하는 쪽이 재귀 없이 반복을 이용하는 쪽보다 훨씬 코드가 짧아진다. 연습삼아 재귀 함수와 외부 라이브러리 없이 이 한 줄 코드를 다시 작성해 보자. 만만치도 않고 그렇게 썩 간결하지도 않을 것이다.

44 레벤슈타인 거리 계산하기

이번 절에서는 레벤슈타인 거리Levenshtein distance를 계산하는 중요하고 실용적인 알고리즘에 대해 학습한다. 이 알고리즘을 이해하는 것은 앞서 살펴본 알고리즘보다 더 복잡하므로 스스로 문제를 명확하게 이해하는 훈련이 될 것이다.

코딩 미션

레벤슈타인 거리는 두 문자열 사이의 거리를 계산하는 지표다. 다시 말하면 두 문자열의 유사성을 계량화하는 데 사용한다. 레벤슈타인 거리는 **편집 거리**edit distance라고도 불리는데 이 이름에서 우리는 이 지표가 무엇을 측정하는지를 정확히 알 수 있다. 즉 이 알고리즘은 한 문자열을 다른 문자열로 바꾸기 위해 편집(삽입, 제거 또는 대체)해야 하는 문자의 수를 계산한다. 레벤슈타인 거리가 짧을수록 두 문자열의 유사성이 높아진다.

레벤슈타인 거리는 여러분이 스마트폰에서 볼 수 있는 자동 수정autocorrection 기능 등에 중요하게 사용된다. 왓츠앱WhatsApp 같은 메신저에 *helo*라고 입력하면 스마트폰은 이 단어가 라이브러리에 존재하지 않는 것을 감지하고 교체할 가능성이 높은 단어 몇 개를 선택한 후 레벤슈타인 거리 기준으로 정렬한다. 예를 들어 레벤슈타인 거리가 가장 짧아서 유사성이 가장 높은 문자열은 `'hello'`이므로 스마트 폰은 *helo*를 *hello*로 자동 수정한다.

유사성이 떨어지는 `'cat'`과 `'chello'`를 생각해보자. 레벤슈타인 거리는 첫 번째 문자열이 두 번째 문자열이 되기 위해 필요한 편집의 최소 개수를 계산하며, 표 6-1은 최소 편집 순서를 보여준다.

표 6-1 'cat'을 'chello'로 바꾸는 데 필요한 최소 편집 순서

현재 단어	수정 작업
cat	–
cht	a를 h로 교체
che	t를 e로 교체
chel	위치 3에 l을 삽입
chell	위치 4에 l을 삽입
chello	위치 5에 o를 삽입

표 6-1은 'cat'이라는 단어를 5번의 편집 단계를 거쳐 'chello'라는 단어로 변환하므로 이 경우 레벤슈타인 거리는 5가 된다.

한 줄 코드 브리핑

이제 문자열 a와 b, a와 c, b와 c 사이의 레벤슈타인 거리를 계산하는 한 줄 코드를 작성해 보자.

예제 6-4 두 문자열 사이의 레벤슈타인 거리를 계산하는 한 줄 코드

```
## 데이터
a = "cat"
b = "chello"
c = "chess"

## 한 줄 코드
ls = ❶lambda a, b: len(b) if not a else len(a) if not b else min(
 ❷ ls(a[1:], b[1:])+(a[0] != b[0]),
 ❸ ls(a[1:], b)+1,
 ❹ ls(a, b[1:])+1)

## 결과
print(ls(a,b))
print(ls(a,c))
print(ls(b,c))
```

지금까지 배운 내용을 바탕으로 프로그램을 실행하기 전에 이 코드의 실행 결과를 계산해 보자.

한 줄 코드 구현

코드를 살펴보기에 앞서 이 한 줄 코드에서 상당히 많이 활용하고 있는 중요한 파이썬 기법을 먼저 살펴보자. 파이썬에서 **모든** 객체는 진리값[2]을 가지고 있으며 이 값은 True 혹은 False 중 하나다. 실제로 대부분의 객체는 True이며 False인 몇몇 객체는 짐작이 어렵지 않다.

2 참 또는 거짓으로 표현이 가능한 값 – 옮긴이

- 숫자값 `0`은 `False`다.
- 빈 문자열 `''`은 `False`다.
- 빈 리스트 `[]`은 `False`다.
- 빈 집합 `set()`은 `False`다.
- 빈 딕셔너리 `{}`은 `False`다.

기본적으로 파이썬 객체는 비어 있거나 값이 0이라면 `False`로 취급된다. 이제 레벤슈타인 함수의 첫 번째 부분을 살펴보자. 두 개의 문자열 `a`와 `b`를 매개변수로 받아들이고 문자열 `a`를 문자열 `b`로 변환하는 데 필요한 편집 횟수를 리턴하는 람다 함수를 정의한다❶.

뻔한 경우가 두 가지 있다. 먼저 문자열 `a`가 비어 있으면 문자열 `b`를 구성하는 모든 문자를 하나씩 삽입해야 하므로 최소 편집 거리는 `len(b)`이다. 마찬가지로 문자열 `b`가 비어 있다면 최소 편집 거리는 `len(a)`다. 즉 두 문자열 중 하나가 빈 문자열이면 편집 거리를 곧바로 리턴할 수 있다는 뜻이다.

두 문자열이 모두 빈 문자열이 아닌 상황을 생각해보자. 이 경우는 그림 6-3처럼 원래 문자열 `a`와 `b`의 뒷부분 부분 문자열의 레벤슈타인 거리를 계산하는 것으로 문제를 간소화할 수 있다.

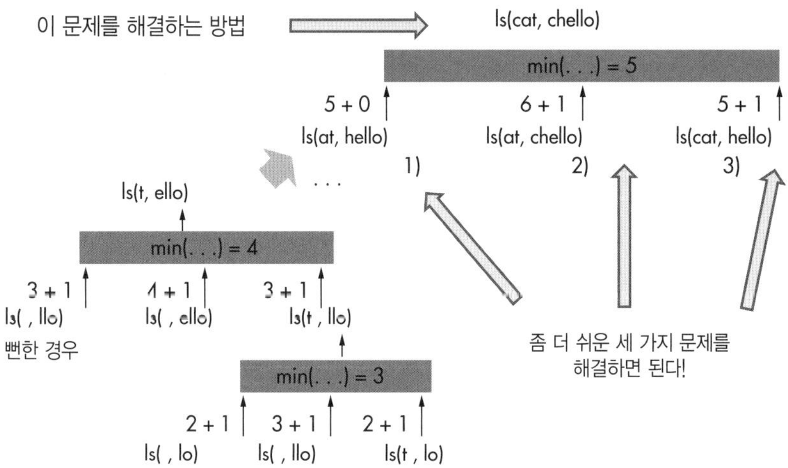

그림 6-3 더 작은 문제를 먼저 해결해 재귀적으로 단어 'cat'과 'chello' 사이의 레벤슈타인 거리를 계산하는 방법

문자열 `'cat'`과 `'chello'` 사이의 레벤슈타인 거리를 재귀적으로 계산하기 위해 더 쉬운 문제부터 (재귀적으로) 해결한다.

1. 먼저 두 단어의 뒷부분인 at과 hello 사이의 거리를 계산한다. 그 이유는 at을 hello로 변환하는 방법을 알면 두 단어의 첫 문자만 바꿔서(또는 두 문자열의 첫 문자가 같다면 첫 문자를 그대로 유지해서) cat을 chello로 바꿀 수 있기 때문이다. at과 hello의 거리가 5라고 가정하면 cat과 chello 사이의 거리는 최대 5라고 결론 내릴 수 있다. 왜냐하면 두 문자 뒷부분의 거리를 계산한 편집 순서를 정확히 재사용할 수 있기 때문이다(두 단어가 문자 c로 시작하므로 두 문자를 편집할 필요가 없다).
2. at과 chello 사이의 거리를 계산한다. 이 거리가 6이라고 가정하면 cat과 chello 사이의 거리는 최대 6 + 1 = 7이라고 결론 내릴 수 있다. 그 이유는 단순히 첫 번째 단어의 시작 문자인 c를 제거하면 되기 때문이다(편집 한 번이 더 필요하다). 여기서도 at과 chello 사이의 거리 계산을 정확히 재사용할 수 있다.
3. cat과 hello 사이의 거리를 계산한다. 이 거리가 5라고 가정하면 cat과 chello 사이의 거리는 최대 5 + 1이라고 결론 내릴 수 있다. 그 이유는 두 번째 단어의 시작 지점에 c 문자를 추가하면 되기 때문이다(편집 한 번이 더 필요하다).

이 세 가지가 첫 번째 단어로 할 수 있는(교체, 제거, 삽입) 모든 가능한 경우의 수이므로, cat과 chello 사이의 레벤슈타인 거리는 이 세 가지 경우 중 최솟값이다. 이제 예제 6-4의 세 가지 경우를 좀 더 살펴보자.

첫째로 a[1:]부터 b[1:] 사이의 편집 거리를 재귀적으로 계산한다❷. 만일 두 단어의 첫 문자인 a[0]과 b[0]이 다르다면 a[0]을 b[0]으로 **교체**해서 수정해야 하므로 편집 거리가 1 증가된다. 만일 두 단어의 첫 문자가 같다면 그림 6-3에서 본 것처럼 더 간단한 문제인 ls(a[1:], b[1:])의 해결책이 더 복잡한 문제인 ls(a, b)의 해결책이 된다.

둘째로 a[1:]부터 b까지의 거리를 재귀적으로 계산한다❸. 이 거리의 결과를 알고 있다고 가정할 때 a부터 b까지 한 단계 더 확장한 거리는 어떻게 계산할 수 있을까? 이 때는 단순히 단어 a의 첫 문자인 a[0]를 제거하면 되고 이는 추가적인 한 번의 연산이다. 이런 식으로 더 복잡한 문제를 좀 더 쉬운 문제로 축소시켰다.

셋째로 a부터 b[1:]까지의 거리를 재귀적으로 계산한다❹. 이 결과를 알고 있다고 가정하면 a부터 b까지의 거리는 어떻게 계산할 수 있을까? 이 경우라면 단어 b[1:]의 앞에 b[0] 문자를 삽입하는 한 단계만 더 실행하면 되므로 (a부터 b[1:]를 거쳐 b까지로) 단순히 거리가 1 늘어난다.

마지막으로 이 세 결과(첫 문자 교체, 첫 문자 제거, 첫 문자 삽입) 중에서 최소 편집 거리를 찾아내면 된다.

이 한 줄 해법은 재귀 스킬 훈련이 중요하다는 점을 다시 한번 보여준다. 재귀는 이해하기 쉽지는 않겠지만 한번 이해하면 이 문제와 유사한 다양한 재귀 문제를 자신 있게 해결할 수 있을 것이다.

Q45 함수형 프로그래밍을 이용해 멱집합 계산하기

이번 절에서는 수학적으로 중요한 개념 중 하나인 멱집합을 학습한다. 멱집합은 모든 부분 집합의 집합이다. 멱집합은 통계, 집합 이론, 함수형 프로그래밍, 확률 이론, 알고리즘 분석 등에 필요하다.

코딩 미션

멱집합powerset은 주어진 집합 s에 대한 모든 부분 집합의 집합이다. 여기에는 빈 집합 {}, 원래의 집합 s, 그리고 원래 집합의 가능한 모든 부분 집합이 포함된다. 몇 가지 예제를 살펴보자.

예제 1:

- 주어진 집합: s = {1}
- 멱집합: P = {{}, {1}}

예제 2:

- 주어진 집합: s = {1, 2}
- 멱집합: P = {{}, {1}, {2}, {1,2}}

예제 3:

- 주어진 집합: s = {1, 2, 3}
- 멱집합: P = {{}, {1}, {2}, {3}, {1, 2}, {1, 3}, {2, 3}, {1, 2, 3}}

n개의 요소를 가진 집합 s의 멱집합 P_n을 계산하려면 $(n - 1)$개의 요소를 가진 s의 부분 집합에 대한 더 작은 멱집합 P_{n-1}을 사용한다. 집합 $s = \{1, 2, 3\}$의 멱집합을 계산하는 방법은 다음과 같다.

1. 멱집합 P_0를 $P_0 = \{\{\}\}$같이 0개 요소로 초기화한다. 다시 말하면 이는 공집합의 멱집합이다. 따라서 공집합 자체만 포함된다.
2. $(n\text{-}1)$개의 요소를 가진 멱집합 P_{n-1}로부터 n개의 요소를 가진 멱집합 P_n을 만들려면 집합 s에서 (임의의) 요소 x를 하나 선택하고 다음 절차에 따라 가능한 모든 부분 집합을 더 큰 멱집합 P_n에 포함시킨다.
3. P_{n-1}의 모든 집합 p에 대해 x와 p의 합집합으로 구성된 새로운 부분 집합을 만든다. 이 결과 새로운 집합들의 임시 집합 T가 생성된다. 예를 들어 $P_2 = \{\{\}, \{1\}, \{2\}, \{1, 2\}\}$라면 P_2의 모든 집합에 $x = 3$ 요소를 추가해서 집합들의 임시 집합 $T = \{\{3\}, \{1, 3\}, \{2, 3\}, \{1, 2, 3\}\}$를 생성한다.
4. 새로운 집합의 집합 T와 멱집합 P_{n-1}를 병합해 멱집합 P_n을 얻는다. 예를 들어 임시 집합 T를 멱집합 P_2와 병합해서 멱집합 P_3을 얻는다. 즉 $P_3 = T \cup P_2$이다.
5. 원래 집합 s가 비워질 때까지 2단계로 돌아간다.

이 전략은 다음 절에서 좀 더 자세히 설명한다.

reduce() 함수

하지만 먼저 이 한 줄 코드에서 사용하게 될 중요한 파이썬 함수인 `reduce()` 함수를 제대로 이해할 필요가 있다. `reduce()` 함수는 파이썬 2에 내장된 함수지만 개발자들은 이 함수가 거의 사용되지 않는다고 판단해서 파이썬 3에는 포함시키지 않았다. 따라서 `functools` 라이브러리를 먼저 임포트해야 한다.

`reduce()` 함수는 `reduce(function, iterable, initializer)` 형식으로 세 가지 매개변수를 받아들인다. `function` 매개변수는 두 값 `x`와 `y`를 단일 값으로 줄이는 방법(예를 들면 `lambda x, y: x + y`)을 정의한다. 이렇게 해서 `iterable`(두 번째 매개변수)의 두 값을 반복적으로 하나의 값으로 줄일 수 있으며 이 과정은 `iterable` 매개변수에 단 하나의 값이 남을 때까지 반복된다. `initializer` 매개변수는 선택 사항이다. 이 매개변수를 지정하지 않으면 파이썬은 `iterable` 매개변수의 첫 번째 값을 기본값으로 사용한다.

예를 들어 reduce(lambda x, y: x + y, [0, 1, 2, 3])같이 함수를 호출하면 이 함수의 계산은 (((0 + 1) + 2) + 3) = 6이 된다. 즉 먼저 x = 0과 y = 1이라는 두 값을 x + y = 0 + 1 = 1로 줄인다. 그런 후 첫 번째 람다 함수 호출의 결과를 두 번째 호출의 입력으로 사용해 두 번째 호출의 매개변수는 x = 1과 y = 2가 된다. 두 번째 호출의 결과는 x + y = 1 + 2 = 3이 된다. 마지막으로 람다 함수를 두 번째 호출한 결과가 세 번째 호출의 입력으로 사용되어 x = 3이 되고 y = 3이 된다. 이 결과는 x + y = 3 + 3 = 6이 된다.

마지막 예시에서 값 x는 항상 이전 (람다) 함수의 호출 결과를 가지고 있다는 점을 알게 됐다. 매개변수 x는 일종의 축적 값인 반면 매개변수 y는 iterable로부터 가져온 갱신updated 값의 역할을 한다. 이것은 iterable 매개변수의 모든 값을 하나의 값으로 반복적으로 "줄이기" 위해 의도된 동작이다. 이 방법을 이용하면 예제 6-5에서 보듯이 시퀀스 **집계기**sequence aggregator를 정의할 수 있다.

리스트 산술 연산

한 줄 코드를 살펴보기에 앞서 리스트 연산자 두 개를 더 살펴볼 필요가 있다. 첫 번째는 리스트 연결 연산자인 +로 두 리스트를 하나로 연결한다. 예를 들어 [1, 2] + [3, 4]는 새로운 리스트 [1, 2, 3, 4]를 리턴한다. 두 번째는 합집합 연산자 |로 두 셋에 대한 합집합 연산을 수행한다. 예를 들어 표현식 {1, 2} | {3, 4}는 새로운 셋 {1, 2, 3, 4}를 리턴한다.

한 줄 코드 브리핑

예제 6-5는 주어진 집합 s에 대한 멱집합을 계산한다.

예제 6-5 주어진 집합의 멱집합을 계산하는 한 줄 코드

```
# 의존성
from functools import reduce

# 데이터
s = {1, 2, 3}

# 한 줄 코드
```

```
ps = lambda s: reduce(lambda P, x: ❶P + [subset | {x} for subset in P], s, ❷
[set()])

# 결과
print(ps(s))
```

이 예제의 실행 결과를 예상해보자!

한 줄 코드 구현

이 한 줄 코드의 의도는 빈 멱집합부터 시작해서❷ 더 이상 부분 집합을 찾을 수 없을 때까지 반복적으로 부분 집합을 추가하는 것이다❶.

처음에 멱집합은 빈 집합만을 가지고 있다. 각 단계를 실행하면서 데이터 집합 s에서 하나의 요소 x를 가져와 멱집합에 이미 존재하는 모든 부분 집합에 요소 x를 추가해서 자연스럽게 새로운 부분 집합을 생성❷한다. 이 절의 도입부에서 봤듯이 멱집합의 크기는 집합 s에서 추가적인 요소 x를 가져올 때마다 두 배씩 커진다. 이렇게 해서 n개의 부분 집합을 가진 멱집합을 한 번에 데이터 집합 요소 하나씩(하지만 한 번에 n개의 부분 집합만큼) 증가시킨다. 멱집합은 기하급수적으로 증가한다는 것을 알아두자. 즉, 데이터 집합 요소 x가 추가될 때마다 멱집합의 크기는 두 배가 된다. 이는 멱집합의 본질적인 속성이다. 그래서 겨우 수십 개의 요소를 가진 비교적 작은 데이터 집합도 빠르게 저장 용량을 초과할 수 있다.

reduce() 함수를 사용해 현재의 멱집합을 변수 P(처음에는 빈 집합만을 가지고 있다)에 유지 관리한다. reduce() 함수는 리스트 컴프리헨션을 이용해 기존의 각 부분 집합에 대해 하나씩 새로운 부분 집합을 생성한 후 멱집합 P에 추가한다. 특히 데이터 집합의 값 x를 각 부분 집합에 추가하므로 멱집합의 크기를 두 배로 증가시킨다(데이터 집합 요소 x를 추가된 부분 집합과 추가되지 않은 원래 부분 집합을 합쳐서). 이렇게 해서 reduce() 함수는 멱집합 P와 데이터 집합의 요소 x라는 두 요소를 반복적으로 '병합merge'한다.

따라서 이 한 줄 코드의 실행 결과는 다음과 같다.

```
# 결과
print(ps(s))
# [set(), {1}, {2}, {1, 2}, {3}, {1, 3}, {2, 3}, {1, 2, 3}]
```

이 한 줄 코드는 람다 함수, 리스트 컴프리헨션, 집합 연산을 잘 이해하는 것이 얼마나 중요한지 잘 보여준다.

Q 46 고급 인덱싱과 리스트 컴프리헨션을 이용한 카이사르 암호화 구현하기

이번 절에서는 오래된 암호화 기법인 **카이사르 암호화**caesar's cipher(시저 암호화라고도 한다)를 알아본다. 이 암호화 기법은 율리우스 카이사르Julius Caesar가 사적인 대화를 난독화하는 데 사용했던 기법이다. 안타깝게도 카이사르 암호화는 너무 쉽게 해독되어 실질적으로 정보를 보호하지 못하지만 여전히 재미로 사용되거나 초보 독자로부터 보호해야 하는 포럼 내용을 난독화하는 등의 용도로 사용되고 있다.

코딩 미션

카이사르 암호화는 암호화할 문자를 알파벳에서 고정된 개수의 위치만큼 옮기는 아이디어를 바탕으로 한다. 카이사르 암호화의 구체적인 사례는 ROT13 알고리즘이다.

ROT13 알고리즘은 (레딧reddit 같은) 포럼에서 스포일러를 방지하거나 신규 사용자로부터 대화의 의미를 숨기기 위해 사용되는 간단한 암호화 알고리즘이다. ROT13 알고리즘은 쉽게 해독될 수 있다. 우리가 각 문자를 얼마나 옮겼는지 공격자가 알지 못하더라도 암호화된 텍스트에서 문자 분포에 대한 확률적 분석을 수행해서 쉽게 해독할 수 있다. 이 알고리즘을 실제로 여러분의 메시지를 암호화하는 데 사용해서는 안 된다! 그럼에도 여전히 가벼운 용도로 ROT13 알고리즘이 많이 사용된다.

- 온라인 포럼에서 퍼즐의 결과를 난독화하는 용도
- 영화나 도서의 스포일러를 난독화하는 용도
- "56비트 DES는 적어도 ROT13보단 강력한 암호화잖아"처럼 다른 취약한 암호화 알고리즘을 조롱하는 용도
- 웹 사이트의 이메일 주소를 난독화해서 99.999퍼센트의 이메일 스팸봇으로부터 보호하는 용도

따라서 ROT13은 진지한 암호화 기법이라기보다는 인터넷 문화에서 인기 있는 농담거리이자 교육 도구에 가깝다.

이 알고리즘은 한 문장으로 설명할 수 있다. ROT13 = **암호화될 문자열을 알파벳의 26문자 내에서 13자리만큼 순환 이동시키는 방법**(모듈로 26, 즉 26으로 나눈 나머지)이다.

원래의 난독화되지 않은 글자들

A	B	C	D	E	F	G	H	I	J	K	L	M	N	O	P	Q	R	S	T	U	V	W	X	Y	Z
N	O	P	Q	R	S	T	U	V	W	X	Y	Z	A	B	C	D	E	F	G	H	I	J	K	L	M

ROT13 알고리즘으로 난독화된 글자들

그림 6-4 이 표는 ROT13 알고리즘을 이용해 알파벳의 각 글자를 암호화하고 복호화하는 방법을 보여준다.

다시 말하면 각 문자를 알파벳에서 13자리씩 밀어서 이동시키는 것이다. 마지막 문자 *z*를 넘어가면 알파벳의 첫 번째 글자인 *a*부터 다시 시작하면 된다.

한 줄 코드 브리핑

예제 6-6은 ROT13 알고리즘을 이용해 문자열 s를 암호화하는 한 줄 코드를 보여준다.

예제 6-6 ROT13 알고리즘으로 문자열 s를 암호화하는 한 줄 코드

```
## 데이터
abc = "abcdefghijklmnopqrstuvwxyz"
s = "xthexrussiansxarexcoming"

## 한 줄 코드
rt13 = lambda x: "".join([abc[(abc.find(c) + 13) % 26] for c in x])

## 결과
print(rt13(s))
print(rt13(rt13(s)))
```

그림 6-4를 참고해서 이 코드의 실행 결과를 예측해 보자.

한 줄 코드 구현

이 한 줄 해법은 문자열 변수 abc에 저장된 각 문자를 알파벳에서 오른쪽으로 13자리씩 이동시켜 개별적으로 암호화한 다음, 이렇게 암호화된 문자들의 리스트를 만들고 이 리스트의 요소들을 결합해 암호화된 문구 x를 얻는다.

각 문자를 암호화하는 방법을 자세히 살펴보자. 이 코드는 리스트 컴프리헨션(2장 참고)을 이용해 각 문자 c를 알파벳에서 오른쪽으로 13번째에 있는 문자로 대체해서 암호화된 문자 리스트를 생성한다. 여기서 중요한 점은 *index >= 13*인 알파벳의 모든 문자에 대해 범위를 초과하지 않게 하는 것이다. 예를 들어 인덱스가 25인 문자 z를 13번째 오른쪽으로 옮기면 25 + 13 = 38이 되어 알파벳의 범위를 벗어나게 된다. 이 문제를 해결하기 위해 문자 z의 인덱스 25를 넘어 문자를 밀어서 이동시킬 경우, 모듈로 연산자를 이용해 인덱스 0(a 문자)부터 암호화될 문자의 최종 위치 계산을 다시 시작하게 한다. 그런 다음 13자리 중 다시 시작하기 전에 적용되어 있지 않은 나머지를 오른쪽으로 밀어서 이동시킨다(그림 6-5 참고). 예를 들어 문자 z를 13자리 옮기면 인덱스 38을 26으로 나눈 나머지(파이썬 코드로는 38 % 26)가 되어 인덱스 12인 문자 m이 된다.

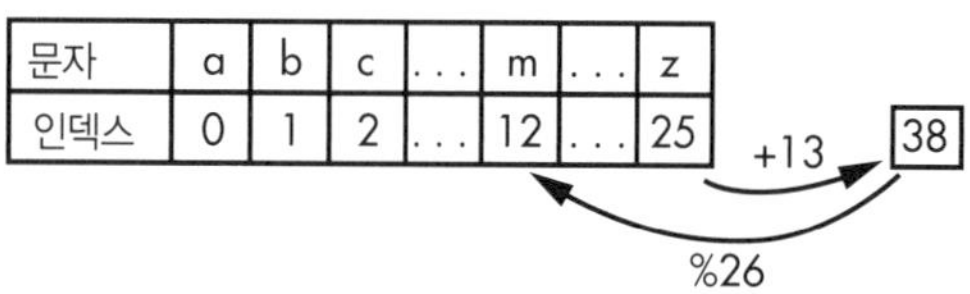

그림 6-5 범위를 초과하지 않도록 인덱스 0에서 밀기 이동을 다시 시작해서 25 〉 0 〉 1 〉 ... 12가 된다.

각 문자 c를 오른쪽으로 13 자리만큼 이동시키는 방법을 보여주는 코드에서 가장 중요한 부분은 다음과 같다.

```
abc[(abc.find(c) + 13) % 26]
```

먼저 변수 abc 내에서 문자 c의 인덱스를 찾는다. 다음으로 이 인덱스에 정수 13을 더해 문자 c의 새로운 위치를 찾되 (앞서 설명한대로) 26으로 나눠 최종 위치를 결정한다.

이 한 줄 코드의 실행 결과는 다음과 같다.

```
## 결과
print(rt13(s))
# kgurkehffvnafknerkpbzvat

print(rt13(rt13(s)))
# xthexrussiansxarexcoming
```

요약하자면, 우리는 카이사르 암호화의 특별한 변종인 ROT13 알고리즘에 대해 학습했다. 이 알고리즘은 각 문자를 알파벳에서 13 자리만큼 밀어서 이동시킨다. 따라서 13 +13 = 26 인덱스 위치만큼 이동하면 원래의 문자로 돌아가므로, 암호화와 복호화에 같은 알고리즘을 사용한다.

Q47 에라토스테네스의 체를 이용한 소수 찾기

소수prime number를 찾는 것은 암호화 같은 실용적인 응용 분야에서 매우 중요한 주제다. 많은 공개 키 방식이 (암호학 관점에서) 안전한 이유는 큰 수의 소인수 분해 계산이 대부분 비효율적이고 느리기 때문이다. 이번에는 일정 범위의 숫자로부터 모든 소수를 구하는 오래된 알고리즘을 이용하는 한 줄 코드를 작성해 본다.

코딩 미션

소수prime number n이란 1과 n을 제외한 다른 정수로 나누어 떨어지지 않는 정수를 말한다. 다시 말하면 소수의 경우 $a > 1$이고 $b > 1$이며 그 곱이 소수, 즉 $a \times b = n$인 두 정수 a, b가 존재하지 않는다.

주어진 숫자 n이 소수인지 확인하고 싶다고 가정하자. 먼저 소수인지 판단하는 초보적인 알고리즘부터 시작해보자(예제 6-7 참고).

예제 6-7 주어진 숫자 n이 소수인지 여부를 판단하는 초보적인 코드

```
def prime(n):
❶ for i in range(2,n):
    ❷ if n % i == 0:
            return False
    return True

print(prime(10))
# False

print(prime(11))
# True

print(prime(7919))
# True
```

이 알고리즘은 2와 n-1 사이❶의 모든 숫자를 확인해 숫자 n이 나누어 떨어지는지 확인한다❷. 예를 들어 숫자 n = 10이 소수인지 판단할 때, 이 알고리즘은 i = 2라면 n % i == 0이 True임을 재빨리 파악할 수 있다. 따라서 숫자 i가 n의 약수divisor이므로 n은 소수가 될 수 없다. 이 경우 알고리즘은 더 이상의 연산을 진행하지 않고 False를 리턴한다.

한 숫자를 확인할 때의 시간 복잡도time complexity는 입력 n과 같다. 따라서 최악의 경우 알고리즘은 n번의 루프를 실행해야 숫자 n이 소수인지 알 수 있다.

이제 2부터 특정 최대 숫자 m까지의 모든 소수를 계산해야 한다고 가정해 보자. 단순하게 예제 6-7의 소수 판별 코드를 m-1번 반복할 수도 있다(예제 6-8). 하지만 이렇게 하면 처리 비용이 크게 증가한다.

예제 6-8 최대 숫자 m까지의 모든 소수를 구하는 코드

```
# m보다 작거나 같은 모든 소수를 찾는다
m = 20
primes = [n for n in range(2,m+1) if prime(n)]

print(primes)
# [2, 3, 5, 7, 11, 13, 17, 19]
```

여기서는 리스트 컴프리헨션(2장 참고)을 이용해 m까지의 모든 소수의 리스트를 생성한다. 이 코드는 for 루프를 사용해서 알고리즘은 is_prime(n) 함수 호출을 m번 실행해야 하므로, 시간 복잡도는 최대 m의 2제곱이 된다. 연산의 횟수는 입력 m에 따라 제곱으로 증가한다. m = 100일 때 이 숫자보다 작은 모든 소수를 찾으려면 최대 m의 2제곱 = 10000번 실행해야 한다.

우리는 이 시간 비용을 대폭 절감할 수 있는 한 줄 코드를 구현할 것이다.

한 줄 코드 브리핑

이번 한 줄 코드에서는 최대 정수 m까지의 모든 소수를 찾아내면서 초보적인 구현보다 시간적으로 훨씬 효율적인 알고리즘을 작성할 것이다. 예제 6-9의 한 줄 코드는 이번 절에서 설명할 에라토스테네스의 체Sieve of Eratosthenes[3]라는 고대 알고리즘에서 영감을 얻은 것이다.

예제 6-9 에라토스테네스의 체를 이용한 한 줄 코드

```
## 의존성
from functools import reduce

## 데이터
n=100

## 한 줄 코드
primes = reduce(lambda r, x: r - set(range(x**2, n, x)) if x in r else r,
                range(2, int(n**0.5) + 1), set(range(2, n)))

## 결과
print(primes)
# {2, 3, 5, 7, 11, 13, 17, 19, 23, 29, 31, 37, 41, 43,
#  47, 53, 59, 61, 67, 71, 73, 79, 83, 89, 97}
```

이 코드를 이해하려면 몇 가지 추가적인 배경 지식이 필요할 것이다.

3 소수를 효율적으로 찾기 위해 고대 그리스의 수학자 에라토스테네스가 고안한 방법 – 옮긴이

한 줄 코드 구현

솔직히 말해 이 코드를 이 책에 넣어도 될까 망설여졌다. 헷갈리고 복잡하며 가독성도 떨어지기 때문이다. 그럼에도 실무에서도 마주칠 수 있는 코드 유형이기 때문에, 이 책의 내용을 통해 조금 시간이 걸리더라도 코드 한 줄 한 줄을 모두 이해할 수 있기 바란다. 이 한 줄 코드는 스택오버플로StackOverflow에서 찾아낸 것으로 소수를 계산하기 위해 설계된 **에라토스테네스의 체**라는 고대의 알고리즘을 기반으로 한다.

노트 이번 코드는 명확성을 높이기 위해 스택오버플로에서 찾은 한 줄 코드를 내가 수정한 버전이다. 원래 버전은 https://stackoverflow.com/questions/10639861/python-prime-generator-in-one-line 에서 볼 수 있다.

에라토스테네스의 체 알고리즘

에라토스테네스의 체 알고리즘은 (개념적으로) 2부터 최대 정수 m까지의 숫자로 구성된 큰 배열을 생성한다. 이 배열의 모든 숫자는 **소수 후보**prime candidate다. 즉 알고리즘은 이 숫자들이 (반드시는 아니지만) **잠재적**으로 소수가 될 수 있다고 생각한다. 알고리즘을 실행하면서 소수가 될 수 없는 숫자를 '체'로 걸러낸다. 이 필터링 작업을 거쳐서 남은 숫자들만 최종적으로 소수인 것이다.

이를 위해 알고리즘은 배열에서 소수가 아닌 숫자를 계산하고 표시해 둔다. 마지막까지 표시되지 않은 모든 숫자가 소수인 것이다.

이 알고리즘은 다음의 과정을 반복한다.

1. 첫 숫자 2부터 시작해 각 단계마다 증가시켜 소수 x를 찾는다. x가 표시되지 않았다면 소수라고 판단할 수 있다. x가 표시되지 않았다는 것은 x보다 작은 어떤 수도 x의 약수가 아니라는 뜻인데, 이것이 소수의 정의이기 때문이다.
2. 숫자 x의 배수 역시 소수가 아니므로 모두 표시한다. 숫자 x는 이런 모든 숫자들의 약수다.
3. 간단한 최적화를 실행한다. 즉 $2x$ 대신 $x \times x$부터 배수 표시를 시작한다. $2x$와 $x \times x$ 사이의 모든 숫자는 이미 표시되어 있기 때문이다. 이는 수학적으로 간단히 논증할

수 있는데 이에 대해서는 잠시 후에 설명하겠다. 지금은 $x \times x$부터 표시를 시작할 수 있다는 것만 알아두자.

그림 6-6부터 6-11은 이 알고리즘의 실행을 단계별로 보여준다.

시작

1	2	3	4	5	6	7	8	9	10
11	12	13	14	15	16	17	18	19	20
21	22	23	24	25	26	27	28	29	30
31	32	33	34	35	36	37	38	39	40
41	42	43	44	45	46	47	48	49	50
51	52	53	54	55	56	57	58	59	60
61	62	63	64	65	66	67	68	69	70
71	72	73	74	75	76	77	78	79	80
81	82	83	84	85	86	87	88	89	90
91	92	93	94	95	96	97	98	99	100

그림 6-6 에라토스테네스의 체 알고리즘의 초기 상태

초기에는 2와 m = 100 사이의 모든 숫자가 표시되어 있지 않다(흰색 칸). 표시되지 않은 최초 숫자는 소수인 2이다.

소수 2의 모든 배수를 표시

1	2	3	4	5	6	7	8	9	10
11	12	13	14	15	16	17	18	19	20
21	22	23	24	25	26	27	28	29	30
31	32	33	34	35	36	37	38	39	40
41	42	43	44	45	46	47	48	49	50
51	52	53	54	55	56	57	58	59	60
61	62	63	64	65	66	67	68	69	70
71	72	73	74	75	76	77	78	79	80
81	82	83	84	85	86	87	88	89	90
91	92	93	94	95	96	97	98	99	100

그림 6-7 소수가 아니기 때문에 2의 모든 배수를 표시한다. 이후의 알고리즘은 표시된 숫자는 무시한다.

그림 6-8 3의 모든 배수는 '소수가 아님'으로 표시한다

표시되지 않은 다음 숫자 3으로 이동한다. 이 시점에 표시되어 있지 않으므로 3은 소수다. 현재 숫자인 3보다 작은 숫자의 배수는 모두 표시되어 있으므로 3보다 작은 숫자 중 3의 약수는 없다. 따라서 정의에 의해 숫자 3은 소수여야 한다. 3의 배수는 소수가 아니므로 모두 표시한다. 3 × 3부터 시작하는 이유는 3과 3 × 3 = 9 사이의 모든 3의 배수는 이미 표시되어 있기 때문이다.

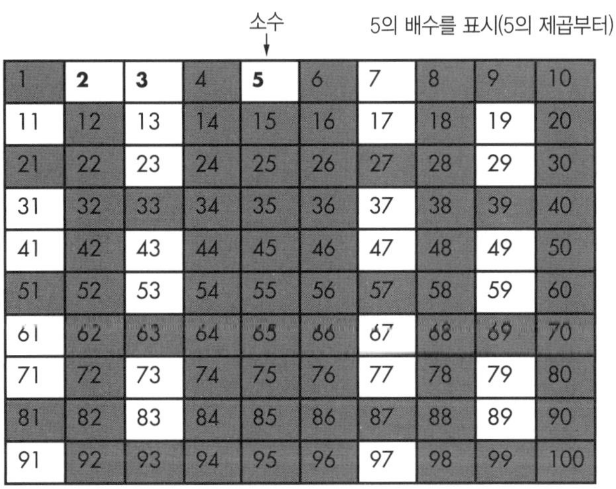

그림 6-9 5의 모든 배수는 모두 '소수가 아님'으로 표시한다

이제, 표시되어 있지 않은 그다음 숫자 5로 넘어간다(5는 소수다). 그리고 5의 배수를 모두 표시한다. 5와 5 × 5 = 25 사이에 있는 모든 5의 배수는 이미 표시되어 있으므로 5 × 5부터 표시를 시작하면 된다.

7의 배수를 모두 표시(7의 제곱부터 시작)

소수 ↓ (7)

1	**2**	**3**	4	**5**	6	**7**	8	9	10
11	12	13	14	15	16	17	18	19	20
21	22	23	24	25	26	27	28	29	30
31	32	33	34	35	36	37	38	39	40
41	42	43	44	45	46	47	48	49	50
51	52	53	54	55	56	57	58	59	60
61	62	63	64	65	66	67	68	69	70
71	72	73	74	75	76	77	78	79	80
81	82	83	84	85	86	87	88	89	90
91	92	93	94	95	96	97	98	99	100

그림 6-10 7의 모든 배수는 '소수가 아님'으로 표시한다

표시되지 않은 다음 숫자 7로 이동한다(7은 소수다). 이제 7의 모든 배수를 표시한다. 7과 7 × 7 = 49 사이의 모든 7의 배수는 이미 표시되어 있으므로 7 × 7부터 표시를 시작한다.

11의 배수를 표시(11의 제곱부터) → 완료

소수 → (11)

1	**2**	**3**	4	**5**	6	**7**	8	9	10
11	12	**13**	14	15	16	**17**	18	**19**	20
21	22	**23**	24	25	26	27	28	**29**	30
31	32	33	34	35	36	**37**	38	39	40
41	42	**43**	44	45	46	**47**	48	49	50
51	52	**53**	54	55	56	57	58	**59**	60
61	62	63	64	65	66	**67**	68	69	70
71	72	**73**	74	75	76	77	78	**79**	80
81	82	**83**	84	85	86	87	88	**89**	90
91	92	93	94	95	96	**97**	98	99	100

그림 6-11 11의 모든 배수는 '소수가 아님'으로 표시한다

표시되어 있지 않은 다음 숫자 11로 이동한다(11은 소수다). 11의 모든 배수를 표시한다. 숫자 11 × 11 = 121부터 표시를 시작할 것이므로 이미 이 값이 최댓값 m = 100보다 크다는 것을 알 수 있다. 여기서 알고리즘이 종료된다. 표시되어 있지 않은 남은 숫자는 모두 어떤 숫자로도 나눠지지 않으므로 소수다.

에라토스테네스의 체는 앞서 살펴봤던 초보적인 알고리즘보다 훨씬 효율적이다. 초보적인 알고리즘은 이전의 계산 결과를 모두 무시하고 각 숫자를 **개별적으로** 검사하기 때문이다. 반면 에라토스테네스의 체는 이전 단계의 연산 결과를 재사용한다. 이는 알고리즘 최적화의 많은 분야에서 보편화된 아이디어다. 소수의 배수를 제거할 때마다 그 배수가 소수인지 다시 확인하는 번거로운 작업을 건너뛸 수 있다. 이미 그 숫자는 소수가 아니라는 것을 알기 때문이다.

왜 소수 자체가 아니라 소수의 제곱부터 표시를 시작하는지 궁금할 수 있다. 예를 들어 그림 6-10의 알고리즘을 보면 숫자 7이 소수라는 것을 알게 되면 7 × 7 = 49부터 소수가 아니라고 표시하기 시작한다. 그 이유는 현재 소수인 7보다 작은 숫자인 2, 3, 4, 5, 6의 배수를 모두 소수가 아니라고 표시했기 때문에 이전 반복에서 7 × 2, 7 × 3, 7 × 4, 7 × 5, 7 × 6에는 이미 표시가 되어 있다.

한 줄 코드 해석

알고리즘에 대한 철저한 개념적 이해를 바탕으로 한 줄 코드를 살펴보자.

```
## 한 줄 코드
primes = reduce(lambda r, x: r - set(range(x**2, n, x)) if x in r else r,
                range(2, int(n**0.5) + 1), set(range(2, n)))
```

이 한 줄 코드는 `reduce()` 함수를 이용해 2부터 n 미만의[4] 모든 숫자로 구성된 초기 집합(한 줄 코드의 `set(range(2, n))` 부분)에서 표시된 모든 숫자를 한 번에 하나씩 제거해 나간다.

여러분은 이 집합을 표시되지 않은 값의 집합 `r`의 초기값으로 사용한다. 초기에는 모든 값이 표시되어 있지 않기 때문이다. 한 줄 코드는 이제 숫자 2부터 `n`의 제곱근의 정수값까지

4 파이썬 range(2, n)함수는 2는 포함, n은 불포함임 – 옮긴이

의(한 줄 코드의 range(2, int(n**0.5) + 1)) 모든 숫자 x에 대해 반복하면서 x의 배수를 집합 r에서 모두 제거한다(x**2부터 시작한다). 단, 이 작업은 x가 소수인 경우에만 수행되는데, 현재 시점에 집합 r에서 x가 제거되지 않았기 때문에 x가 소수임을 알 수 있다.

이 설명을 5~15분 정도 다시 읽어보고 한 줄 코드의 다른 부분도 주의해서 살펴보기 바란다. 이 방법이 가치가 있다는 점을 알아채게 될 것이며 파이썬 코드를 이해하는 능력을 대폭 향상시킬 것이라는 점을 장담한다.

Q48 reduce() 함수로 피보나치 수열 계산하기

이탈리아의 유명한 수학자 **피보나치**Fibonacci(본명 레오나르도 피사노Leonardo Pisano)는 1202년 피보나치 수열Fibonacci Series을 소개하며, 이 숫자들이 수학, 예술, 생물학 등 다양한 분야에서 중요한 의미를 가진다는 놀라운 사실을 발견한 인물이다. 이번 절에서는 한 줄의 코드로 피보나치 수열을 계산하는 방법을 소개한다.

코딩 미션

피보나치 수열은 0과 1로 시작하며 그다음의 각 요소는 이전 두 수열 요소의 합으로 이뤄진다. 피보나치 수열에는 알고리즘이 내재돼 있다!

한 줄 코드 브리핑

예제 6-10은 숫자 0과 1로 시작하는 처음 *n*개 피보나치 수의 리스트를 계산한다.

예제 6-10 피보나치 수열을 계산하는 파이썬 한 줄 코드

```
# 의존성
from functools import reduce

# 데이터
n = 10
```

```
# 한 줄 코드
fibs = reduce(lambda x, _: x + [x[-2] + x[-1]], [0] * (n-2), [0, 1])

# 결과
print(fibs)
```

이 코드를 살펴보고 실행 결과를 예상해 보자.

한 줄 코드 구현

강력한 reduce() 함수를 다시 활용하게 될 것이다. 보통 이 함수는 즉석에서 계산되는 상태 정보를 집계하는 데 유용하다. 예를 들어 방금 계산한 두 개의 피보나치 숫자를 이용해 다음 피보나치 숫자를 계산하는 경우가 그렇다. 이는 리스트 컴프리헨션(2장 참고)으로는 달성하기 어려운데, 리스트 컴프리헨션은 일반적으로 새로 생성된 값에 접근할 수 없기 때문이다.

reduce() 함수는 reduce(function, iterable, initializer)에 해당하는 세 개의 매개변수를 이용해서 새로운 피보나치 숫자를 연속적으로 집계 객체에 추가한다. 이 객체는 function 매개변수에 지정된 대로 iterable 객체에서 한 번에 하나의 값을 가져와 기존 결과와 합친다.

여기서는 두 개의 초기 피보나치 숫자 [0, 1]을 가진 간단한 리스트를 집계 객체로 사용한다. 집계 객체는 함수의 첫 번째 매개변수로 전달된다(예제의 x).

두 번째 매개변수는 iterable 객체로부터 가져온 다음 요소다. 하지만 우리는 reduce() 함수가 (n-2)번만 실행되도록 강제하기 위해 iterable 객체를 (n-2)개의 더미 값으로 초기화했다(피보나치 수열의 처음 n개 숫자를 찾는 것이 목표지만, 이미 처음 두 개의 0과 1은 가지고 있다). 이때 버림 매개변수 _를 이용해 iterable 객체의 더미 값에는 관심이 없다는 점을 표시한다. 대신 이전 피보나치 숫자의 합으로 계산되는 새로운 피보나치 수를 집계 리스트 x에 추가하기만 하면 된다.

여러 줄 코드로 해결하는 대안

예제 6-10의 한 줄 코드에서 이미 두 피보나치 숫자를 반복적으로 합산하는 간단한 아이디어를 살펴봤다. 예제 6-11은 멋진 다른 해법을 제시한다.

예제 6-11 반복적 방식으로 피보나치 숫자를 찾아내는 한 줄 해결책

```
n = 10
x = [0,1]
fibs = x[0:2] + [x.append(x[-1] + x[-2]) or x[-1] for i in range(n-2)]
print(fibs)
# [0, 1, 1, 2, 3, 5, 8, 13, 21, 34]
```

이 코드는 내 이메일 뉴스레터(원한다면 https://blog.finxter.com/subscribe/에서 가입할 수 있다) 구독자분이 보내준 코드로, 변수 x가 새로운 피보나치 수열 요소로 n-2번 갱신되는 리스트 컴프리헨션의 부작용을 이용한다. append() 함수는 리턴값이 없으므로 None을 리턴하고 이는 False로 평가된다. 따라서 리스트 컴프리헨션 구문은 다음과 같이 정수 리스트를 생성한다.

```
print(0 or 10)
# 10
```

두 정수에 대해 or 연산을 수행하는 것이 올바르지 않아 보이지만 불리언 타입은 정수 타입을 기반으로 한다는 점을 기억하자. 0이 아닌 정수는 True로 해석되고 0은 False로 해석되므로 or 연산은 첫번째 정수 0대신 두 번째 정수를 리턴값으로 선택한다. 다만 이 값을 불리언 값 True로 명시적으로 변환하지 않고 정수값을 그대로 리턴한다. 멋진 파이썬 코드다!

자, 파이썬 한 줄 코드를 작성하는 또 다른 중요한 패턴을 이해하게 됐다. 새로 갱신되거나 추가된 리스트 요소를 동적으로 사용해서 새로운 리스트 요소를 계산하는 리스트를 생성하기 위해 reduce() 함수를 활용하는 방법을 알게 된 것이다. 실전에서는 이 패턴이 꽤나 유용하다는 것을 알게 될 것이다.

49 재귀적 이진 탐색 알고리즘

이번 절에서는 컴퓨터 과학자라면 누구나 반드시 알아야 할 기본적 알고리즘인 이진 탐색 binary search 알고리즘에 대해 설명한다. 이진 탐색은 집합, 트리, 딕셔너리, 해시 집합, 해시

테이블, 맵, 배열 등 기본적인 자료구조를 구현하는 데 있어 실질적으로 중요한 용도가 있다. 이런 자료구조는 중요한 모든 프로그램에서 사용된다.

코딩 미션

간단히 말하면 **이진 탐색 알고리즘**은 정렬된 값의 시퀀스 1에서 특정 값 x를 찾기 위해 시퀀스에 오직 하나의 값이 남을 때까지 시퀀스의 크기를 반으로 줄이는 작업을 반복한다. 남은 값은 찾던 값인 X일 수도 있고 찾던 값이 시퀀스에 존재하지 않을 수도 있다. 지금부터 이 알고리즘의 기본적인 아이디어를 자세히 살펴보자.

예를 들어 정렬된 리스트에서 값 56을 찾는다고 가정해 보자. 초보적인 알고리즘이라면 리스트의 첫 번째 요소부터 이 값이 56인지 확인하고 아니라면 원하는 값을 찾을 때까지 그 다음 요소를 계속 확인해 나갈 것이다. 최악의 경우 이 알고리즘은 리스트의 모든 요소를 확인해야 한다. 1만 개의 요소가 정렬되어 있는 리스트라면 원하는 값과 같은지 확인하기 위해 대략 1만 번의 검사를 수행해야 한다. 이 경우 알고리즘 이론 언어로는 런타임 복잡도가 리스트의 요소의 개수에 대해 **선형적으로**[linear] 증가한다고 말할 수 있다. 이 알고리즘은 최상의 효율성을 달성하기 위해 사용 가능한 정보를 전혀 활용하지 않는다.

첫 번째 유용한 정보는 이 리스트가 정렬되어 있다는 점이다. 이 사실을 활용하면 리스트에서 몇 개의 요소만 확인해도 원하는 값이 리스트에 존재하는지 확실히 알 수 있는 알고리즘을 만들 수 있다. 이진 탐색 알고리즘은 log2(n)개의 요소(밑이 2인 로그)만 탐색한다. 따라서 1만 개의 요소를 가진 리스트에 대해 log2(10,000) < *14*번의 작업만 수행하면 된다!

이진 탐색을 위해 리스트가 오름차순으로 정렬되어 있다고 가정해 보자. 이 알고리즘은 중간의 요소를 확인하는 것부터 시작한다. 만일 중간 값이 원하는 값보다 크다면 중간 요소부터 마지막 요소는 원하는 값보다 크다는 점을 알 수 있다. 따라서 리스트의 후반부에는 원하는 값이 존재하지 않을 것이므로 한 번의 작업으로 리스트의 절반을 즉시 제외할 수 있다.

마찬가지로 검색하려는 값이 중간 값보다 크다면 리스트의 전반부는 제외해도 된다. 그런 후 알고리즘의 매 단계마다 리스트를 반으로 나누는 작업을 수행하면 된다. 그림 6-12에서 이 작업을 확인해보자.

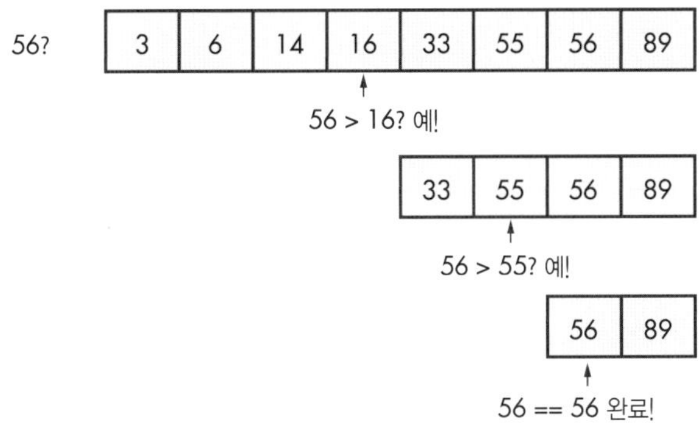

그림 6-12 이전 탐색 알고리즘의 실행 예

부분 리스트에 짝수 개의 요소가 포함되어 있다면 정확한 중간 요소가 없을 것이다. 이런 경우에는 중간 요소의 인덱스를 내림 처리한다.

8개의 정수값으로 구성된 정렬된 리스트에서 최소한의 작업으로 56이라는 숫자를 찾고 싶다고 가정한다. 이진 탐색 알고리즘은 중간값 x(내림 처리)를 검사한 후, 56이 존재할 수 없는 절반을 리스트에서 제외한다. 이 작업의 결과는 세 가지다.

- 요소 x가 56보다 크다. 알고리즘은 리스트의 오른쪽 부분을 무시한다.
- 요소 x가 56보다 작다. 알고리즘은 리스트의 왼쪽 부분을 무시한다.
- 요소 x가 그림 6-12의 마지막 줄처럼 56과 일치한다. 축하한다. 방금 원하는 값을 찾았다!

예제 6-12는 이진 탐색 알고리즘을 실제 구현한 코드다.

예제 6-12 이진 탐색 알고리즘

```
def binary_search(lst, value):
    lo, hi = 0, len(lst)-1
    while lo <= hi:
        mid = (lo + hi) // 2
        if lst[mid] < value:
            lo = mid + 1
        elif value < lst[mid]:
            hi = mid - 1
        else:
            return mid
    return -1
```

```
l = [3, 6, 14, 16, 33, 55, 56, 89]
x = 56
print(binary_search(l,x))
# 6 (찾아낸 요소의 인덱스)
```

이 알고리즘은 리스트와 검색할 값을 매개변수로 받아들인다. 그런 후 lo와 hi라는 두 변수를 이용해 반복적으로 검색 대상을 반으로 줄인다. lo와 hi는 원하는 값이 존재할 수 있는 리스트 요소의 범위를 정의하는데, lo 변수는 범위의 시작 인덱스를 의미하고 hi 변수는 범위의 마지막 인덱스를 의미한다. 중간 요소가 세 가지 중 어떤 경우에 해당하는지 확인하고, 그에 따라 설명된 대로 lo와 hi 변수의 값을 수정해 잠재적인 요소의 범위를 조정한다.

이 코드는 제대로 동작하고 가독성도 좋으며 효율적으로 이진 탐색 알고리즘을 구현하고 있지만 아직 한 줄 코드는 아니다.

한 줄 코드 브리핑

이제 한 줄 코드로 이진 탐색 알고리즘을 구현해 보자(예제 6-13 참고).

예제 6-13 이진 탐색을 한 줄로 구현한 코드

```
## 데이터
l = [3, 6, 14, 16, 33, 55, 56, 89]
x = 33

## 한 줄 코드
❶ bs = lambda l, x, lo, hi: -1 if lo>hi else \
❷      (lo+hi)//2 if l[(lo+hi)//2] == x else \
❸      bs(l, x, lo, (lo+hi)//2-1) if l[(lo+hi)//2] > x else \
❹      bs(l, x, (lo+hi)//2+1, hi)

## 결과
print(bs(l, x, 0, len(l)-1))
```

이 코드의 실행 결과를 짐작해 보자!

한 줄 코드 구현

이진 탐색은 본질적으로 재귀적 접근 방식과 잘 맞기 때문에, 이 한 줄 코드를 이해하면 컴퓨터 과학에서 중요한 재귀라는 개념을 더욱 잘 이해하게 될 것이다. 당연히 원한다면 이 코드를 한 줄로 작성할 수 있지만, 가독성을 위해 네 줄로 분리했다. 이 한 줄 코드에서는 이진 탐색 알고리즘을 재귀적인 방법으로 구현했다.

람다 연산자를 사용해서 네 개의 매개변수 `l`, `x`, `lo`, `hi`❶를 가진 새로운 함수 `bs`를 선언한다. 처음 두 개의 매개변수 `l`과 `x`는 정렬된 리스트와 검색할 값을 의미한다. `lo`와 `hi` 매개변수는 값 `x`를 검색할 부분 리스트의 최소 인덱스와 최대 인덱스다. 이 코드는 각 재귀 수준에서 `hi`와 `lo` 인덱스가 지정한 부분 리스트를 확인하는데, 부분 리스트는 `lo` 인덱스가 증가하고 `hi` 인덱스가 감소할수록 점점 작아진다. 몇 번의 단계를 거치면 `lo>hi` 조건이 `True`가 된다. 즉, 검색된 부분 리스트는 비어 있고 값 `x`를 찾지 못한 것이다. 이것이 재귀의 기저 사례가 된다. 값 `x`를 찾지 못했기 때문에 `-1`을 리턴해 리스트에 그런 값이 없다고 표시한다.

부분 리스트의 중간 값은 `(lo+hi)//2`를 계산해 찾는다. 이 값이 원하는 값이면 중간 요소의 인덱스를 리턴한다❷. 리스트의 인덱스로 사용할 다음 정수값으로 내림 처리하기 위해 정수 나눗셈을 사용한다.

중간 값이 원하는 값보다 크다면 중간 값의 오른쪽의 값 역시 원하는 값보다 크다는 뜻이므로 함수를 재귀적으로 호출하되, 중간 요소 왼쪽의 리스트 요소만 고려하도록 `hi` 인덱스를 조정한다❸.

마찬가지로 중간 값이 원하는 값보다 작다면 중간 값 왼쪽의 요소는 탐색할 필요가 없으므로 함수를 재귀적으로 호출하되, 중간 요소 오른쪽의 리스트 요소만 고려하도록 `lo` 인덱스를 조정한다❹.

리스트 `[3, 6, 14, 16, 33, 55, 56, 89]`에서 33이라는 값을 탐색하면 그 결과는 인덱스 4가 된다.

이 한 줄 코드는 조건부 실행, 기본 키워드, 산술 연산자 같은 기능뿐 아니라 프로그래밍적 시퀀스 인덱싱이라는 중요한 주제에 대한 전반적인 코드 이해도를 높였다. 더 중요한 점은 재귀를 이용해 복잡한 문제를 쉽게 해결하는 방법을 배웠다는 것이다.

Q 50 재귀적 퀵정렬 알고리즘

이번에는 유명한 알고리즘인 **퀵정렬**quicksort을 한 줄 코드로 구현해 보자. 이 알고리즘은 이름에서 알 수 있듯이 데이터를 빠르게 정렬한다.

코딩 미션

퀵정렬은 코딩 면접에서 자주 사용(구글, 페이스북, 아마존 등에서 사용한다)되는 질문이자 빠르고 간결하며 가독성이 좋은 실용적인 정렬 알고리즘이다. 그 우아함 때문에 대부분의 입문용 알고리즘 수업에서 퀵정렬을 다룬다.

퀵정렬은 큰 문제를 작은 문제로 재귀적으로 나눈 후, 작은 문제의 결과를 조합해서 큰 문제를 해결하는 방식으로 리스트를 정렬한다.

각각의 작은 문제를 해결할 때는 동일한 전략을 재귀적으로 적용한다. 즉 작은 문제를 훨씬 더 작은 문제로 나누고 개별적으로 해결한 후 이를 조합하는데, 이러한 퀵정렬의 방식은 **분할 정복식**Divide and Conquer 알고리즘의 범주에 속한다.

퀵정렬은 **피벗**pivot 요소를 선택한 후 피벗보다 큰 모든 요소를 오른쪽에 배치하고 작거나 같은 모든 요소는 왼쪽에 배치한다. 이 방식은 리스트를 정렬하는 큰 문제를 두 개의 더 작은 문제, 즉 더 작은 리스트 두 개를 정렬하는 것으로 나눈다. 그런 다음 빈 리스트를 얻을 때까지 이 절차를 재귀적으로 반복하면, 빈 리스트는 정렬된 것으로 간주되므로 재귀 실행이 종료된다.

그림 6-13은 퀵정렬 알고리즘의 실행 과정을 보여준다.

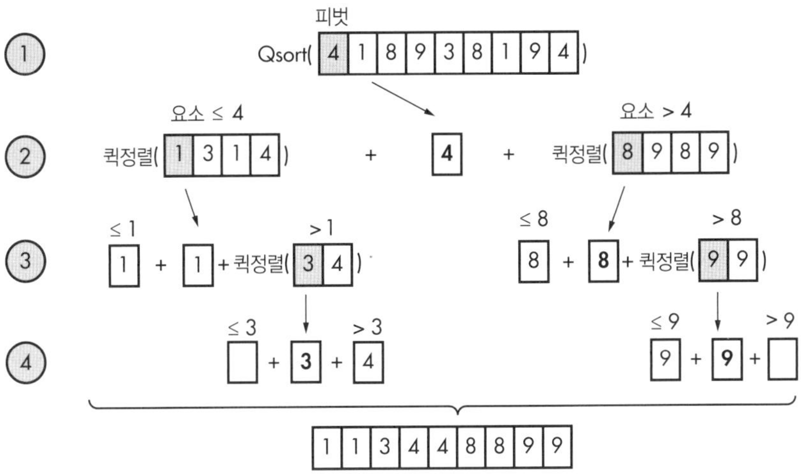

그림 6-13 퀵정렬 알고리즘의 실행 예시

그림 6-13은 정렬되지 않은 정수 리스트 [4, 1, 8, 9, 3, 8, 1, 9, 4]에 대한 퀵정렬 알고리즘의 실행 과정을 보여준다. 먼저 알고리즘은 피벗 요소로 4를 선택한 후 원래의 리스트를 피벗 요소보다 작거나 같은 값으로 구성된 정렬되지 않은 부분 리스트 [1, 3, 1, 4]와 피벗 요소보다 큰 값으로 이뤄진 정렬되지 않은 부분 리스트 [8, 9, 8, 9]로 분리한다.

다음으로, 정렬되지 않은 두 개의 부분 리스트를 정렬하기 위해 재귀적으로 퀵정렬 알고리즘이 호출된다. 부분 리스트가 최대 1개의 요소만 갖게 되면 해당 리스트는 정의상 정렬된 것이므로 재귀 호출이 종료된다.

각 재귀 수준에서 세 개의 부분 리스트 (left, pivot, right)가 연결된 후 상위 재귀 수준으로 결과 리스트가 전달된다.

한 줄 코드 브리핑

이번 코드는 퀵정렬 알고리즘을 한 줄의 파이썬 코드로 구현하는 함수 q를 정의하고 정수값의 리스트를 정렬한다(예제 6-14 참고).

예제 6-14 재귀를 이용해 퀵정렬을 구현한 한 줄 코드

```
## 데이터
unsorted = [33, 2, 3, 45, 6, 54, 33]

## 한 줄 코드
q = lambda l: q([x for x in l[1:] if x <= l[0]]) + [l[0]] + q([x for x in l if x
> l[0]]) if l else []

## 결과
print(q(unsorted))
```

이제 마지막으로 이 코드의 실행 결과를 예측해보자.

한 줄 코드 구현

이 한 줄 코드는 방금 논의했던 알고리즘을 직접적으로 반영한 것이다. 먼저 새로운 람다 함수 q를 정의한다. 이 함수의 유일한 매개변수는 정렬할 리스트를 의미하는 l이다. 개략적인 관점에서 이 람다 함수는 다음과 같은 기본 구조를 갖는다.

```
lambda l: q(left) + pivot + q(right) if l else []
```

재귀의 기저 사례, 즉 리스트가 비어 있어 정렬된 것으로 간주될 수 있는 경우 람다 함수는 빈 리스트 []를 리턴한다.

그 외의 경우, 이 함수는 리스트 l의 첫 번째 요소를 피벗 요소로 선택하고 피벗보다 작거나 큰지에 따라 모든 요소를 두 개의 부분 리스트 (left, right)로 나눈다. 이를 위해 (2장에서 살펴본) 간단한 리스트 컴프리헨션을 이용한다. 두 부분 리스트는 정렬되어 있지 않으므로 이 리스트에 대해서도 퀵정렬 알고리즘을 재귀적으로 실행한다. 마지막으로 세 리스트를 모두 조합해 정렬된 리스트를 리턴한다. 따라서 결과는 다음과 같다.

```
## 결과
print(q(unsorted))
# [2, 3, 6, 33, 33, 45, 54]
```

정리

이번 6장에서는 애너그램, 팰린드롬, 멱집합, 순열, 팩토리얼, 소수, 피보나치 수열, 난독화, 탐색, 정렬 등 컴퓨터 공학에서 중요한 알고리즘에 대해 배웠다. 이들 중 상당수는 더 고급 알고리즘의 기초를 형성하며 체계적인 알고리즘 교육의 토대가 된다. 알고리즘과 알고리즘 이론에 대한 지식을 향상시키는 것은 개발자로서 성장하는 가장 효과적인 방법 중 하나다. 대다수 중급 개발자의 성장이 정체되는 가장 큰 이유가 알고리즘에 대한 이해 부족이라고 말할 수 있을 정도다.

여러분이 정체기를 극복하고 지속적으로 성장하는 데 도움을 주고자 내가 집필한 도서명과 동일한 '커피 브레이크 파이썬Coffee Break Python'이라는 이름의 이메일 뉴스레터 시리즈에서 새로운 알고리즘을 정기적으로 설명한다(https://blog.finxter.com/subscribe/ 참고). 여러분의 귀중한 시간과 노력을 들여 한 줄 코드와 설명을 학습해 준 것에 감사하며, 실력이 향상된 것을 느낄 수 있었기를 바란다. 수천 명의 파이썬 초보자를 가르쳐 본 경험상 중급 개발자의 절반 이상이 기본적인 파이썬 한 줄 코드를 이해하는 데 애를 먹고 있다. 열정과 끈기를 갖춘다면 여러분은 곧 중급 개발자를 뛰어넘어 파이썬 숙련자(또는 최소 상위 10퍼센트 개발자)에 도달할 수 있는 기회를 가질 수 있을 것이다.

마치며

축하한다. 여러분은 이 책을 모두 읽고 세상에 몇 안 되는 파이썬 한 줄 코딩 마스터가 됐다. 이로써 파이썬 코딩 실력의 한계를 돌파하는 데 도움이 될 수 있는 강력한 기반을 여러분 스스로 구축한 것이다. 이 책에서 소개한 모든 파이썬 한 줄 코드를 꼼꼼하게 공부한다면, 앞으로 어떤 파이썬 한 줄 코드와 마주치더라도 정복할 수 있을 것이다.

다른 초능력도 마찬가지지만 이런 능력은 현명하게 사용해야 한다. 한 줄 코드를 잘못 사용하면 여러분의 프로젝트에 해가 될 수 있다. 이 책에서는 여러분의 코드 이해력을 높이기 위해 의도적으로 모든 알고리즘을 한 줄로 압축했다. 하지만 실제 프로젝트에서 이런 기술을 남용해서는 안 된다. 여러분의 능력을 과시하겠다며 모든 것을 한 줄 코드에 쑤셔 넣어서는 안 된다.

그보다는 기존의 코드베이스에서 가장 복잡한 한 줄 코드를 더 읽기 쉽게 만드는 데 사용하면 어떨까? 마치 수퍼맨이 초능력을 이용해 평범한 사람이 편안한 삶을 살 수 있도록 도와주는 것처럼 여러분도 보통의 개발자들이 편안한 프로그래머의 삶을 유지하는 데 도움을 줄 수 있을 것이다.

이 책의 핵심 약속은 여러분을 파이썬 한 줄 코드의 대가로 만들어 준다는 것이었다. 이 책이 그 약속을 지켰다고 느낀다면 다른 사람도 이 책을 읽을 수 있도록 (아마존 같은) 좋아하는 인터넷 서점 사이트에 평점을 남겨주기 바란다. 또한 이 책에서 문제점을 발견하거나 긍정적이든 부정적이든 피드백을 남기고 싶다면 chris@finxter.com으로 의견을 보내주기 바란다. 우리는 여러분의 피드백을 고려해 이 책을 지속적으로 개선하기를 원한다. 건설적인 피드백을 제공하는 독자분이 있다면 내가 집필한 『Coffee Break Python Slicing』 전자책을 무료로 제공해드리겠다.

마지막으로 파이썬 스킬을 지속적으로 향상시키고 싶다면 내 파이썬 이메일 뉴스레터(https://blog.finxter.com/subscribe/)를 구독하기 바란다. 나는 이 뉴스레터를 통해 파이썬 요약 자료의 형태로 새롭고 교육적인 컴퓨터 공학 자료를 거의 매일 제공해서 여러분과 수천 명의 야심찬 개발자들이 지속적으로 성장할 수 있고 궁극적으로는 파이썬을 마스터할 수 있는 길을 안내하고자 한다.

여러분은 이제 한 줄 코드를 마스터한 만큼 좀 더 큰 규모의 프로젝트로 관심을 옮겨 보자. 객체지향 프로그래밍과 프로젝트 관리에 대해 배우고, 더 중요하게는 지속적으로 작업할 수 있는 자신만의 실용적인 코딩 프로젝트를 선택하자. 이렇게 하면 배운 내용을 더 오래 기억할 수 있고, 상당한 동기와 의욕을 불러 일으킬 뿐만 아니라, 현실 세계에서 가치를 창출할 수 있으며 가장 현실적인 형태의 훈련을 할 수 있다. 학습 효율성 측면에서 그 어떤 것도 실제 경험을 대신할 수는 없다.

나는 학생들에게 학습 시간의 70% 이상을 실제 프로젝트에 사용하라고 권한다. 매일 100분을 공부한다면 70분은 실제 코딩 프로젝트에 사용하고 나머지 30분만 책을 읽거나 강의와 튜토리얼을 공부하는 데 할애하라고 권한다. 당연한 거라 생각할 테지만, 대부분 사람들은 제대로 실천도 해보지 않은 채 스스로 실제 프로젝트를 시작할 준비를 갖추지 못했다고만 생각하는 경우가 많다.

여러분과 함께해서 즐거웠고 이 책에 시간을 할애해 준 것에 감사한다. 여러분이 투자한 시간만큼 얻은 것이 있기를 바란다! 여러분의 성장에 행운이 함께하길 기원하며 언젠가 다시 만나면 좋겠다!

즐겁게 코딩하시길!

- 크리스

부록
연습문제 해답

※ 다음 해답은 예시이며, 세부사항은 달라질 수 있습니다.

연습문제 2-1

map() 함수 대신 리스트 컴프리헨션을 이용해 'anonymous'라는 문자열을 가진 모든 줄을 제거하는 방법은 다음과 같다. 이런 경우 더 빠르고 깔끔한 리스트 컴프리헨션을 사용할 것을 권한다.

```
mark = [('anonymous' in s, s) for s in txt]
```

연습문제 2-2

```
## 한 줄 코드
sample = np.array(price)[:, ::2]

## 결과
print(sample.tolist())
```

연습문제 3-1

```
# 의존성
import numpy as np

# 데이터: [2017, 2018, 2019]년도의 연봉 (1000달러 기준)
alice = [99, 101, 103]
bob = [110, 108, 105]
tim = [90, 88, 85]

salaries = np.array([alice, bob, tim])
taxation = np.array([[0.2, 0.25, 0.22],
                     [0.4, 0.5, 0.5],
                     [0.1, 0.2, 0.1]])
names = np.array(['Alice', 'Bob', 'Tim'])

# 세후 소득 중 최댓값 계산
after_tax_income = salaries - salaries * taxation
max_income = np.max(after_tax_income)

# 한 줄 코드: 선택적 불리언 인덱싱을 사용하여 최대 세후 소득을 가진 사람 찾기
max_income_person = names[(after_tax_income == max_income).any(axis=1)]

# 결과
print(max_income_person)
```

연습문제 5-1

이 문제는 특수 문자를 더 많이 허용하도록 작성해 보라는 것이기 때문에 정답이 없는 문제이므로 각자 많이 연습해 보시기 바랍니다. 즐거운 코딩 하시길!

찾아보기

M

N

O

P

Q

R

S

T

U

V

W

X

Z

기호

번호

딱 한 줄로! 파이썬 제대로 코딩하기

리스트 컴프리헨션부터 정규표현식, 데이터분석, 머신러닝까지 50가지 실전 예제

펴낸날 | 2024년 10월 11일 초판 1쇄
지은이 | 크리스찬 마이어
옮긴이 | 장현희

펴낸이 | 김희정
엮은이 | 박기성
관리총괄 | 양아영
디자인 | 그린애플(표지), 박진희(본문)
제작 | 재영피앤비(인쇄), 다올페이퍼(용지)

펴낸곳 | (주)책만
주소 | 경기도 안양시 동안구 학의로 282 금강펜테리움IT타워 A동 810호
연락처 | 전화 02) 535-4331, 팩스 02) 6280-4350
홈페이지 | www.onlybook.co.kr
페이스북 | www.facebook.com/onlybookpub
전자우편 | support@onlybook.co.kr
도서정보 | www.onlybook.co.kr/entry/python-oneliner

ISBN 979-11-89909-741 93000